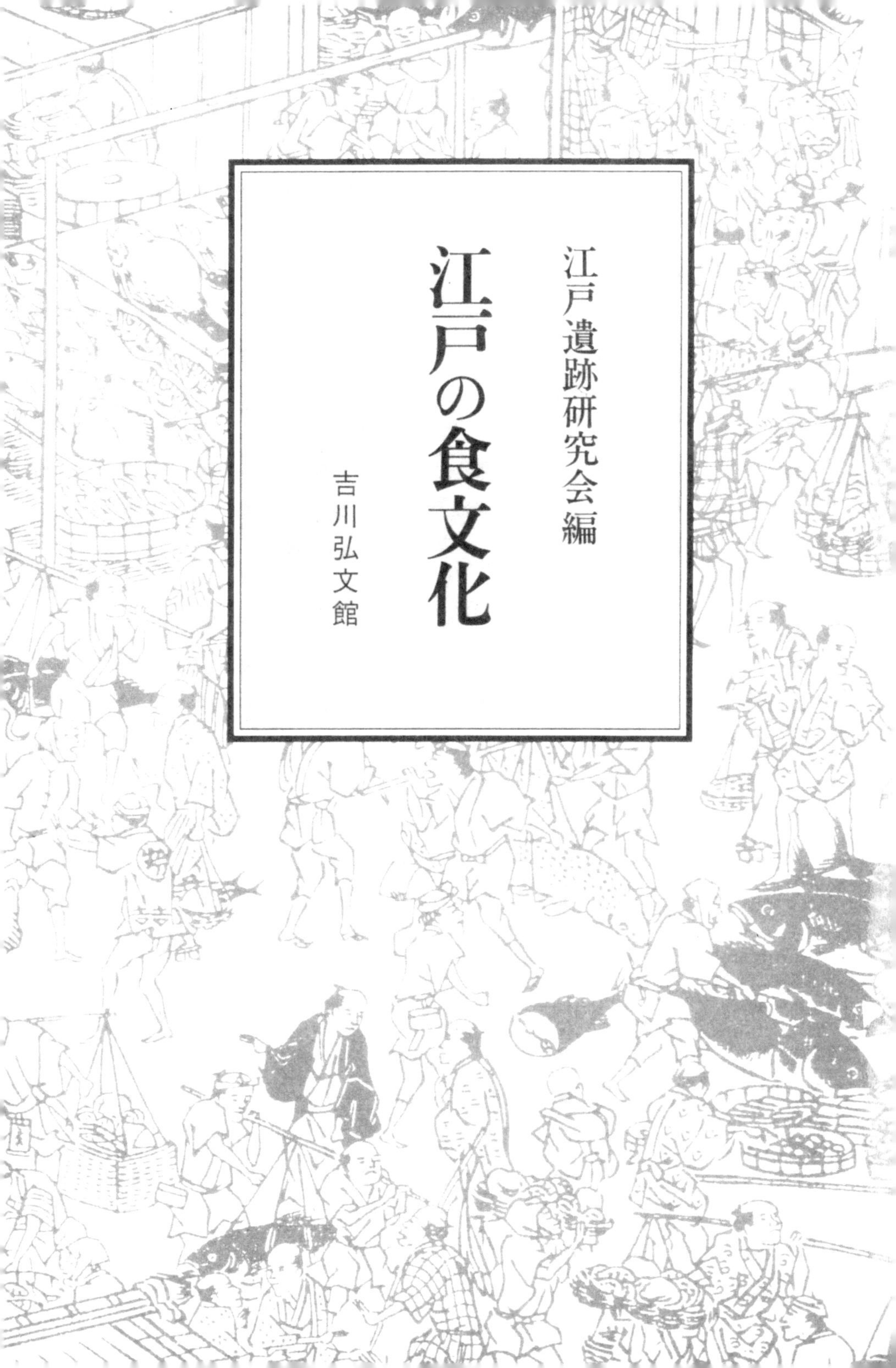

江戸遺跡研究会編

江戸の食文化

吉川弘文館

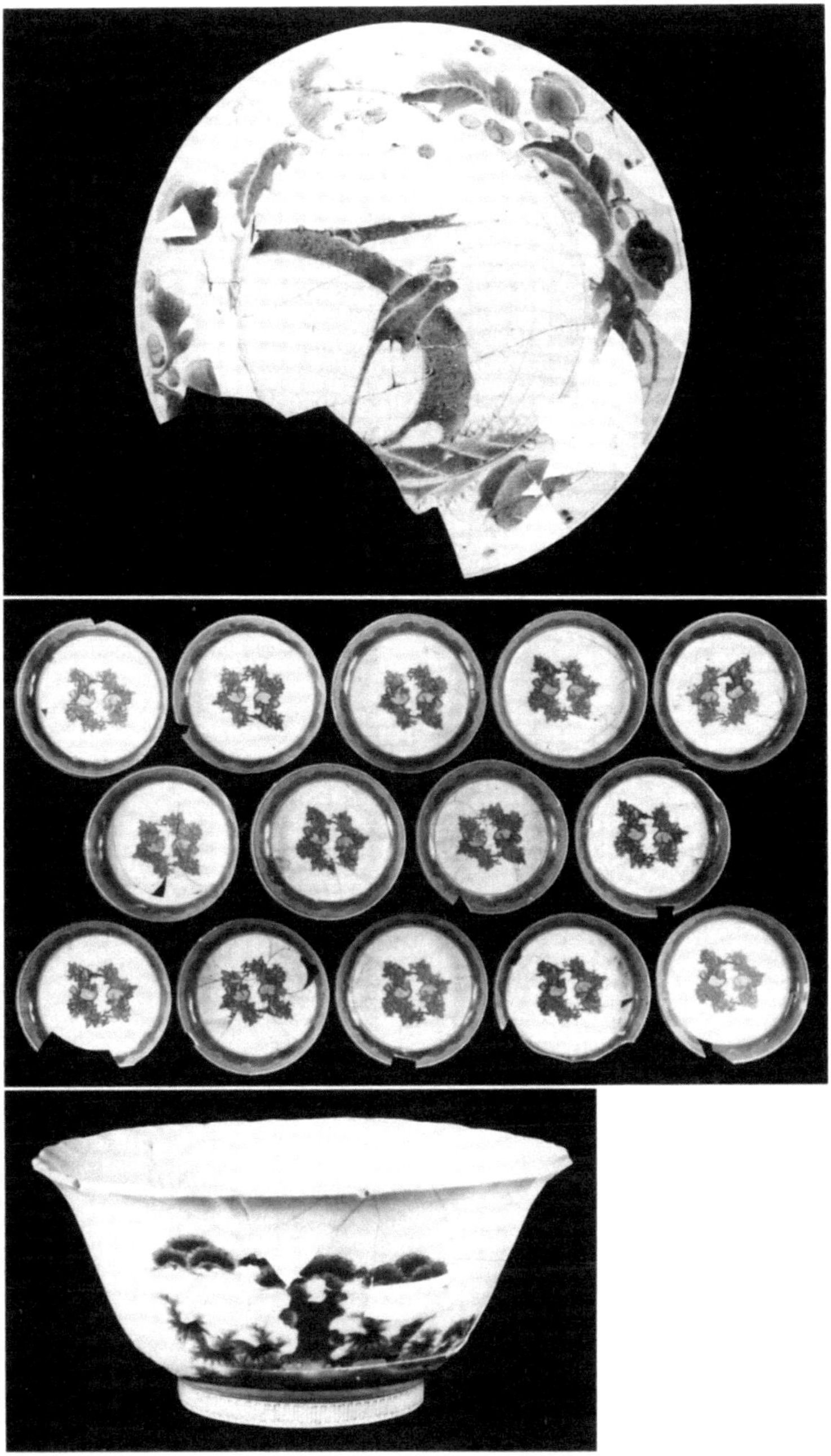

東京大学本郷構内御殿下記念館地点出土の磁器

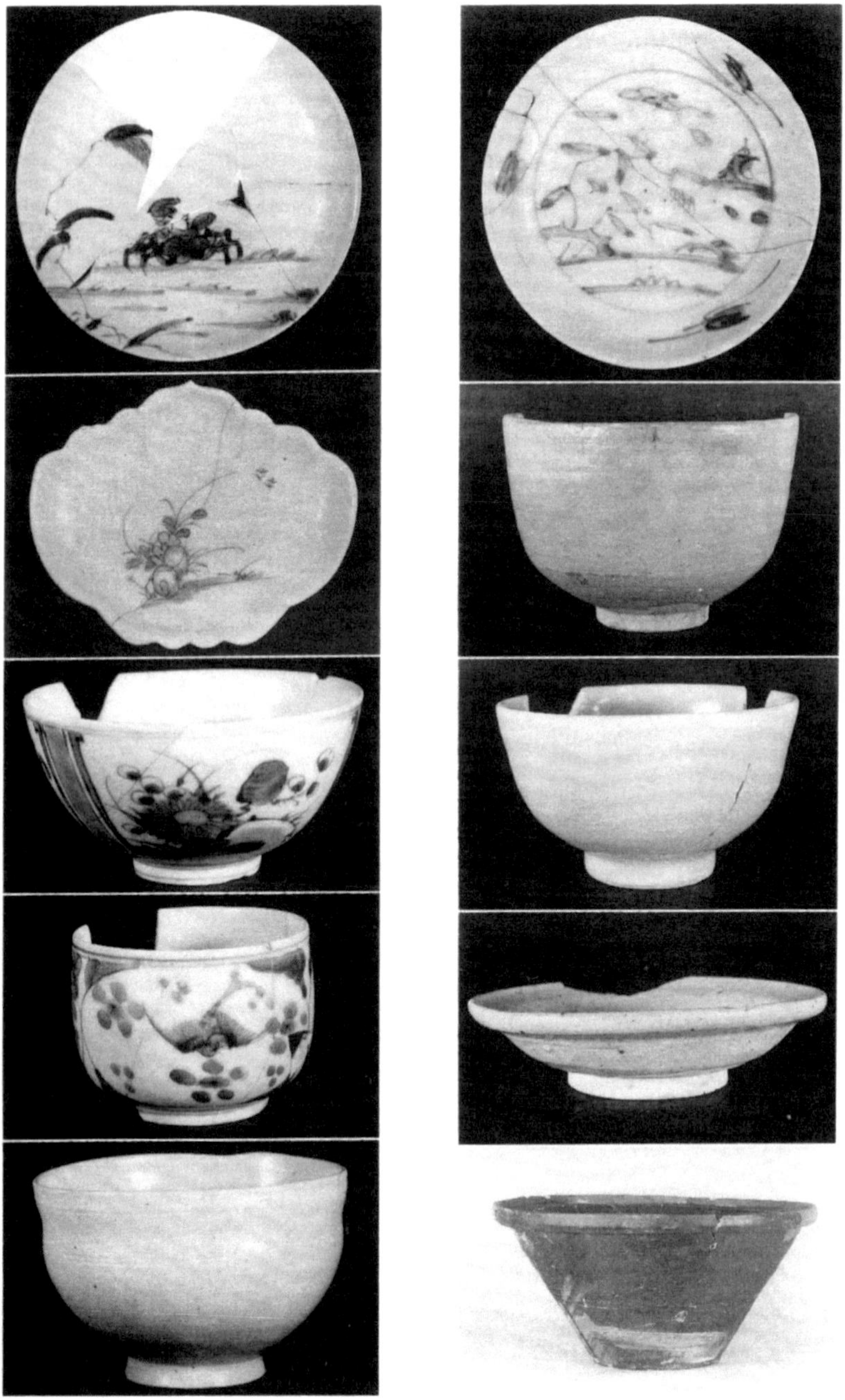

東京大学本郷構内御殿下記念館地点出土の陶磁器

東京都文京区真砂遺跡出土の陶磁器

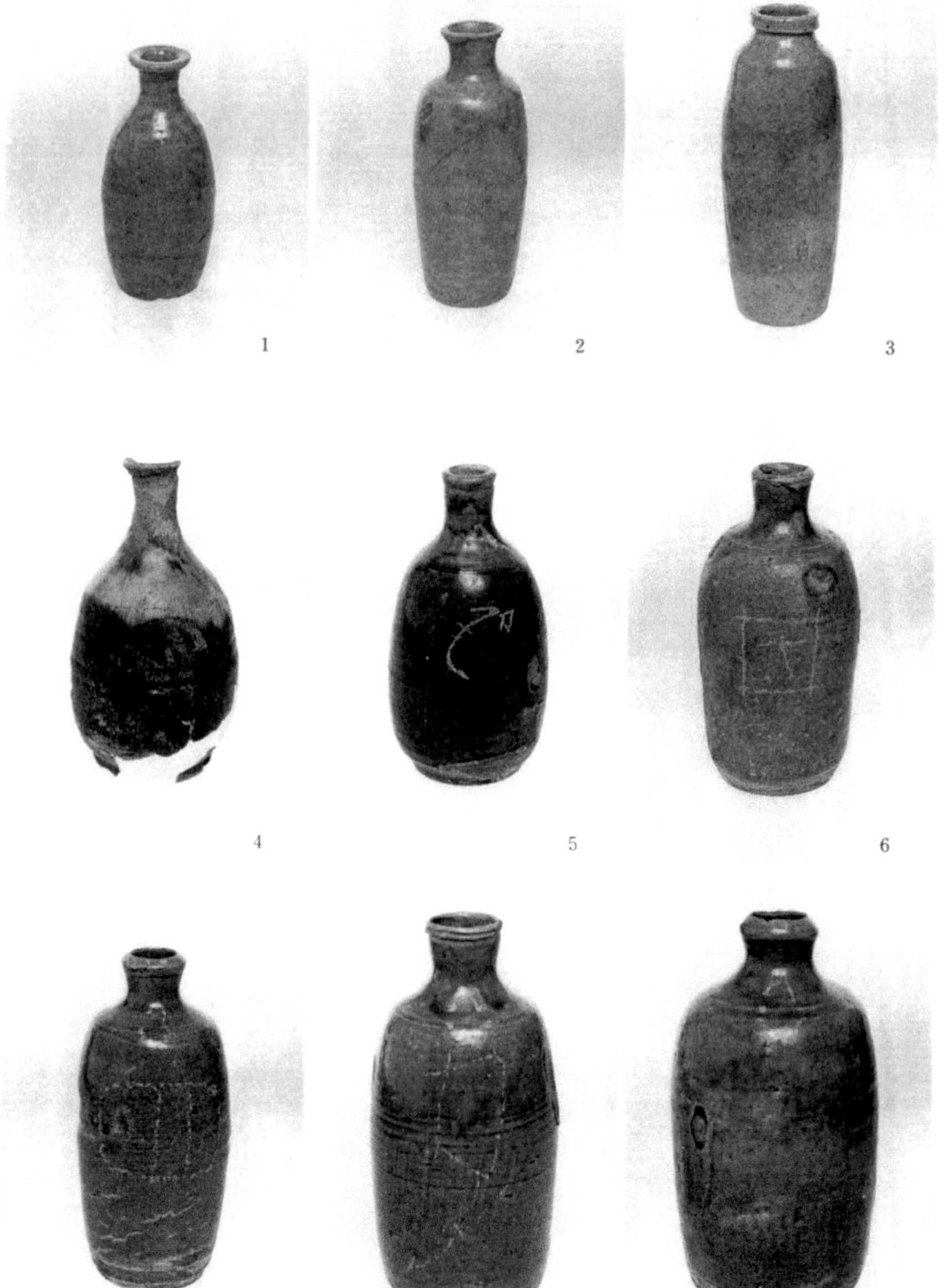

徳 利 の 変 遷（番号は変遷順）

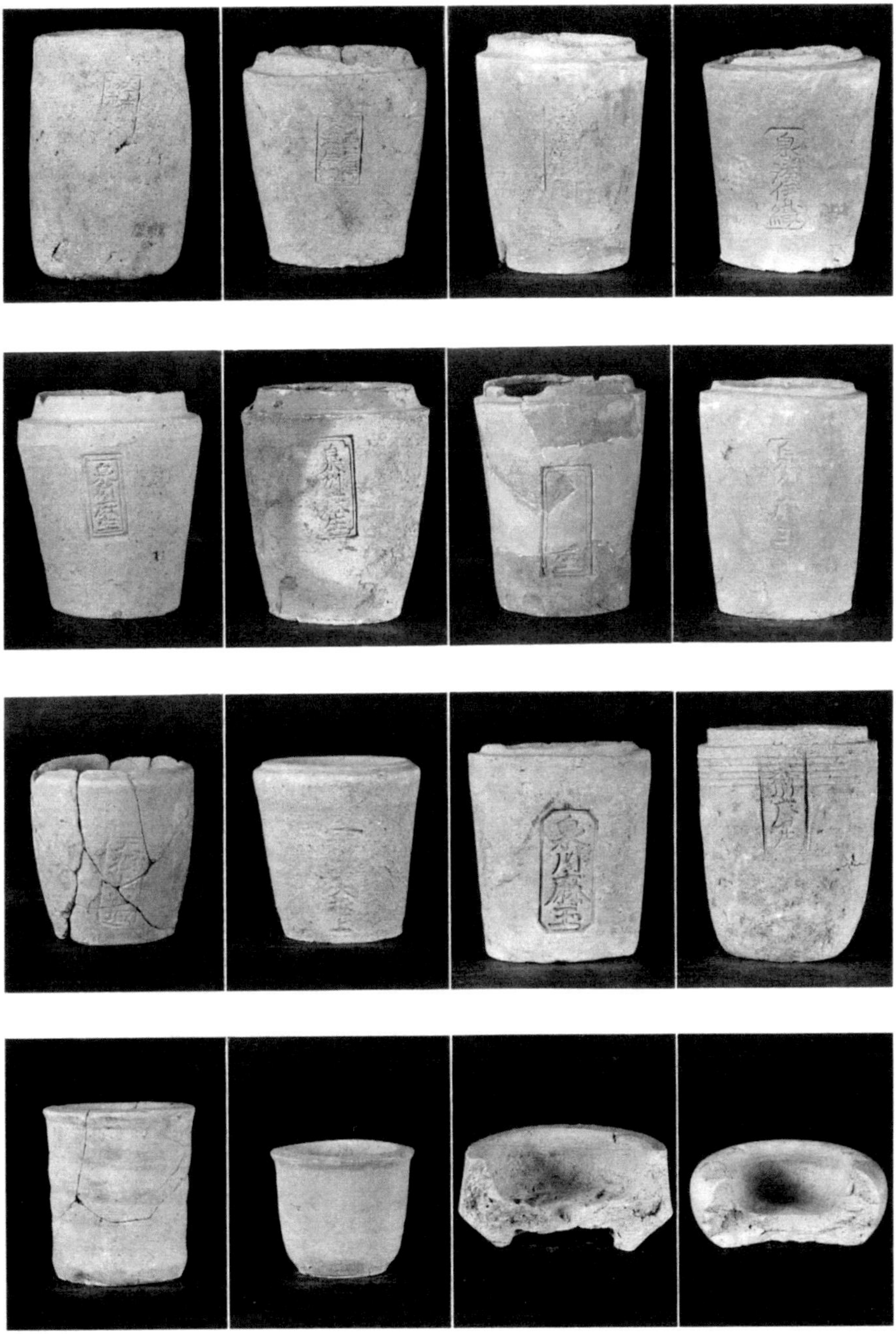

東京大学本郷構内出土焼塩壺

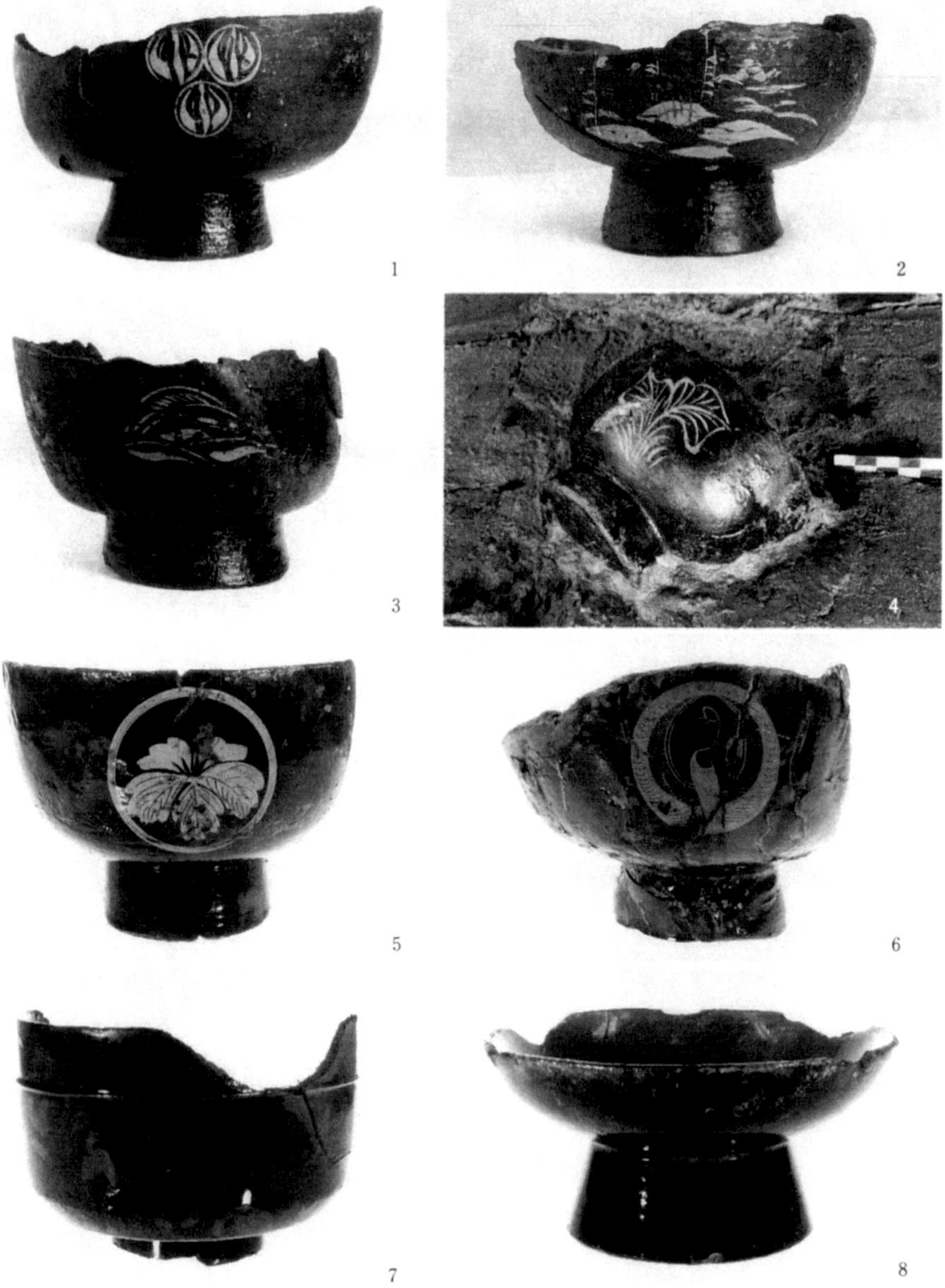

漆椀(1～4　葛飾区葛西城跡，5～8　千代田区一橋高校)

1，2　クロアワビ
3，4　サザエ
5　ツメタガイ
6，7　キクスズメ
8　イボキサゴ
9　アカガイ
10　サルボウガイ
11　タイラギ
12，13　ヤマトシジミ
14　ハマグリ
15，16　アサリ
17　シオフキガイ
18　ミルクイガイ

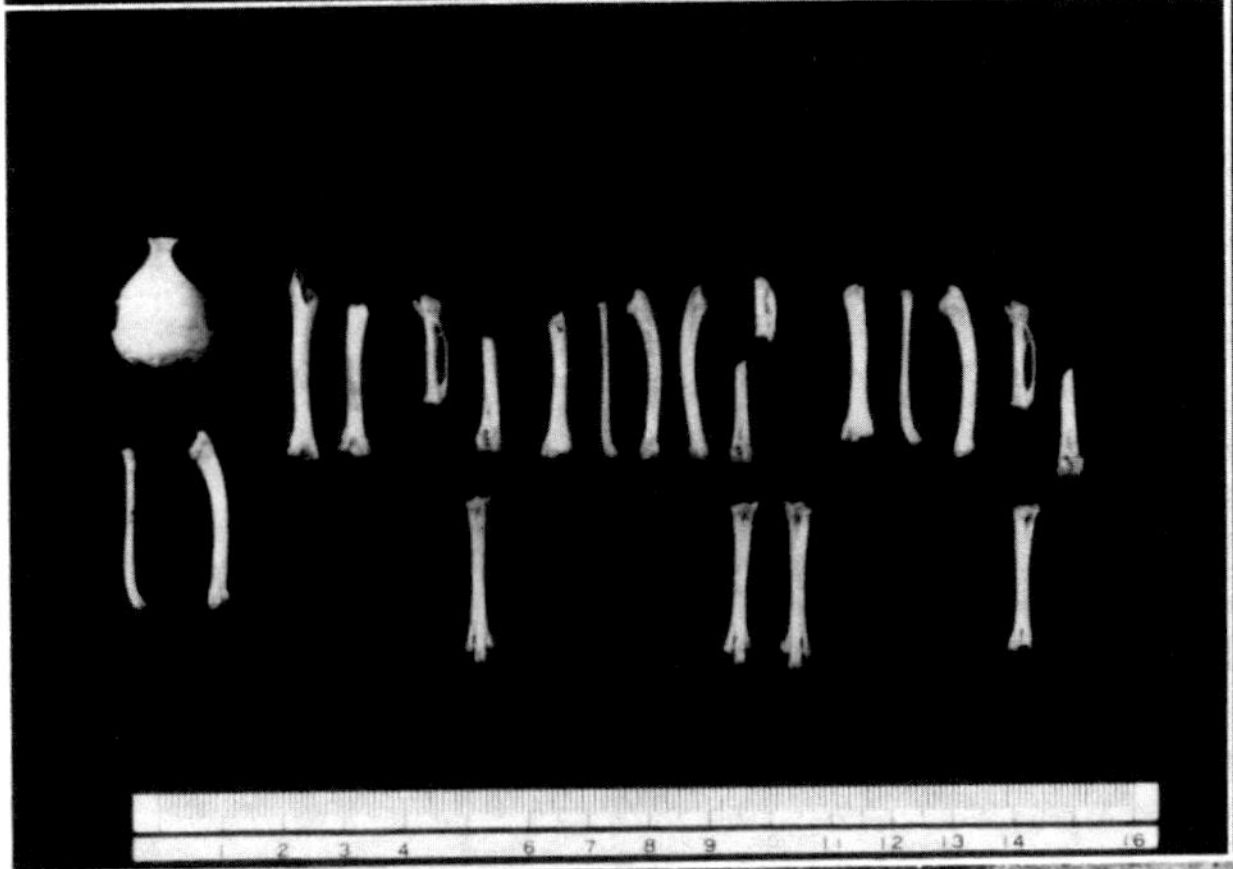
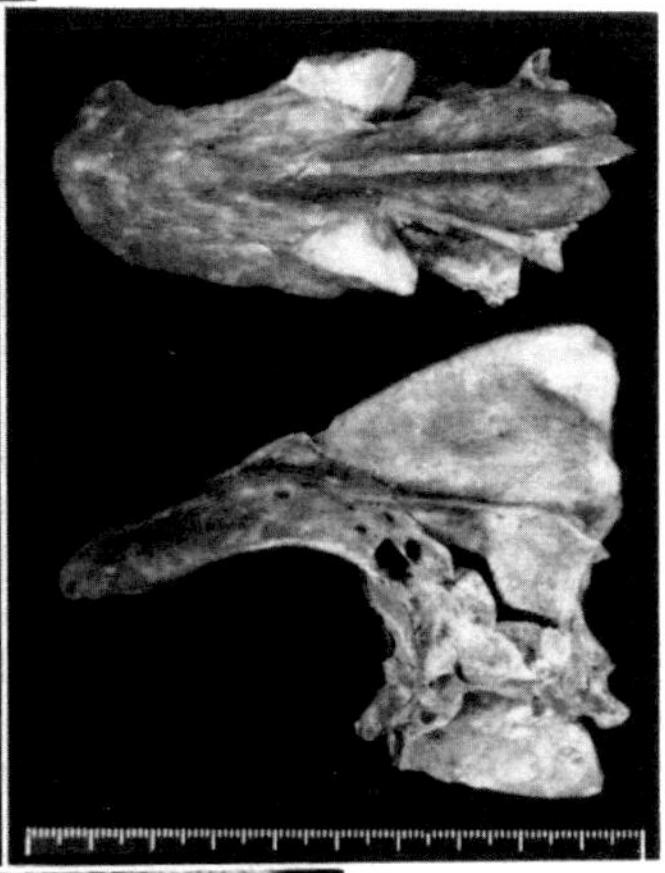

1	
3	2
4	

1　土坑出土の貝類(17世紀)［東京大学本郷構内遺跡御殿下記念館地点］(17世紀のゴミ穴では，このようないろいろな貝が少しずつ含まれていた。)

2　マダイの前頭～上後頭骨(17世紀)［東京大学本郷構内遺跡御殿下記念館地点］(マダイの前頭骨はしばしば縦に半裁された状態で出土する。)

3　ウズラの頭骨〔左上〕と四肢骨(18世紀前半)［東京大学本郷構内遺跡文学部3号館地点］(ウズラは近世になってはじめてみられる鳥である。他にも出土例がある。)

4　多数のイノシシ・シカの四肢・頭骨を集積した出土状況(幕末)［新宿区三栄町遺跡］(写真は約2.5 mの長さの部分)

遺物出土状況(伊万里色絵皿の上方・下方に焼塩壺がみえる)

遺物出土状況(中央はタイの骨で左に頭骨・椎骨がみえる。周辺はかわらけ)

(上下とも東京大学本郷構内御殿下記念館地点)

はしがき

本書は、「江戸遺跡研究会」第一回大会の研究発表の記録である。

江戸時代の遺跡の発掘調査は、「御府内」を中心に広く実施されるようになり、周辺部でも「染井遺跡」などを初めとして、積極的に調査対象として取り上げられつつある。地方においても、城郭を中心としてはいるものの、江戸遺跡の発掘調査は確実に増加している。

この積み重ねの中で、文献資料の豊富な江戸時代にあっても、考古学的な方法によるアプローチが、近世史研究に与えるインパクトが決して小さくないことを実証しつつあるといえよう。

この研究会は、まだ発掘例も限られ、発掘方法や遺構・遺物に関する知識も少なかった一九八六年に、発掘調査に携わるものが、互いに持っている情報等を交換し、また文献を始めとして、近世史にかかわる関連諸学についての知識を吸収することを目的として始めたものである（当初、江戸遺跡情報連絡会、のち改称して江戸遺跡研究会）。

当初は、月一回の例会をもち、発掘成果、遺構・遺物に関する研究成果の発表、また遺構・遺物などについて他分野の研究者の話を伺う機会をもった。このような会合を重ねる中で、月一回の短時間の研究会だけではなく、年に一度まとまったテーマを設けて研究発表を行う機会がほしいという声が起きてきた。これに応えて世話人会で検討が行われ、①出土遺物が多く、発掘担当者の関心が高い、②関連諸学に接点の多いものということで検討した結果、『江戸の食文化』を第一回大会のテーマとし、一九八八年一月三〇日・三一日にわたって開催した。

一日目は、考古学サイドから、食器・徳利・焼塩壺・焙烙・漆器・木製品・食物遺存体等の研究発表が行われた。

二日目は各分野の専門家に、これまでの出土資料をふまえながら、文献・陶磁史・民俗・動物遺存体等の専門領域からのお話をしていただいた。

初めてのことでもあり、考古学と各専門分野との接点をどのように求めてゆくのか戸惑いもあったが、二日間の発表を通して、今後とも学際的な交流の重要性が、参加者の間で確認されたことは大きな成果であったといえよう。

近世の遺跡をどのように発掘し、その結果を近世史の中にいかに有効に生かしてゆけばよいのか、今後の江戸遺跡研究会の活動の中でさらに探ってゆきたいと考えている。

なお末尾ながら、ご多忙の中、発表のため時間をさいていただいた方々に、心から御礼申し上げます。

一九九一年九月

江戸遺跡研究会

世話人代表　寺島孝一

目次

江戸の食生活と料理文化

原田信男

一 食生活史について

最初に用語の問題について考えておきたい。食生活・食文化・料理文化などといった使い方をしているが、まずこれから検討してみよう。食生活といった場合、最低限度、人間の個体生命を維持するための食事から始まって、むしろ全く遊びとしか言いようのない、日常生活とは離れたところで展開される非常に極端で高価なものまで、広くいえばこの概念に含まれることに留意しなければならない。したがって天明の飢饉で何千人あるいは何万人という人が飢え死にするという現実がある一方で、ちょうど同じ時代の大都市の料亭では、非常に贅沢で一見無駄にさえ思われるような豪華な食事が供されている、という状況が存在し得るのであり、現在でも南北問題を含めて同様の構造があることを見据えなければならない。

したがって、一般に食物とか食生活とかいう問題を歴史の中で見ていこうとすれば、片方に最低限の生命を維持する程度の食事というものがあり、もう片方には日常生活からは突出してしまった「遊び」の極みともいうような飲食の形態が存在し、その両極の間で、現実の食生活史というものが展開するのだ、と考えるべきだろう。

食生活・食文化・料理文化という用語を整理する場合、一つには文化と生活というような問題の立てかたがある。この観点に立てば、食生活という概念が一番大きく、より小さな概念として食文化という言い方があり、料理文化は、この中に含まれると考えられる。しかし、この問題は単純ではなく、文化というものをどう解釈するかによって結論は異なる。食生活とは、社会生活を営む人間が身体維持を主な目的として、食料を摂取するにあたっての行動様式の全て、と考えてよいであろうが、問題は食文化という言葉である。文化という語を、文化人類学的に、人間が社会生活を営む中で後天的に習得し発展させた活動の全て、と広義に解釈すれば、食文化＝食生活という図式が成立してしまう(1)。

確かに〝食は文化〟であるが、単に生命維持のみを目的とした動物的な食事行動を文化とは認め難い。しかしこの場合でも、口にする食物に調理の手が加わっていたり、採取の方法に伝達され集積された知識が関与していたとすれば、それはもはや文化の範疇と無縁ではなくなる。こうしてみると、ほとんど食生活＝食文化という等式を認めざるを得なくなるであろう。さらに、調理法や食事様式あるいは儀式の食作法や食物儀礼などまでを含めて食文化という概念に包括すれば、その中には知的に飲食を楽しむような食事行動も含まれるわけで、ここではこれを料理文化と呼んでおきたい。したがって以上を整理すれば、食生活≧食文化＞料理文化という不等式が成り立つことになろう。

さらに言えば、食物史といういい方もあるが、これには客体としての食物の歴史というイメージが強く、実際に食べ物そのものの追求に主力が注がれ、誰れがどのような場面でどのように食したのか、という歴史学上の基本的な問題が、ともすれば軽視されがちであった。

こうした反省から食生活史という観点が重要視されつつあるが、その研究はやっと緒に付いたばかりというべきだろう。(2)確かに風俗史という分野で、古くからかなりの蓄積はあるが、それはほとんど食物史に終始しており、史料批判に不充分であった点は否めない。また食事におけるハレとケの落差や身分による階層性といった視点が弱く、その背景となる時代相の理解にも問題があるように思われる。一方で史料の残存度の低さの問題とも相俟って、正統な歴史学は食生活の問題を正面から取り上げようとはしてこなかった。いささか私事にわたるが、小生が一〇年近く前に書いた食生活史の論文二編は、史学会には送付してあったにもかかわらず、『史学雑誌』の「回顧と展望」では二度とも取り上げられなかった。食に限らず、衣や住の問題についても歴史学の関心は薄く、江戸遺跡研究会が第一回の大会テーマに〃食〃を選んだのとは対照的である。これは生活遺跡を主に扱ってきた考古学の伝統とも関連するが、歴史学にしても考古学にしても、過去の人々の生活を追求するという点では一致しており、その他の学際的な分野の協力を得て、我々の食生活の歴史を明らかにしていく必要があるだろう。

二　江戸の食生活

一般に日本料理の原形は室町期に成立したと考えられている。四条流・大草流などといった庖丁流派が成立し、多くの料理書が作成され、いわゆる本膳形式の料理のスタイルの確立が室町期に見られる。すなわち中世後期に料理法の大筋は完成していたが、これらは武家とか公家の儀式の際の料理を中心とするものであった。(3)こうしたものが引き継がれて、近世初頭に『料理物語』という料理書が出版されるが、この本の跋文に「庖丁きりかたの式法によらず」

とあるように、庖丁作法にとらわれない自由な料理法が模索され始めた。さらに、これが広く愛読され、後続の料理書の刊行が相次いだため、近世を通じて日本料理が独自な展開を遂げたのだといえよう(4)。

しかし、ひとくちに江戸時代といっても一様ではない。近世前期と中・後期とでは大きく異なる。また武士・町人・農民といった身分や、その階層によっても食生活の内容に隔たりがある。たとえば、桜井準也氏が指摘したように(5)、同じ武家でも大名クラスと下級武士とではかなりの違いがある。ただし徳川将軍といえども、『旧事諮問録』(6)によれば、普通の食事は飯と焼魚と煮た野菜といった程度のもので、盛大な饗宴の際の献立とは雲泥の差があるほか、月々の式日や精進日などで食事内容が大幅に異なっている点に注意する必要があり、一律に論ずることはできない。

そうしたことを認識した上で、あえて江戸時代の食生活を概観してみれば、この時代に日本型の食生活の原型が定着したことが指摘される。一般に、江戸時代の庶民の主食に関しては、かつて一般に食されていた米が、支配の強化(＝米の収奪)によって雑穀の比重が増したとする説と、以前には雑穀(＝畠)が多かったが、江戸時代になって米の生産量(＝水田の増加)が増えたとする説とが対立している(7)。この問題には人口論をどう処理するかという難点があり、双方ともに充分な説得力を有するに至ってはいないが、筆者は後者に近い立場を採る。すなわち近世以前にも雑穀が多く食され、肉類も一般に食用とされていた、と考える。なお近世においては、米が農村ではなく都市に偏在したことに留意しなければならず、そこに農民の食事に雑穀が多く用いられた理由が存在する。しかし近世石高制社会という概念に象徴されるように、江戸時代においては米が至上の価値基準となり、この時期にいわゆる米を中心とする社会が成立を見たものと思われる。したがって先の徳川将軍の日常の食事に典型的なように、米・魚・野菜という、いわゆる日本型の食事パターンが、理想として社会の隅々にまで定着していった、と考えられる。

この問題は、古くは一般に広く行われていたと考えられる肉食の問題とともに論じられなければならない。四足獣を含む肉食は、中世を通じて徐々に否定され、戦国期には魚を主な動物蛋白源とする食事観が形成されていたが、肉食の禁忌は中世には決して強いものではなかった(8)。先に挙げた最初の公刊料理書である『料理物語』には、料理法のうちに「獣の部」という章があり、犬や猪や鹿などの料理の仕方が記されている。その後、近世には刊年もしくは成立年のはっきりした料理書が約二百点近くも確認されているが、犬などの獣の調理法を記したものはなく、『料理物語』には中世後期における肉食の残影がわずかに反映していると考えてよいだろう。

もちろん『料理物語』にしても、「海の魚の部」から始まっており、獣は鳥の後に続くにすぎず、近世初頭には魚が主要な副食として定着していたことは疑いない。十五、六世紀に日本にやってきたルイス・フロイスをはじめとするヨーロッパの宣教師たちの記録(9)には、当時の日本人の食事についての記載があり、米と魚と野菜というパターンを摘出することができるが、フロイスなどが接している日本人のレベルというのは、比較的身分の高い連中であって、中・下層の食生活の実態については不明な部分が多い。料理書についても同じであって、とくに近世初頭においては、そこに記された料理は社会の上層を対象としたものと考えるべきであろう。おそらく中・下層においては、獣肉食はより一般的であったと思われる。近世においても肉類は、薬喰や山鯨と称されて食されてきたほかにも、彦根牛などは大名達の食膳にも上って珍重されたりしたが、地方では諏訪社が鹿食免を認めたりするなど、山間部では貴重な動物蛋白源として食用に供され続けたのは、中世もしくは古代以来の肉食の伝統の名残りと考えてよいだろう。

しかし近世には、基本的に米と魚と野菜という枠内で日本料理に磨きがかかるため、食品や料理法の嗜好にはっきりとした傾向が現われるようになる。江戸中期頃に出された『料理山海郷』と『料理珍味集』という同じ京都の人物の手になる二冊の料理書がある。これらの料理書に見える四六〇種の料理の食品と料理法などを詳細に検討してみると、そこには四足獣が登場しないばかりか、煮るとか蒸すとか焼くとかいった料理法がほとんどで、油を使って揚げたりしているものは概して少ない、という傾向が顕著に認められる。これについては、すでに篠田統先生が『豆腐百珍』を分析[10]された際にも、油を使ったものが少ないことに注目されている。篠田先生の分析によれば、揚げるにせよ炒めるにせよ油が使われているのが二一例で、玉子やウニなど何でもいいから蛋白質が加わっているのが一〇例にしかすぎないのに対して、逆に中国の場合では九割までが油を用い、残る一割についても必ず肉類が使われている、といったことになる。こうした分析から、日本の伝統的な米と魚と野菜という食事様式が、近世中・後期にはかなりの程度で社会の隅々にまで根付いており、肉や油に対する嗜好は一般に弱かった、と考えてよいだろう。

つぎに食生活における地域の問題にも触れておかねばならず、一つには近世における商品の流通についても考慮する必要があろう。元禄頃の俳諧書である『毛吹草[11]』には、諸国名産というものが詳しく記されているほか、京都の店屋などの案内である『京羽二重[12]』等々といった書物には、どの店でどこそこの何が売られている、という記事が多く、当時の中心都市の一つであった京都には豊富に諸国の物産が出回っていたことがわかる。先に見た『料理山海郷』や『料理珍味集』には数多くの地方名を付した料理が登場するが、その著者は京都で居ながらにして各地の料理を知り、地方の名産を入手することが可能だったわけである。また米が都市に集中したことについても述べたが、都市と農村では食生活の事情が非常に異なる点にも留意すべきであろう。民俗学の報告書などに詳しいように、農村では混ぜ飯を常食とし、凶年には飢饉という問題もかかえて、貧しい食生活を送っていた人々も少なからず存在したはずである。

また一方、日常の食生活においては、保存・運送の問題から考えても、地域的な自給性と独自性とはかなり高かったものと思われる。たとえば、本書でも、加賀藩邸から出てくる魚類の出土遺物の問題が扱われており、他の所から出てくる魚とは種類が異なることを地域の食習慣の違いから説明されているが、そうした問題もかなり重要で、同じ日本といっても一様に論ずることはできない。我が国は南北に細長い列島で、動物や植物の分布、なかでも好んで食べる魚類などは地域によって大きく異なり、呼称などもバラバラで非常に複雑な問題をかかえている。(13) とくに長い間に固定された食習慣については、知っているつもりの常識と確認できた事実とを明確に区別していく必要があろう。江戸という都市の食生活を考えていく際にも、地域の問題を抜きにしてしまうことは甚だ危険だというべきであろう。江戸時代の食生活についてのいくつかの基本的な問題を挙げてみたが、つぎにこうした前提をおさえた上で、都市に花開いた料理文化の問題について見てみよう。

三　江戸の料理文化

江戸時代には、日常的な食生活の延長上に、料理文化ともいうべき飲食の享受形態が存在し、江戸後期に至ると現実の食生活とはやや異なった次元で、〝遊び〟の要素が料理自体にかなり強く働くが、この問題もまた食生活史研究にとっては重要な課題たりうる。むしろ史料的に豊富な料理文化の問題からのアプローチの方が、その時代における食生活の実相をより生き生きと物語り得る場合もある。

江戸時代といっても約三百年間続いたが、近世の料理文化についてまとまった史料が現われるようになるのは、江戸中・後期以降のことである。明治維新から百年少しが経ったわけであるが、その明治維新からさらに百年ほど前の、宝暦から天明年間ぐらいにかけての頃に、日本の料理文化は急速な展開を見せ、文化・文政期に爛熟期を迎えた。料理文化の性格を見ていくには、料理書と料理屋の問題を扱うのが最も適切と思われるが、ここでは主に料理書を中心に概観してみよう。

料理書の起源は中世に遡るが、初めは庖丁流派の教義書的なものや、朝廷や公家・武家の儀礼に関するものから出発し、先に述べた『料理物語』以降、本格的な発展を見る。江戸時代には夥しい数の料理書が作成され、その一部が刊行を見たが、今、成立年代を知ることのできる料理書一八二種について、その年代を十年毎にグラフ化すると付図のようになる。(14) 一六四〇年代と九〇年代に小さなピークがあり、一七六〇年代頃から急増し、一八〇〇年代に激増して最大のピークを迎える。サンプルデータは決して多くはなく、多少のズレもあるが、それぞれの極大は、寛永・元禄・天明・化政といった近世文化史上の爛熟期に該当しており、料理本の刊行も文化史の形成要因の一つとなっていることが理解できる。

またこのグラフからは、江戸中・後期に料理書の刊行が集中していることが瞭然であるが、量のみならず質においても前期と中・後期とではレベルが若干異なる。前期には料理の専門家向けの実用書的なものが多く、農書などでも百科全書的傾向が強くなる元禄時代頃には、五巻五冊本とか八巻八冊本と、かかなりのボリュームを持つ料理書が出現し、材料、切り方、取り合せ、献立、調理法、保存法といった料理全般にわたる総合的内容を有し、中には食物の効能を記して本草書的性格を兼ねるものまで現われた。概してこの時期の料理書は、一般庶民に広く読まれたと見做すことはできず、武家や上層の町人といった一部の人々向けであったことが窺われる。

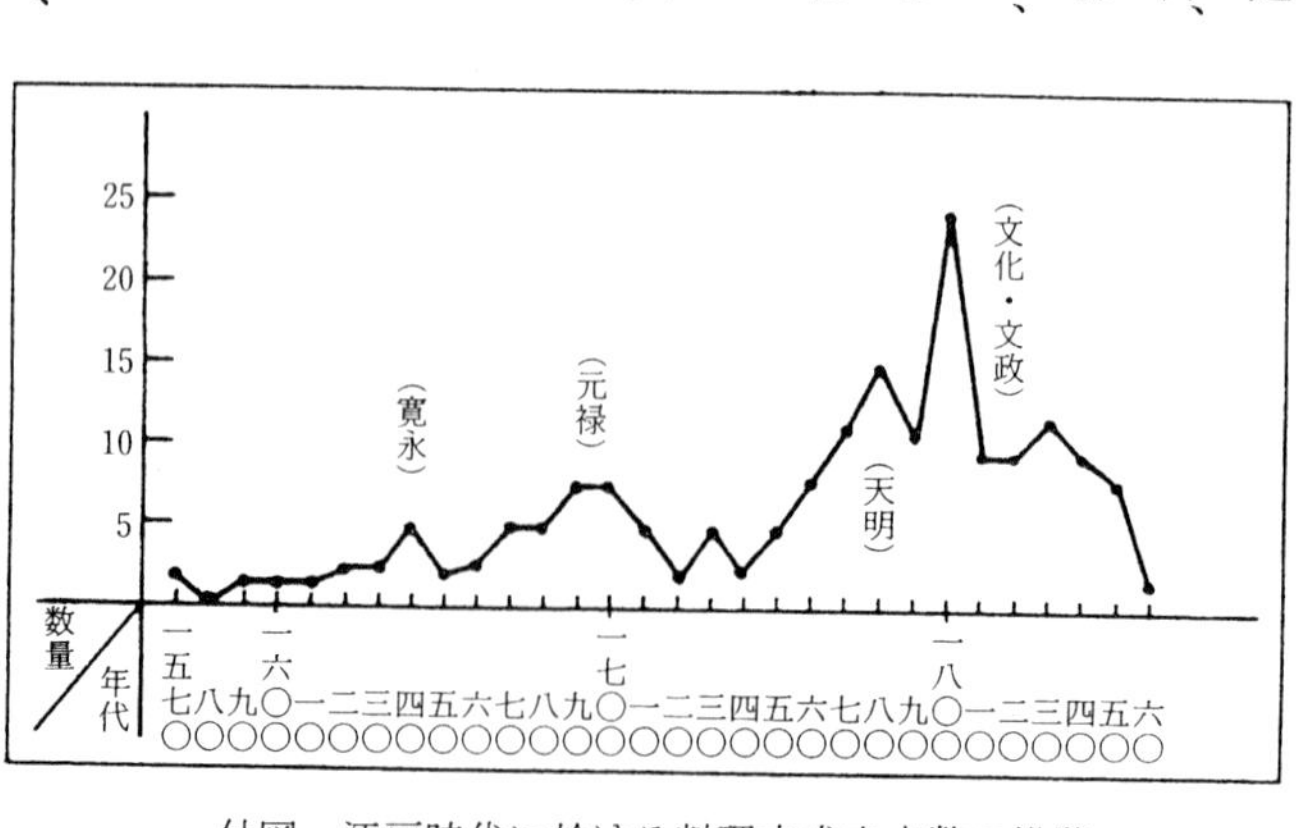

付図　江戸時代に於ける料理本成立点数の推移

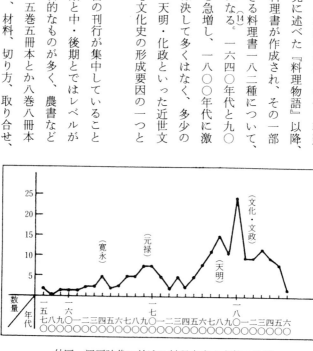

ところで、料理書を料理本と呼ぶ場合もあり、両者は併用されているが、ニュアンスは若干異なる。医書・茶書・学術書といったいい方に対して、絵本・読本・漫画本といった如く、書が専門家向けであるのに対して、本には一般向けといったイメージがある。江戸中期以降に盛んに出版されるのは、まさにこの意味での料理本にあたり、余り厚くなく手軽で一巻一冊あるいはせいぜい二冊程度の簡便なタイプが主流となる。それまでの前期のものが、部厚く大部で専門的であったのとは全くの対照をなす。

とくに宝暦から天明期にかけては、独特の料理書が出現する。料理そのものばかりでなく、読んで楽しもうとする傾向が顕著となる。たとえば、先にも挙げた『料理山海郷』や『料理珍味集』に見られるように、料理名に雅名を付し、様々に見立てた料理が数多く紹介されるようになる。もはや料理は味という次元を超え、知識を通じて食を楽しむ段階に至ったといえよう。天明二年に出された『豆腐百珍』になると、豆腐という素材一品に対して百の料理法が示され、さらには巻頭と巻末に豆腐に関する和漢の文献が網羅されて掲げられている。ここでは完全に料理が観念的に楽しまれており、好評を博した『豆腐百珍』に続いて、『鯛百珍料理秘密箱』をはじめ玉子・鱧・甘藷・柚・大根などの〝百珍〟シリーズが人気を呼んだ。

これらは江戸をはじめとする三都でもてはやされたが、こうした料理文化は基本的に都市のものであった。一方、都市には飲食店が生まれるが、料理書に料理屋の問題を加えると料理文化の本質はより鮮明となる。『鸚鵡籠中記』[15]にも登場するように、すでに元禄年間頃には、貝の奇盃で有名な大坂の料亭浮瀬があり、京都祇園の二軒茶屋の存在が知られているが、一般に外食を専門とする料理屋は少なかった。京都東山あたりでは、時宗寺院が席貸料理屋を営んでいたというが、山東（岩瀬）京山の『蜘蛛の糸巻』[16]によれば、近世前期には江戸に料理を専門とする店はなく、天和年間頃に浅草に奈良茶飯の店ができ、人々が珍しがって押しかけたという。その後、徐々に外食店が増え、他の随筆類などからも、明和年間頃には本格的な料理屋が出現したことが窺え、中でも洲崎の升屋は天明年間頃には江戸随一の高級料亭として人々に広く知られた。

その後、化政期に至ると江戸の料理文化は爛熟期を迎えた。卓袱料理などの中国料理や和菓子専門の料理本も中期頃から刊行されていたが、その種類も増え、先のグラフからも推察できるように、料理書の出版は盛行を極めた。また上梓されたものばかりでなく、夥しい写本の存在や各地の貸本屋の活動などからも、料理書の読者層は著しく拡大したものと思われる。こうした事情も手伝って料理文化は地方へも普及したが、なんといっても、それは江戸で全面的に開花した(17)。

化政期の料理文化の性格を最も端的に示すのは、浅草新鳥越の料理屋八百善であり、その主人である栗山善四郎が著した料理書『江戸流行料理通』であろう。八百善には、高級役人や高名な文人が集まり、贅沢を極めた料理が供された。茶漬二、三人分の代金に一両二分も支払ったり、大根のハリハリ漬が五寸程の蓋物一つ分で三百疋もしたという類の逸話が随筆類に頻繁に登場するほど人々の話題にのぼり、料理文化の頂点を極めた観がある。また『江戸流行料理通』にしても、大田南畝や葛飾北斎をはじめとする当代一流の文人を総動員して豪華な造本を楽しんでいるが、はじめ一冊の予定のものが、最終的には全四冊となり、内容は、店の料理の紹介のほか、卓袱料理の解説などにも及んでいる。しかも『閑談数刻』は、『江戸流行料理通』について「遠国ノ人、コレヲ買ヒテ、ミヤゲトス」と記しており(18)、地方の人々が上京の土産として各地に持ち帰った様子が窺われる。もちろん、江戸や大坂・京都で出版された料理書を地方に伝播させていったのは、村の名主や村役人などの知識人クラスで、料理文化は基本的には江戸の武家や町人に担われて発展したが、後には各地の村々の上層農民へも広まり、徐々に一般庶民をも巻き込んで広汎な展開をみせていったと考えられる。

いずれにしても、こうした料理文化は社会史的現象の一部で、料理屋の発展は経済的条件や商品流通の問題との関連からも説明されるべきであり、料理書の問題にしても出版文化史の流れの中で見直されるべきものであろう。また料理文化の展開も、具体的には三大改革に伴う倹約令とも微妙な関係にあり、政治改革が強力に推進された時期には後退現象を見せるなど、政治の谷間に開花していることも、その本質を見極めるのに甚だ示唆的であるように思われる。もちろん料理文化は、実際の食生活とは明らかに異なった時点で展開されるが、現実から全く遊離したものではありえない。食の歴史を見ていく場合、貧しい人々の食生活と贅を尽した料理文化との両極を確実に認識し、その振幅の中で現実の食生活史の在り方を考えていくべきであろう。

四　食生活史と文献史料

食生活史研究には史料的にまだまだ解決されなければならない難問が山積している。最も難しいのは、食生活史には全くといっていいほどモノが残らない点である。もちろん歴史学自体が、残された文献から過去も類推しなければならないという宿命を負っているが、食生活史の研究ではとくにこの点が問題となろう。いくら考古遺物が出てきても、それは食器もしくは調理具の類であり、植物もしくは動物遺体であっても、食物あるいは料理そのものではあり得ず、まして味覚を理解することは不可能というべきだろう。絵画資料に料理が描かれることもあるが、素材等の確定は非常に難しく、いずれにしても補助資料の域を出ない。また最近になって、調理学の側から万葉料理や江戸料理といったものの復元[19]が試みられており、料理の実際の立場からするいくつかの発見もあって、非常に有効な取り組みとして評価できるが、味付けや分量の問題に限って言えば、厳密な意味での復元はほとんど不可能に近いというべきだろう。

つまり文献的にも考古学的にも食生活の問題というのは、非常に捕えにくい状況にある。考古遺物の問題に関しては、江戸遺跡研究会をはじめとする考古学の今後の進展に期待することとして、ここでは少し文献上の問題について述べてみたい。まず食をはじめとする日常生活に関して言えば、史料が残ることは稀であり、原則的には残るはずがないと考えるべきだろう。したがって史料が残された場合には、それに何らかの意味があり、特殊なケースと考えた方が無難であろう。政治や経済を物語る史料とは異なって、食生活に関するものについては、とくにどのような理由でその史料が残ったのかをよくよく吟味する必要がある。どのようなシュチィエーションで、なんの目的で書き留められたかが極めて重要であり、それを食した人物の身分や経済力はもちろん、その時期や場所、その時のその人物の役割についても考察を及ぼさなければならない。これは口でいうほど簡単ではなく、一般に関連史料が残る場合が少ないところから、この作業にはかなりの困難が伴う。いずれにしても食生活の史料というものが、かなり厄介な代物であることを意識しておく必要があるだろう。

厳密には、文献史料は記録と文書に分けられる。前者には刊行された書籍も含まれ、後者には原則的に発信者（作成人）と受信者（受取人）とが存在し、それぞれ書誌学・古文書学という学問体系を有しているが、食生活史料についてはとくに面倒な事例が多いので、細かな規定は一応措いて、ここでは料理書等の書物と献立等の食事記録とについて主に述べておきたい。

この場合の書物と記録の区別をめぐっても厄介な問題が生じるが、話をわかりやすくするため料理書の話から入りたいと思う。これまでも料理書については料理文化のところで述べてきたので、ここではその史料的性格の問題に限って触れるに留めたい[20]。先に料理書は出版文化史の側からも見直さねばならないといったことを指摘したが、その時代時代の出版者側の要請、読者の嗜好みたいなものが、本造りに色濃く反映しており、出版界の状況や売り手の意志に沿った形で料理書が作成されたことを、まず第一に考慮すべきだろう。したがって料理書に書かれた料理が必ずしも実際に作られ食べられたとは限らない。『豆腐百珍』などに出てくる料理の再現を試みた時に、どうしてもできない料理もあり、料理書の信憑性に疑問をいだかざるを得なかったが、とくに江戸後期のものには注意が必要であろう。また食べ合せの禁や食品の保存法などについては、記述はまちまちで、迷信めいたものや非合理的なものもあり、聞き書き程度の記述を平気で行っている例も多い。

料理書を利用する際に最も面倒なことは、その記述のオリジナリティをどう確認するのかという点である。江戸時代の著作権の問題にもなるが、孫引きのようなことは平気で行われるわけで、たとえば『料理物語』に書いてある料理法が、全く同じ文章で『料理節用大全』という本に出てくる。もちろん『料理物語』と『料理節用大全』とは全く別の本で内容の構成も異なるが、部分的に見ればかなり同じ記述があり、それがさらに他の料理書にも出てくるといった具合で、部分的な記述であれば、全く同じ文章でもそれは著者の知識の一部として容認されてしまう。江戸中期以降はとくに出版統制との関連から重版・類版の問題は本屋仲間同士でうるさくなるが、内容の部分的な引き写しについては全く問題とはならなかったものと思われる。さらに本の寿命は極めて長く、五十年前、百年前のものが若干形を変え、場合によっては書名を変えて出版されることもある。したがって料理書を利用する時には、刊年だけを見て、その料理法が行われた時期を確定してはならず、その本のオリジナリティがどこにあり、それ以前の料理書に出てこないかどうかを確認する必要がある。その料理書についての書誌学的な成果を充分に踏まえるとともに、料理書集成などの索引を大いに利用していかなければならないだろう。

料理のことが直接出てくるのは何といっても料理書であるが、その取り扱いについてはこれまで述べたような問題に細心の注意を払う必要があろう。このほか、井原西鶴の小説に代表されるように、料理に詳しく触れた文芸作品も多く、俳諧や川柳などにもしばしば食べ物が登場する。『毛吹草』のような手引書も含めてその利用は可能で、各地の名店案内や土産案内なども参考になろう。もちろん江戸の随筆や記録、なかでも考証随筆の類には食生活史研究に有益な記述が多いが、これも玉石混交である。たとえば、比較的よく利用される『貞丈雑記』(21)は、故実家として知られる伊勢貞丈が、自分の家に備った色々な故実に関する文献等に目を通し、伊勢流故実の大成を目指す過程で書かれたものであるが、時代考証がやや弱いといった欠点がある。貞丈は膨大な文献をよく読んではいるが、自分に都合のよいものを持ってきたり、故実という立場から、まさに故実つけて理由説明をしてしまうような例がかなり多く、全面的に信用することは極めて危険であるといえよう。貞丈には雑学趣味的なところがあり、慎重に考証を重ねて物を書くといった姿勢が弱かったように思われる。これに対して、逆に狩谷掖斎などは考証癖が強く、彼の著書『箋註倭名類聚抄』(22)では尨大な博引傍証を行っているが、詳細に過ぎて単なる記事の羅列に終始している面もある。いずれにしても考証随筆の類を史料として使用する場合には、内容の吟味や比較検討が不可欠であろう。

また食事記録と実際の食生活とのズレの問題も生じる。大名屋敷の食生活の報告との関連でいえば、確かに伊達家には食事記録が残されており、何が食膳に出されたかについては知ることができるが、それが本当に全部食べられていたか、ということは別問題である。たとえば先に引いた『旧事諮問録』などを見ていても、将軍は少ししか手をつけず、お下りの形で結局下位の者に与えてしまう場合が多い。将軍が食事をしても、ほんの少し手を付けるだけで、奥女中などに与えてしまうが、奥女中の方も初めから回ってくることを前提としているようなところがある。これは共食と身分との関係からすれば重要な問題で(23)、封建制下ではかなり頻繁に行われていたと考られる。したがって、食事記録はそのまま食生活の記録とはなり得ない点に留意すべきだろう。

さらに言えば、食事記録そのものの信憑性にも問題がある。かつて『石城日記』という下級武士の日記を分析し、そこに出てくる食事記録について書いたことがあるが、[24]それが食べたものの全てであるかどうかはかなり疑問である。どうみても書き落しがあり、日によってかなり大幅に記述の仕方が異なっている。また書かれたものでも、何をどれだけ食べたかについてまで事細かに記すはずはなく、あくまでも食品もしくは料理名の羅列にしかすぎない。食事記録は残される例が少ないだけに貴重な史料であるが、あくまでも現実の食生活そのものとはズレがあるという認識が必要であろう。

それゆえ、カロリー計算による比較は一般的な傾向を知る手掛りとしては有効であろうが、現実には料理の復原という問題を含めて難しさが伴う。現代のクッキングブックとは異なり、料理書には分量が記されてはおらず、味付けや嗜好も現代人と江戸時代人とではかなり異なっていると考えるべきだろう。先の懇親会の席上で島崎とみ子先生から、考古遺物で器が出ると料理の分量がわかると教えていただいたが、量の問題も今後、様々な立場から検討されなければならず、そうした上でカロリー計算の問題を生かしていくべきであろう。

なお食事記録については、より豊富に史料を発掘していく必要があるが、これにも問題がある。こうした性格の史料については、本来的にはもっと残されている可能性が認められるにもかかわらず、まだまだ充分な掘りおこしがなされていない状況にある。『元禄御畳奉行の日記』で有名になった朝日重章の『鸚鵡籠中記』は、先にも触れたが、貞享から享保に至る三二年間の武士の日記で、名古屋叢書の続編に活字本が収められており、これにも飲食関係の記事が多い。近年研究は進みつつあるが、もっと食生活史研究に利用されてしかるべき性質の史料であろう。また徳川林政史研究所に架蔵されている、尾張国海東郡蟹江本町の名家鈴木四郎左衛門家に伝わる蟹江家文書中には、七年間に及ぶ同家の献立帳があり、日記録にも飲食関係の記事が残されているところから貴重な食生活史料となっているが活字化はされていない[25]。豪農の記録としては、播磨国揖保郡新在家村の永富家の『高関堂日記』が公刊されており[26]、これにも飲食記事が散見するが、関連史料の活字化が進めば、豪農の食生活の実態の解明がより一層可能となろう。

このほかにも埋れた食生活の史料は多く、最近では県史・市町村史の類が盛んに刊行されており、全国レベルで近世史料の発掘が進んでいるが、食生活に関しては項目を設けていないものも多く、充分に検討されているとはいい難い状況にある。古文書の整理を行っていても、献立や食事記録などは、雑文書扱いか、甚しい場合には未整理文書として処理されることも多く、食事記録類が手をつけられないまま眠っている可能性が高い。今後、こうした史料の掘りおこしに積極的に取り組む必要があるが、未だ体制が整っているとは言い難く、各市町村史編纂や文書館の史料整理に注意を喚起する以外に方法がないのが実情である。

今後、食生活史研究を豊かな実りあるものにしていくためには、文献の正確な引用および解釈、新史料の発掘が文献研究者側の課題となるが、考古遺物と文献の付き合わせ、さらには絵画史料や民俗学的な伝承の応用、調理学の見地からの適否なども含めて、グローバルな取り組みが必要であろう。食生活史のみならず庶民の暮しの実態については、あまりにも不明な部分が多く、歴史学や考古学さらには民俗学などの成果を充分に盛り込んだ形での解明が進められなければならないだろう。

注

（1）　文化人類学的な立場からする食文化の研究に関しては石毛直道氏の一連の仕事が最も注目に価する。

（2）　比較的近年の入手しやすいもののうち最も基本的な通史として、樋口清之『日本食物史——食生活の歴史』（一九六〇年、柴田書店）、渡辺実『日本食生活史』（一九六四年、吉川弘文館）、森末義彰・菊地勇次郎『改稿食物史——日本人の食生活の発展』（一九六五年、第一出版）などがある。最近になって川上行蔵・平田萬里遠両氏の尽力で『飲食史林』（飲食史林刊行会）が専門の研究誌として刊行され（一九七九年創刊、現在七号まで刊行）、食生活史研究が軌道に乗りつつある。

（3）中世の料理書については、『群書類従』および『続群書類従』の飲食部に主要なものが収められている。

（4）『料理物語』以下の近世の料理書については、吉井始子編『翻刻江戸時代料理本集成』（全十一巻、一九七八～八一年、臨川書店）および平野雅章他編『原典現代語訳日本料理秘伝集成』（全十九巻、一九八四～八五年、同朋舎出版）などによって翻刻文を見ることができる。

（5）桜井準也「近世大名屋敷における食生活」（『史学』五七巻一号、一九八七年）。

（6）旧事諮問会編・進士慶幹校注『旧事諮問録』上・下（一九八六年、岩波文庫）。

（7）石毛直道編『論集・東アジアの食事文化』（一九八五年、平凡社）所収の小山修三・五島淑子「日本人の主食の歴史」および拙稿「日本中世における肉食について」の両論文参照のこと。なお米と雑穀すなわち水田と畠地の問題に関しては、網野善彦氏の「水田中心史観」批判（最もポピュラーな著作としては同『日本中世の民衆像』一九八〇年、岩波新書）以来論議されることが多く、一九八四年の地方史研究協議会第三五回群馬大会でも議論が続出し、双方の説が対立を見た。

（8）注(7)の拙稿および同「食事の体系と饗宴・共食」（『日本の社会史』第八巻、一九八七年、岩波書店）参照。

（9）これらについては、異国叢書『耶蘇会士日本通信』上・下（一九六六年、復刻版＝雄松堂書店）、新異国叢書『イエズス会士日本通信』上・下（一九六八・六九年、雄松堂書店）、大航海時代叢書『日本教会史』上（一九六七年、岩波書店）などをはじめとする記録類を参照されたい。

（10）篠田統・秋山十三子『豆腐の話』（一九七六年、駸々堂ユニコンカラー双書）。

（11）新村出校閲・竹内若校訂『毛吹草』（一九四三年、岩波文庫）。

（12）『増補　京都叢書』第六巻所収（一九三四年、増補京都叢書刊行会）

（13）この問題に関しては、市川健夫「風土と食文化」（『列島の文化史』二号、一九八五年）、および安田健『江戸諸国産物帳』（一九八七年、晶文社）などを参照のこと。

（14）このグラフは、拙稿「天明期料理文化の性格――料理本『豆腐百珍』の成立」（『芸能史研究』七〇号、一九八〇年）に収めたもので、この前後の要旨は同論文と一部重複する。

(15)『名古屋叢書続編』(一九六五〜六九年、名古屋市教育委員会)第九〜十二巻所収。

(16)『燕石十種』二所収(一九七九年、中央公論社)。

(17)この前後の要旨は、拙稿「江戸と地方の料理文化——近世後期の利根川流域を中心に」(『列島の文化史』四号、一九八七年)と一部重複する。

(18)杉村英治「八百善——『閑談数刻』抄」(『飲食史林』創刊号、一九七九年)。

(19)福田浩・島崎とみ子『江戸料理百選』(一九八三年、二〇〇一年社)のほか、樋口清之・奥村彪生・荻昌弘『復元万葉びとのたべもの』(一九八六年、みき書房)などがある。

(20)料理書に関しては、川上行蔵編『料理文献解題』(一九七八年、柴田書店)が便利であり、参考に供されたい。

(21)『増訂故実叢書』第二巻に収められているが、最近島田勇雄氏によって、平凡社東洋文庫から訳注書が出されている。

(22)狩谷棭斎著・京都大学国語国文学会編『諸本集成倭名類聚抄』所収、『箋注倭名類聚抄』(一九六八年、臨川書店)。

(23)拙稿「中世における食生活の周辺——共食と支配をめぐる諸問題」(『史学雑誌』九三編三号、一九八四年)および注(8)の拙稿参照。

(24)拙稿「『石城日記』にみる幕末下級武士の食生活」(『歴史公論』八九号特集「江戸時代の食生活」、一九八三年、雄山閣出版)。なお『石城日記』は慶応義塾大学図書館の所蔵にかかる。

(25)平田萬里遠「参考資料解題——慶長以後について」(注(20)川上行蔵編『料理文献解題』所収)。

(26)永富家編集委員会編『高関堂日記』(一九七二年、鹿島出版会)。

〔付記〕本稿は一九八八年夏の脱稿であるが、その後、拙著『江戸の料理史』(中公新書九二九、一九八九年)が先に刊行をみた。本稿の二・三章と重複する部分が多いが、詳しくは同書を参照されたい。

江戸時代の陶磁史と社会動向

矢部良明

はじめに

かねてから焼き物は取り扱ってきたが、食文化と結びつく焼き物、とくに日常の食生活と焼き物を組み合わせて、物を考えることがなかったので、かなりテーマから離れるかもしれないが、今私の考えているところを述べてみたい。美術として焼き物を扱っている立場からは、桃山時代から江戸時代にかけて、とくに茶と結びつく陶磁器を、中国・日本あるいは朝鮮半島、遠くは西欧（オランダやフランス）のものまで、幅広く取り扱ってきた。それを具体的に、どの形の器をどういう料理に盛り、どのような客と対応させ、あるいは日常生活の中で楽しむかという発想を持たないため、今大会のテーマとはやや別な方向から考えてみたい。

一　古瀬戸と中国陶器

十六年前、「日本出土の中国陶磁」という展覧会を東京国立博物館で開き、考古学者との交渉を持つようになった。以後、純粋の美術学者より考古学者との交流が深くなってきている。その間、古く新石器時代から今日までの問題意識のなかで、日本から出土する中国陶磁あるいは日本国内の焼き物を鋭意結び付けながら、時代の大きな編年表のなかにあてはめ、全体を構成することを繰り返してきた。そのなかで幾つかの大きな展開を認めることができる。

今回問題にしている十六世紀から十七世紀、十八世紀へと展開する二百年間も、その大きな波の一つである。この大きな波は、日本の国内で産するいわゆる国産陶磁だけでは十分に捉えることのできない波で、渡来する中国陶磁およびその周辺の焼き物を合わせることにより、さらに明確な説得力をもつ。

とくに大きな波で捉えると、中世期に一つの波が中国からやってくる。そして、十一世紀末から十二世紀にかけて、また大きい第二波が来る。この波は十四世紀にかけて大きく展開するが、十五世紀という一つのブランクを経た後で、十六世紀に第三波を迎えるというように捉えたい。そしてこの流れは、外来陶磁でみると、十七世紀中葉、一六五〇年代をもって収束に向かう。これが外来陶磁でみた大きな波の三つの峰で、これを国産陶磁と結び付けると、外来陶磁とよく符号するものもあり、逆に外来陶磁の傾向に相反する動きも示している。

食文化とは離れるが、焼き物の展開を政治史のほうから眺めてみたい。十二世紀に入ってくる中国陶磁の波を受け止めて展開するのが、猿投窯に始まり瀬戸窯に結びつく愛知県尾張一帯の窯業である。このとき中国から入ってくる重要な器は青磁ではなく、白磁が主役であった。そしてその白磁は、象徴的に三つの器で捉えることができる。それは、四耳壺・水注・梅瓶という独特の中国の白磁で、これは中国においても白磁文化の隆盛を反映した三つの器であった。

この三つの器を直ちに取り込むのが瀬戸で、重要な生産基地になる。この三つは、中国から渡来した器と同じ使用目的、すなわち日常の食生活に供する器であると同時に、宗教的な意味で、とくに火葬骨を埋納する容器としての役割を持たされる。すなわち中国から来た白い焼き物であるはずのこの三つの器は、瀬戸においては白い焼き物ができないことから、素朴な灰釉で、そしてさらに技術革新した黒い釉で施釉し、その写す形は大変似ている。そしてこの受容者は、伝統的な貴族、これまでの平安貴族ではなく、全く逆に関東を中心とする武家社会を背景にして、この三つの器は外来陶磁そして国産の瀬戸とも受容されるらしい。ここに、瀬戸焼きの持つ特殊性が明確に浮かび上がってくる。

外来陶磁と全く関係なく、各地の中世窯と呼ばれてきた窯、すなわち常滑・渥美そして地方の信楽・越前・丹波・備前その他周辺を含めると二十数窯が、一挙に台頭してくるのが十二世紀である。十二世紀は非常に問題とされる時期で、新しい時代に向けての曙であり、それは平安貴族の文化体系とは全く異なった文化体系の上に立脚する文化現象であると捉えられる。

実は、この武家社会の代表選手である瀬戸焼きの三つの器の系譜は、ある時期まで連綿と受け継がれている。それは十七世紀の初頭で、今回問題にしたいと思う江戸初頭と、これが一致する。最近の、豊かな考古学報告を各地に見ると、この考えはさらに明瞭になってくるのである。

二　焼物に映る政治体系の変化

中国から渡来する白磁の三器は、十四世紀なかばをもって終わる。ところが瀬戸は十六世紀に至るまで、連綿とこの三器を写し続ける。そしてこの三つの器は、渡来中国陶磁であろうと、また瀬戸焼きであろうと、十六世紀末から十七世紀初頭における、いわゆる桃山期の山城、武将の居館址からも、必ずといっていいほど出てくる。これが最も顕著なのは、天正六年に築城された八王子城で、それ以外にも、北は青森の浪岡城から南は九州の人吉市の相良氏の居城址に至るまで、有力な中世城を探るとどこでも見ることができる。

十四世紀で絶えたはずの、中国製四耳壺・梅瓶・水注を骨格とする武家文化の価値体系がそこに残存していることが認められるのである。

ところが近年、東京都区内の江戸遺跡の出土遺物を見てみると、これまで見慣れてきた十五・十六・十七世紀の初頭までの、有力な武家社会の遺構には必ずともなっていた器が全く出ないことに気づく。まことに、手のひらを返すようにがらりと様相が変化するのである。

歴史を焼き物で見ようとかねがね関心を持っている私にとって、この大きい価値体系の変化は、非常に強い衝撃を与える。貴族文化に代わって十二世紀に台頭する武家文化の代表選手、あるいは、それを考古学的なシンボルと考えていいであろうこの三つの器が、どの遺跡からも出てこない。下限を天正あるいは慶長の時期に持っている遺跡の出土遺物のなかに、必ず顔を出した中国製そして瀬戸製の価値体系のものが出てこない。大変象徴的に見ているが、十七世紀の江戸時代を迎え、幕藩体制下における新しい政治社会の価値体系のなかで、十二世紀以来の器物がすっかり払拭されてしまったことを窺わせる。

一方、鎌倉末から室町期に始まる美術としての焼き物では中国陶磁が非常に珍重され、美術趣味の体系のなかで綿々と生きてゆく。そしてそれは今日までずっと伝世される。その意味でこれらの美術陶磁を見ていても、これは江戸になっても全く変わることがない。すなわち、ここには鎌倉末から室町に始まって今日に結び付くところの価値体系に普遍性があり、そこに断絶がないことを意味している。

したがって、我々が展覧会に使う作品群はいずれも、その時期、あるいは江戸時代に入ってきたものも含めて、中世・近世における武家社会における美術価値体系に変化がないことを窺わせている。

ところが、十七世紀初頭で、政治社会と結び付いたであろうこの三つの器、恐らく美術とは関係なく実際の実用食器であったはずの、白磁の梅瓶・水注・四耳壺、これを武家の一つのステイタス・シンボルのような利用の仕方をして、それが貴族文化とは違ったところに、彼らが価値の意味づけを行う、そういう手のものは十六世紀末から十七世紀初頭で切れる。これはいみじくも、政治的な役割を持ったことで断絶をした。そして美術的な役割を持つ焼き物は、連綿と二十世紀の今日まで生きていることを意味している。

結局、我々が、四耳壺・梅瓶・水注を世界あるいは日本全国で捜すと、完形品で今日見ることができるものは、いずれもかつて出土したものである。この出土と伝世の二つは、大変に重要な文化理解の方法で、出土する内容だけで理解してもそれは全体像の一部でしかない。常にマキシムな捉え方をしようとすれば、それ以外の要素も十分に加味して全体像を構築しなければならない。

極論すれば、中世的焼き物は江戸時代の初頭で政治的使命を終えるとも言えよう。少なくとも十二世紀に始まる武家社会の価値体系が、政治的な意味で崩れ、そしてそこに持っていた意味が失われるゆえに、この三つの器は自ずと捨てられてゆく。その結果瀬戸でも造らなくなる。

三　江戸前期の中国陶磁と日本陶磁

政治と美術、この二つの相容れなさそうな要素を、焼き物のなかで読みとってくると、歴史の世相の展開を見ることができる。これが、鎌倉御家人以来の価値観を幕藩体制がすべて払拭させてしまったのではないかという一つの根拠である。新しい武家の価値体系、江戸の武門の価値体系のなかで、実は十二世紀以来の一面が削られた。そして、美術品としての焼き物はますます高く評価されるわけである。

信長・秀吉が好んだ茶陶と、徳川家康が好んだ茶具には全く変化がない。その意味で、徳川家康は正に桃山の延長線上にあったわけである。美術的な意味で言うと、まさに彼らは一蓮托生である。それと相反して、政治的な意味では断絶が行われるという辺りに、文献には現れない、非常に面白い価値の転換を認めたい。

第二に、中国陶磁で見ると第三の波が十六世紀から十七世紀にかけて起こるが、この波の頂点は大体一六三八年頃である。これはオランダ商館の日記などを中心にして判断するわけだが、この年中国のジャンク船が運ぶだけで七五万個を記録している。オランダ商館自身が運んだ記録はその年には載っていないが、総量を見ると百万個に近い年間の輸入量である。

この時期を頂点にして、一六五三年位になると急速に、数千・数百個という単位に落ちてくる。これが十五世紀に始まって展開する、第三波の中国陶磁輸入事業のありようであったと考えられる。

この一六三八年前後、寛永を中心とした時期をもって輸入が急に止まる事実と、発掘調査で出土する中国陶磁を見てみると良く符合している。一六四四年から順治年間になるが、一六五〇年以後すなわち順治後期と結びつく、この時期の出土資料は誠に微々たるものである。過日、東京大学の発掘資料を拝見したが、目を張るような素晴らしい中国陶磁が出土している。しかし、そのなかで清朝とはっきりと比定できるものは数点の破片のみであった。一六五〇年代を越え六〇年代・七〇年代になると、ほとんど輸入が行われなくなるという文献が示す実態と、考古学上から見た実態は明らかに一致していると思わざるを得ない。

この傾向は、中国側の影響が大きいようである。鄭成功一派を始めとする中国側の反清運動に手を焼いた清朝政府が、かなり強い弾圧に出る。この弾圧は遷界令という法律によって頂点を極める。一六五七年に始まり、一六六一年に再度施行されるこの遷界令を契機にして、中国から陶磁を自由に輸入できなくなる。これは日本でもヨーロッパでも同じである。したがってヨーロッパの人たちにとっても大変な痛手で、早速に打開策を講じることになる。この打開策が、日本との交易権を一手に握るオランダが伊万里焼に代替え品を注文することであった。ちょうどそれが一六五九年を最初としており、いかにも遷界令に合わせた動きと捉えることができよう。

ここで中国陶磁はほとんど輸入されなくなる。それに代って誕生して日の浅い伊万里焼がピンチヒッターとしてうまく応える。そしてこのピンチヒッターが実に有効に働き、あっというまにヨーロッパの最高レヴェルの貴族達を納得させる磁器を焼製する。一六六〇年にオランダ東インド会社の重役会議が開かれたが、そのおりに日本からサンプルとしてもたらされた伊万里焼の水準の高さに、一同が驚き直ちに伊万里焼注文がだされた。

これは、誠に小気味良い展開であり、日進月歩の技術革新と生産量の拡大が行われる。こうしていよいよ、中国陶磁に代わって伊万里焼が世界に製品を送り込む基盤が整う。このように時流は急激に変化するが、中国陶磁の輸入事業の衰退と、これと対照的に世代交代した日本の磁器の生産が、スムーズに行われるのである。

このように見てくると、一六六〇年代というのは実にそう言った意味での転換期である。これが、日本出土の中国陶磁のなかで清朝陶磁が極めて少ない理由である。

四　十八世紀国産陶器の低迷

江戸時代の遺跡、とくに優良な遺跡はこの東京都に集約される。これまで中国陶磁や朝鮮の焼き物、あるいは日本の焼き物で八世紀位から概観してきた。奈良時代の八世紀代、そして桃山の末から江戸の初頭まで、政治の動きが誠に良く焼き物に反映している。すなわち焼き物は、政治の動きのトップを示すこともあると同時に、その政治を下から支えた人間達の動きも良く示している。そして焼き物は雄弁な歴史の資料として重要視することができるのである。書かれざる歴史を下から支えた人間の、上から絞られて泣き言を言うような人間でなく、自立してグッと下から支え込み次の時代のリーダーを送り出してゆく人間達、この人間達の動きの表向きの自立性は文献に現れないことが多いのであるが、これを連綿として語る絶えざる資料こそ陶磁資料であると言えるのである。

ところがこの陶磁資料で、十七世紀、江戸初期を見ると、これが急に読めなくなる。

これまできれいに歴史の動き、文化史の動きと連動してきたこの焼きものが、とくに読めなくなる。磁器は別だが国産の陶器、伝統的な陶器が読めなくなる。たしかにこれらの出土量は極めて多い。文京区の真砂遺跡を例にとってみても、膨大な量が出土している。これらを見て歴史の構想力を一所懸命に膨らませてみても、残念ながら暗澹たるものになるのである。すなわち、どんな大名屋敷から出るものにせよ、それは誠に貧素でそのなかに歴史の躍動する人間の営みを読むのに不足するのである。

美濃焼・瀬戸焼を中心とした動き、あるいは京焼を中心とした動き、これらをかなり丁寧に見て、これが一体歴史の史料としてどのような役割として理解できるのか、前々から反芻を重ねてきたにもかかわらず構想をうち立てることができない。磁器を除いて焼きものは文化の主役ではなくなったと言うことが第一の心証である。磁器は世界に互して、産業としても君臨しうる内容をもっているが、国産陶器は残念ながら政治史の主役の位置から降りたと思わざるを得ない。

これをどう料理するかはまた別な問題であるが、少なくとも、世界を一つのスケールにし、新石器から現代までを最大版図において歴史を考えようという私の考えにもとづけば、この十七世紀における日本の焼き物のなかの、陶器の占める役割はそれほどアクティヴではない。ただし、これからの研究で優秀な方々の鋭い直感力・洞察力で、優秀な歴史が読めていくのかも知れないが、現在の私の考察は以上のとおりである。

焼き物を美術のレヴェルから落としてしまったところが、江戸時代の特色で、考古学では美術性や価値の高さの高低は問題にせず資料的な意味合いで事柄を論じる学問のため、あるいは体質が異なるのかも知れないが、人間の営みのなかで「価値」を非常に重視する発想に立てば、この価値の低迷はじつに冷酷に見なければならなくなる。

この状況が十八世紀・十九世紀へと連綿と続く。

江戸時代の食文化とそれが結びつくとすれば、これは食文化が非常に貧素と思わざるを得ない。先に発表された方々は「なにをおっしゃる。江戸時代は大変な文化の時代で、食文化もたいへんなもんだ」と思われるであろうが、あの程度の器をかなり高級な武家・士族が使っていたとすれば、いささか残念である。そのぐらい、歴史のダイナミズムを捉えることができないほど単調な流れになり、種類は膨大に増えながら、それの持つ役割の歴史におけるヴィヴィッドな動きが捉えにくい。そして美術性が大きく低下し現在の我々の心を動かさない。

これは非常に重要な問題である。今の学問は人の心などというものをあまりテーマにしないが、実はそれが一番の大前提であるというのが私の考えである。なぜなら、人間の心を捉えるか否かによって、その文化が残るかどうか決まり、文化が残るというのは人の心を捉えて放さないからである。その文化の質は心で判断するべきであろう。美術性云々という問題はまさにそれにあたり、これしきのものでどうして人を納得させるかと言うことを考えると、それが当時の一般の人たちの、人間の活力を示しているのではないかと思えてならない。

八世紀に始まり、大きな波がたびたび来て、大きな波にしたがって日本の対応があった。その対応をずっと見てくると、今回の場合、とくに江戸の場合は、十七世紀の中世文化を払拭させてしまった江戸初頭の時期をもって、おそらく十七世紀と十八世紀はそれほど質を変えないような陶器の世界が展開される。それは美濃・瀬戸がいわば眠ってしまうのと通じている。美濃・瀬戸を眠らせてしまったのは、結局伊万里の磁器が台頭してきたからだとは考えられない。これは、この美濃・瀬戸を受けとめる人間と、美濃・瀬戸を作りあげた工人達の両者が、眠らせてしまったと考えられるのである。そこには民間活力、民活がないのである。

眠らせたこの力は、結局それが世界にむける伊万里焼と対応したときに、極めて明瞭になってくる。伊万里は優秀な磁器を作り、世界に互して活躍を始めたが、その隣には多くの唐津焼がある。沢山の上野・高取その他の窯がある。

また薩摩の窯もある。要するに、磁器窯が世界に向けて活躍するこの時期は、同じ人間がしたかと思うほど磁器はつらつと内容が豊かで成果があがる。一方陶器窯の唐津焼の十六世紀から十七世紀にかけての動きは素晴らしい。ところが、十七世紀に入ってから十八世紀にかけての唐津は、まことに低迷する。そしてそれは薩摩も同じであり、その他の九州諸窯も同じ動きを示す。それと美濃・瀬戸の動きの歩調は一致していると思えるのである。

もう、陶器をもって日本を、そして世界に駆け巡ろうという意欲を、陶工自身も失い、そしてそれを受けとめる人間達も失っていたということを、磁器と陶器の対応は極めて良く示していると思われるのである。

おわりに

以上、江戸時代の焼き物について、今率直に感じているところを申し上げた次第である。このほうがより説得力があるし、また意味が有ろうかと考えるからである。常に大きく捉えようとする私の考え方と、先程のように非常に細やかに文献をそして実態を探ろうという動きはあいいれない面があろう。こまやかな研究は私の体質に合わず、関心も自ずと大きくなる。しかし、こういう二つの動きも車の両輪として大切ではないかと思う。考古学のこうした研究会には、時折出席させていただくが、いつも何と細やかなという印象である。その細やかさの向こうに何が待っているのかと常に感じている。一体その論考は人間の何を読むのかといつも語りかけるが、ほとんど答えが帰ってこない。いや、考古学としてはとりあえずこうしなければならない、と言うこととかとも思っているが、それだけでは歴史学の大道に結び付かないと思うのである。一番大きな歴史学に対して、どうアプローチするかが課題とすれば、この積み重ねはモティーフの積み重ねであって、モティーフの積み重ねは、歴史学という大きな学問体系の一部をなすことは明瞭だが、一体それでは一部は全体のなかで、どのような役割を持つのかという問題意識が必要ではないだろうか。

江戸時代の焼き物を、磁器と陶器に分けて話をした。今回は細かな点は省略したが、このような実態が十七世紀の初頭に起こるということを認識する必要があろう。その思いを強くしたのは、港区の出土資料を拝見してからである。資料館に収蔵されている資料を見ると、全て十六世紀と隔絶したという印象を受けた。十七世紀と十六世紀を結びつける資料はほとんどなく、手のひらを返すような変化であった。ところが、十六世紀から十七世紀初頭の出土資料を捜すと、十二・十三世紀の中国陶磁が出てくる。これは白磁の四耳壺・梅瓶・水注で述べたが、小さな青磁や白磁の碗でも同様である。この出土状況、そして全体の構成のしかたと、全く違った世界を港区の資料館で見たために、この大きな変化は、まさに江戸時代がその前の時代設定とは、文化的に大きく隔絶した事実、また政治的にも隔絶したのではないかということを、先程の白磁の三器に窺ったわけである。

また、人間の営みを、磁器と陶器に分けて話をしたが、これをどう食文化に結び付けるのかは難しい問題である。磁器をどのように扱い陶器をどのように見ていたのかというような点も、分からない部分が多いが、ともあれ焼き物で江戸前期の内容を探った、私のこれが全体像である。

そしてこの動きは、十九世紀になると打ち破られる。十九世紀になると今度は新しい動きがおこり二十世紀に結び付いてくる。十九世紀、とくに寛政あたりから始まり天保をさかいにぐっとのびあがる、あの動きであるが、今回は触れない。

以上主に十七世紀初頭に始まる新しい動きと、十七世紀後半の、磁器と陶器との対応について述べた次第である。

質疑応答

＊発言者については、二八二ページ参照。

司会　どうも有難うございました。それでは引続き質疑応答に入りたいとおもいます。

大田　金沢の某家の先代の御主人と話をしたときに、食器と言うものは食べ物の付属品であって、食べ物を載せるための道具である。したがって、食器を展示する場合は必ずその上に物を載せなければいけない。そうでなければ食器の意味が分からんぞ、と言うことを言っておられました。今、食器の話をされて、その上にどう言うものがどのくらいの量で、載せられたかと言うことに対しては、現在どの程度わかっているか伺いたいと思います。

矢部　それは私にとっては大変な難問でして、そう言う問題意識で、これまで見たことはありませんでした。機能としての焼き物、これは重要な観点ですし、また考古学にとって非常に重要だと言うことは良く分かりますが、実は私ども、機能としての焼き物と言う発想を持ったことは、実はあまりないのです。おかしいじゃないかとおっしゃるかも知れませんけれども、これまで歴史の生き証人として、客観的にあるいは抽象的な意味あいとでも申しましょうか、どのくらいの歴史の価値内容をもっているかという意味合いでしか見てきておりませんで、機能という大切な面は、取り上げると言うことがなかったんです。申し訳ございませんが。

大田　江戸時代のことを議論するには、それが分からないと、先程の話のように例えばエネルギーがどのくらいとか、食生活その物が良く分からない。つまり入れ物だけを見てたんでは、食生活が良く分からないと言うことなんで、ぜひこれから先、入れ物と同時に、その上に盛られている物を合わせて考えるという事に少し御努力して頂ければ有り難いと思っております。

原田　いま先生のお話のなかで、出土の器から見ますと、江戸の料理史というのは非常に貧素である、というご指摘があって、なかなか面白く拝聴したんですが、逆にそう言うことになりますと、中世の磁器ですか、かなり素晴らしいものが美術的にも今のお話のなかで、江戸以降は断絶して、かなり貧素なものになってくるというお話の主旨だったと思うんですが、その場合、逆に中世の磁器等々の名品と言うものは、これは果たして食器なんでしょうか、それともやはり、壺とか食文化とは余り関係ないもののほうなんでしょうか、それとも食文化に関係のある食器その物の、美術的価値そのものも江戸時代になってくると低調になってくると言うことなのでしょうか。

矢部　低調になったというのが、この点私自身舌足らずでして、誤解を与えてしまっておるようです。この研究会は焼き物だけを扱っている方の集まりではございませんから、それはちゃんと述べるべきでした。江戸時代になりますと、施釉陶器がベースになって食生活が行われまして、それまでとは質的には遥かに、少なくとも一般に使用される食器それ自身をとりますと、ずっと中世よりは良くなっているのは確かなんです。これは今申しましたように、私の意図は食器それ自身が良質になったかどうかではなくて、食器そのものに、どれだけの意欲を吹き込み、その意欲が類型的であるかどうか。すなわち、でき上がった食器を連綿と受け継いで、それほど変化がないとか、そこにどのくらいの造形意欲が含まれているかという意味で捉えた場合に、江戸時代はかなり単調だということを申したかったんです。単調さが私の言いたい点でございまして、食器それ自身の程度が低くなったという意味ではございません。

原田　その場合の、造形意欲を含めた場合での話としまして、やはりそれは、お茶とかの関係とか、そう言った問題を含めて、なぜ江戸時代に単調になってくるのかという問題、これは料理法の問題とか、食文化の展開みたいなものを含めて、たとえば戦国に茶の湯が非常に流行って、みんなが銘品を買い求めていると言うような意味でいえば、確かにおっしゃることは分かるんですが、その辺のところやはり今おっしゃった意味での造形活動みたいなものを含めて、食器そのものに向けられていたのか。そうでなくて美術品的な意味、まあ、美術品と言う言葉自体が問題だと思うんですが、やはり壺とか、特殊な意味での茶碗みたいなもののほうが主流だったのでしょうか。

矢部　美術としての焼き物が認識されるのは桃山時代だろうとおもいます。これは、茶のほうが懐石料理と言うものを作りあげまして、懐石料理にふさわしい器を、個性的でしかも生き生きとした器を、各地の窯に作らせます。これは大きな役割を持ちましたでしょう。この動きが、焼き物も美術になりうるという基礎を与えてくれました。そうしますと、今日の一般的な食生活ではない、美的生活者が行う食生活というのは、これは江戸時代も実に豊かな展開を遂げるわけですね。焼き物のほうで言いますと、仁清とか乾山とか、トップ・リーダーの天才達が、陶磁史を飾りますが、彼らはまさにその世界で、個性を発揮したわけです。すると、一般の食生活と、個性に満ちた茶の美的生活は、グングンと離れていってしまいます。その、離れていってしまう過程が、江戸時代の過程ではないかと思うのです。片方では、個性を遥かに豊かに展開させる、そういう豊かさが好まれる。この好まれた世界は、考古学の世界には実はほとんど出てきません。まあ京都などという特殊な世界は別ですが、ほとんど日本全国は、そう言う美的世界と縁のない日常の食生活の世界を、考古学は切り開いている。ここが江戸時代の特色ではないかと思います。

原田　そう言うことでしたら非常に良く分かったんですが、今の話で言いますと、寧ろ江戸時代の陶器そのものがすでに単調になってきていると言うことは非常に良く分かるんですが、けれどその問題を、逆に中世に関してみた場合に、それは確かに陶器、磁器はそうだけれども、素焼の中世の村落なんかで出てきている土師とか須恵とかみたいな、いわゆる、一般のレヴェルで使われていたもの、と言うことで言うと、逆に中世なんかのほうが格差が大きかったわけで、というふうに理解してよろしいわけですね。

矢部　そのとおりだとおもいます。

鈴木　矢部さんのお話を伺っていると、いつも明快で楽しく聞かせて頂けるわけなんですけれど、先程江戸の焼き物の特徴を、極めて明快に美術史の立場から、焼き物の美術水準の低下という、焼き物が文化の主役から離れた、それを補う形で極めて際立った捉え方をすると、単調さが目立つというような指摘でお話があったとおもいます。それと江戸時代の出土資料だけでなくて、様々な記録などを含めて焼き物を復元してゆく作業というのは極めて重要だし、矢部さんが指摘されたとおり、出土品だけで考えるというのは適切でない。適切でないというんでなくて、十分に焼き物の世界を、暮らしの中での焼き物の位置を評価するとなると、出土品だけでは不十分だという意味でですね、ご指摘になられたんだと思うんです。もう一つ、どうなんでしょうか。暮らしのなかでと言うことになりますと、さきほど原田先生も指摘されたわけなんですけれども、たとえば、褻と晴ということ、もう一つ階層性のことも話しのなかに登場したかと思うんですが、庶民の暮らしのなかで使われている焼き物は、江戸時代の焼き物については、寧ろ単調ではなくて極めて多様な形での使われ方があるし、生産地にしてもさまざまですし、暮らしのなかでは極めて、それ以前の時代と比べますと、江戸だけでなくてそれぞれの地域、京都でも堺でも博多でもそうでしょう、北海道を含めて、日本列島の江戸時代の焼き物というのは、単調さでは指摘されないんじゃないかというふうに私は思うんですが、いかがでしょうか。

矢部　実は、今おっしゃいました北海道から始めまして九州まで、ずっと動きを見ておりますと、桃山期のエネルギーは桃山の遺跡から良く分かります。たとえば、北海道の勝山館なんかもそうですが、まさに十六世紀から十七世紀にかけて北海道で活躍している人間達の動きが見られます。それから堺もそうですし、博多もそうですし、長崎もそうです。そのように人間の営みを陶片の中で見ていると、あの桃山の活力はどこへ行ったんだという意味で、十七世紀以降の陶片は低迷した作風になってしまう。あの豊かさは一体どこへ行ってしまったんだという意味で、象徴的に申しましたんですが、そう言う意味でどうでございましょう。

鈴木　桃山のあの活力がどこに行ったかと云う点でのご指摘はそのとおりだと思っています。ただ、いまここで掲げられていた、江戸時代の陶磁器と社会動向ということで、絞られた話をされたわけですし、しかも明快な話しなんですけれども、もう一つ、桃山陶に絞られたんでは、桃山陶それ自体が、庶民の暮らしのなかでどう位置づけていいのかという、実生活の歴史の中でですね。そうなるとたとえば、志野にしても織部にしても製品によっては階層で整理してみないと理解されない部分があるのではないか、そう云う点がございますし、明快過ぎて、それだけに落し穴があるなとそう言う印象があるもんですから、あえて質問した次第です。

矢部　まさにそのとおりです。全貌を見たいという主旨をおふくみ頂ければとおもいますし、また、こまやかさは考古学者の得意とするところでございますから、これを明確にして頂ければ、全体像が実に堅固なものになってゆくのではないかと思うのでございますが、いかがでございましょうか。

矢部　まだ時間がございましたら、東大のことについてちょっと所見を述べてよろしいですか。

司会　どうぞ。

矢部　東大の発掘結果というのは、私が見ました港区の資料、その他文京区その他の資料を拝見した中でも、際立っておりました。それは、先程の話の中での美術陶磁が出てるんです。非常に素晴らしい美術陶磁であります。例えば、宣徳と云う明の、同じ物が日本で重要文化財に指定され、安宅コレクションに収まっておりますが、その素晴らしい作品に始まり、嘉靖・万暦の作品、万暦赤絵、それから明末に日本から中国に向けて注文いたしました、各種の茶陶、水指とか茶碗、これはその物が今日まで伝世するものがかなり在るのですが、大体その最高手が出ております。たとえば明末の芋頭の水指というのが出ておりましたが、これなどは今現実に評価されますと、大体六千万円ぐらいの評価になります。その腰の部分が出ましたし、「五良大甫呉祥瑞造」という銘のあります明末の、これまた伝世品でそれがあれば、おそらく二千万円はするだろうという、染付の茶碗の一部が出ましたり、こういう内容の豊かさにびっくりしてしまいました。これは信じられない内容です。実は数日前名古屋へ行っておりまして、名古屋城三の丸の資料を拝見しておりました。これが結構良いんです。ただしこのレヴェルも、東大の資料から比べたら比較になりません。その中国陶磁・国産陶磁、とくに東大の場合は古九谷の問題がたいへんにかしましく論じられましたが、古九谷の色絵の良さ、そして国産陶磁のとくに磁器の良さ、中国の明の前半、私どもいままで考古学資料でみたことのない、宣徳そして今申しました万暦・嘉靖の名作がかなり収まっており、しかもレヴェルの一番良いものが収まっているのにはびっくりいたしました。まさに、ああいうかたちで美術陶磁が取り扱われたのではないか、というのを、かいまみることができた思いでした。この一般的に見ることのできるような出土内容と、あの東大の異色の内容は、まことに際立っておりまして、この際立ちはある意味で当時の文化の美術的な一面と、一般的な一面とを象徴的に対照させてくれる材料ではないかと思って、感動的に見てきました。私も、全国を毎月のように歩き回って、出土遺物を見ておりますが、このなかで、最近では最大の感動でした。まあ、あんな内容で出るなんて信じられないですね。大体貧弱な十七世紀・十八世紀の出土内容から云ったら、これは正に私どもが持っている十七世紀の美術界はこうではなかったかというそのままなんです。そう言った意味で、何か参考になればと思って、一言申し上げた次第です。

仲野 先程来、美術陶磁という言葉で御説明があったと思うんですが、実際にそう言う観点で、たとえば十五世紀・十六世紀という段階で、そう言った焼き物群が、使われていたのかと云うことを考えますと、やはり焼き物は使うと云うことが前提で来ておりますので、それだけ押し出されると少し問題があるのではないかと感じるわけなんですがいかがでしょう。

矢部　どう云うことかちょっと主旨が良く分かりませんが。確かに、二つに分けて考えたわけですから、美術陶磁という物を一つ認めて、それをいまの東大に見たわけです。

仲野　ですから、中世におきまして、中国等から良質な磁器類が輸入された、そう言ったものを相対的に美術陶磁という表現を取られたと思うんですが。

矢部　いや、そうじゃありません。美術陶磁が、一般の食器と別れたのは桃山から江戸だと先ほど話しました。

仲野　しかし政治史的な側面と美術史的な側面とを、兼ね備えた磁器と、それが江戸期に入ってそれが隔絶して、美術的な捉え方が非常に弱くなってくるという御発言があったと思うのですが。

矢部　今の、仲野さんの御質問良く分かりました。いま仲野さんがおっしゃったのは、私ども今日、かつての人たちが美術と捉えていなくて扱った中世の焼き物、これは全てそうだろうとおもいますが、まあ特殊な当時の北山文化とか、東山文化で取り上げられた焼き物は別ですが、それ以外の焼き物はおそらくそんな発想で捉えたわけじゃありませんし、私が今日、二十世紀の我々がそう言うものを美術のレヴェルに高めて、鑑賞の対象として実に内容が豊かであるという捉え方で、美術と言う言葉をつかっているわけです。その美術というのと、先ほど申しましたように、作るとき、あるいは使う人間達が美術性を認めている焼き物とは別であるという意味で捉えると、美術性に二つありますよね。で、いま仲野さんのご指摘の美術性というのは、我々が二十世紀の今日、内容が高いから感動するよ、という意味の美術性を言っているわけでございます。ちょっと、そこを誤解を招くかも知れません。要するに皆さんの日ごろの問題意識と、私どもの持っているものではかなり違いますもんですから、その辺で誤解を招きやすいことが多々あろうかとおもいます。そう言う風な焼き物の観点も、片方にあるんだと言うことを、まあ私ども部外者でございますので、あえて申して、それを心の余裕として皆さんも受け止めて頂ければこれに如くはないと思っております。要するに、頑なになっては駄目だと言うことでございまして、もっとリラックスしまして、そう言うものも資料だよ、いかなるものも全て資料、そのうち私がこう云う方向からついているんだという意味で、焼き物を見ると云うことが必要なんじゃないかという発想なんです。そう言うことで、心穏やかに、受け止めていただきますと、大変よろしゅうございますが。

司会　大変申し訳ありませんが、時間のほうがもう一杯ですので、これで終わらせていただきます。

江戸で使用された瀬戸美濃窯産の食器

仲野泰裕

一　江戸出土の陶磁器群とその分類

陶磁器には、極めて多くの器形が知られており、それらの用途にあったそれぞれの特徴が認められる。また、江戸時代は、長い歴史を持つ陶磁器が、主要な生活用具として、幅広い階層にわたって使用されるようになる時期である。同時に、陶磁器の文化的な守備範囲も急速に広がっており、幅広い用途を持つ器形から、それぞれの用途に沿った器形へと切り替わる現象を示すようになる。このため、江戸時代においては、大消費地である三都を始めとする各地の遺跡群から、数多くの陶磁器の出土が知られている。

ここでは、江戸を中心とした遺跡群に、一部周辺部をふくめ、消費遺跡からの出土が知られている陶磁器の器種を、用途別に整理してみると、その概要は表1のようになる。

これらの陶磁器群の分類については、消費遺跡において用途的特徴から、生産遺跡においては器形的特徴から試み

表1　器種の分類

分類項目		器種（形）
食生活用具	食卓用具類	碗，皿，鉢，蒸碗，猪口，蓋物，向付
	調理・煮沸用具類	捏鉢，練鉢，片口鉢，擂鉢，堝，釜，水注，土瓶，おろし皿，焜炉，火消壺
	貯蔵用具類	徳利，壺，甕，蓋物，(上戸)
嗜好用具	喫茶，喫煙具類	茶碗，天目茶碗，水指，茶入，茶壺，煎茶具，火入，灰落し，土瓶，急須，湯呑，煙管
	飲酒用具類	徳利，燗徳利，坏，坏台，銚子，ちろり
文房用具		陶硯，硯屏，水滴，筆架
神仏具		仏餉具，仏花瓶，香炉，御神酒徳利
灯火具		燭台，秉燭，灯明皿，灯明受皿(台)，芯押さえ，油徳利，油次，油皿
化粧用具		小形蓋物，紅皿，鬢盥
その他		植木鉢，火鉢，餌摺り，十能，人形，戸車，玩具

られることが多いようであるが、いずれにも充分と言えない点がある状況である。ここでは、用途的特徴から試みたわけであるが、この場合、瀬戸美濃窯という限られた窯業地だけでは、生産されていない器種や、本来は他の素材であったものも多く認められる。

今回、主に扱うこととなる食生活に直接関係する器種の中には、まず、食膳にのぼる食卓用具類がある。

これには、大・小碗、蒸碗、小鉢、鉢、小皿、長皿、猪口、蓋物、向付、散蓮華等が考えられ、時期が降ると共に、饂飩鉢、汁次、蕎麦猪口、丼等が増加する傾向にある。

つぎに、調理・煮沸用具類がある。これには、片口鉢、擂鉢、捏鉢、練鉢、水注、おろし皿、堝、土瓶、焜炉、火消壺などがある。

前者と一部重複するものとして、貯蔵用具類がある。大・小・耳付・壺、水甕、甕、徳利等である。徳利は、短距離の運搬と、短期間の貯蔵を兼ねた液体容器であり、これに付随するものとして上戸がある。

さらに、嗜好用具の中にも食文化を彩った喫茶用具類、飲酒用具類がある。

喫茶用具類には、前代より認められる天目茶碗、水指、茶入、茶壺等の他、江戸時代に急速に普及した煎茶にかかる、急須、土瓶、湯呑、煎茶碗等が認められる。飲酒用具類には、銚子、燗堝（鐺《あしなべ》）、燗徳利、ちろり、徳利、坏、坏台、坏洗等がある。この他、喫煙用具類、文房用具類、神仏具類、灯火具類、化粧用具類、その他に分けることができ、いずれも食文化への直接、間接的な影響が認められる。

そして、日常生活からは若干離れるものの、酒造、漢方薬製造等の生産活動に関連する、蘭引、薬研等や、各地の名産品の容器としてもたらされた、流通に関連する徳利、小壺、焼塩壺等が、食文化に関係深いものということができる。

二 文献等に認められる陶磁器製食器

すでに述べたように、消費遺跡からは、大量の陶磁器が出土している。そして、これらの陶磁器の用途についての検討は、考古学的側面からは、使用痕や付着物の検出とその検討、あるいは在銘資料や共伴出土資料の検討等の方法が考えられるが、現状では困難な点も多いようである。

このため、ここでは、浮世絵、浮世草紙、絵本、黄表紙、名所図会、草双紙、狂歌本、風俗本、洒落本、職人本、随筆、日記等の風俗描写、記述等に認められる陶磁器の使用例及び関連事項から、当時の陶磁器使用形態の検討材料を検索しようとするものである。

いずれも近年、公刊された出版物からの検索が主であるため、不充分な点もあると思われるが、手元に約四百例ほど集めることができた。しかし、全体量からすれば、ほんの一部にすぎず、問題点も認められるが、その大要をつかむことは可能であろう。

まず、食卓用具類として文献に認められる出典例としては、武士の膳様式や、料理屋、茶屋、花見、月見風景等がある。この中で、最も主となるべき飯碗について、陶磁器製の使用例がはっきりと示されているものは、皆無に等しく、手塩皿、なます皿、焼物用の長皿等が僅かに認められるのみである。それらについても、その多くは漆塗製品である。しかし、二の膳以降には、盛皿、猪口、鉢類等の陶磁器類が認められる。そして、花見、花火見物、月見等、邸宅外へ繰り出す時には、大皿、大鉢、蓋物等の比較的大形の陶磁器製品が認められるが、描写を観察する限りでは、染付製品が多く、肥前磁器あるいは中国、安南等と推察される。

このように、少なくとも「式正」の場においては、江戸時代全体をとおして、漆器類の優位性が高かったことがわかる。これは、部分的に漆塗仕上げを伴う、肥前磁器や、瀬戸陶磁製品が知られることからもうかがうことができる。

一方、一般的に江戸時代前期になると「全般的に三食・個卓という食事方式が定着してきて、一汁一菜から一汁三菜に香物（漬物）といった日常的な献立が普通となった。」といわれ、「炊いた米が主食」となり、「茶のための茶碗が飯を盛るものとなり　飯茶碗といわれてきた」と遠藤元男氏が、やきものの飯茶碗の使用を指摘している。

調理・煮沸用具類については、前項で述べた器種とほぼ同様である。ただ、『川口遊里図屏風』（寛永頃、一六二四～四四）に描かれた擂鉢は、少ない単位本数のおろし目が、間隔をおいて施されており、口縁部にはとくに折り返し等は認められない。一方、『職人尽絵詞』（鍬形蕙斎画　文化二年・一八〇五）には、口縁内面直下まで、隙間なく均一におろし目が施されており、口縁部に折り返し状の突帯がある等、かなり正確に描かれていることがわかる。さらに、『女雑書』（作者不詳　寛政十三年・一八〇一）の瀬戸物屋の描写では、双耳堝、土瓶等が描かれている。また、振売、屋台見世の増加と共に、小形の焜炉類の描写も多く認められる。

貯蔵用具類では、水甕、味噌壺、今川焼のうどん粉壺に至るまで、幅広い描写が知られるが、『耕織図屛風』（周幽斎夏竜画　文化頃・一八〇四～一八）には、戸別に入口近くに水甕が置かれており興味深い点である。さらに、『職人尽絵詞』（前同）には、肩部以下が下脹れとなる徳利と、肩部以下が寸胴となる細身の徳利が同時に描かれている。また、『長屋と初鰹売り　卯の花月』（歌川豊国画　一七六九～一八二五）には、屋号が絵付けされた貧乏徳利が描かれており、釉薬は灰白色である。そして、『図録都市生活事典』（原田伴彦・他　一九八一）所収の、台所道具の紹介（原典不詳）記事の中に、貧乏徳利が図示されており、江戸のものは「色黄色」、大坂のものは「色黒く至つて雅也」との添書が認められる。形態的特徴をふくめて産地についても推定できる興味深い出典例である。

嗜好用具の中では、まず喫茶用具があり、江戸時代においては、煎茶の発展がとくに注目される点である。万治二年（一六五九）四月に行われた、江戸市中に入り込んだ振売り業種人数調査に、「せんし茶（売）」が認められる。さらに『楊梅』（元禄十五年・一七〇二）には「おし付て　茶袋しぼる　しゃくの底」という句があり、煎茶の一般への浸透がしのばれるのである。そして、『市村座場内図』（奥村正信画　一六八六～一七六四）、『笠森稲荷』（一筆斎文調画　十八世紀初）、『両国涼見三幅対』（歌川豊国画　宝暦頃・一七五一～六四）、『お仙の茶屋』（鈴木春信画　明和六年・一七六九）、『浮世七小町』（鳥居清長画　安永九年・一七八〇）、『時世粧白姿図』（歌川豊国画　文化十三年・一八一六）等に認められる喫茶風俗（煎茶）から、煎茶（湯呑）碗の文様、形態的変化等をたどることができる。しかし、これらの描写についても、その多くは肥前磁器製のようである。

飲酒用具類についても、坏、坏台、銚子等は、漆器が広く使用されていたようである。また、金属素地に蒔絵を施したものも知られている。

『風俗十二ヶ月絵巻』(英一蝶画　享保年間・一七一六〜三六)には、「鐺」と「ちろり」が酒を注ぐ器として描かれているが、当時の百科事典とでもいうべき『和漢三才図会』(寺島良安　正徳三年・一七一三)には「ちろり」は認められない。以後、銚子、鐺の描写が多いが、「ちろり」も『都名所図会』(竹原繁信画　天明七年・一七八七)、『東都繁昌図巻』(鍬形蕙斎画　享和三年・一八〇三)等に僅かに認められ、以降は、居酒屋等にも認められるようである。さらに、文化頃(一八〇四〜一八)より、小碗で酒を飲む居酒屋、屋台見世の風俗や、酒、甘酒、白酒等を振売りする際に小碗の描写が多く認められるようになっている。

『守貞漫稿』(喜田川守貞画　嘉永六年・一八五三)には、ちろり、鐺、燗徳利等が描かれ、銚子の説明として「ちろりにて燗してこれ移す也」とあり、江戸においては近年「式正にのみ銚子を用い略には燗徳利を用ふ」と併記している。また、寛政から天保にかけての記録である『寛天見聞録』によると、「予幼少の頃は、酒の器は鉄銚子塗盃に限りたる様なりしを、いつの頃よりか、銚子は染付の陶器となり盃は猪口と変じ——(略)——盃洗ひとて丼に水を入れ——(略)——蕎麦屋の皿盛りも丼となり」とあり、当時の様子を知ることができる。

以上が、風俗的な描写、記述から拾い得た食器を中心とした陶磁器及び関連器物の使用例であるが、特徴的なものは、屋台見世、茶見世、居酒屋等で使用された碗、小碗、皿、徳利等の雑器類であり、十八世紀後半から窯屋数の増加を示す瀬戸窯や、ややおくれて急速に増加する地方窯の状況、消費遺跡からの出土状況等も、このような傾向を示唆している。しかし、一部には、本来の用途を離れた使用例も認められた。『好色一代男』(井原西鶴　天和二年・一六八二)には、「摺鉢に　すり糠を煙らせる　烟と思へば　これも伽羅《きやら》のここちして——」とある。また、ところ天屋台では、いわゆる貧乏徳利が、箸立てになっていたり、屋台見世で、半菊文や唐草文の認められる染付風の大皿を用いて、酒中花や浮人形を売っている描写が認められる等、極めてその描写は多彩である。

三　瀬戸美濃窯製品にみる生産器種構成の変化

瀬戸・美濃地方において、発掘調査された江戸時代の窯跡の中で、個体数計算の結果が報告されているのは、田《た》ノ尻《そ》窯跡（岐阜県瑞浪市）と勇右衛門窯跡（愛知県瀬戸市）の二基に留まる。このため、この二基を中心として他の窯跡に認められる特徴を織りまぜて、全体の流れを追うこととする。

田ノ尻窯は、十七世紀第2四半期後葉から第3四半期の操業と位置付けられている。この頃になると、今まで多く焼かれていた志野織部や青織部製品は、急速に少なくなる。田ノ尻窯跡出土資料（表2）では、碗類は、全個体数（以後「全数」という）の三二・四㌫を占めており、その中では天目及び段天目が最も多く五〇・七㌫（全数の一六・四㌫）である。その他に、大碗、丸碗、筒型丸碗、反碗等が一八・二㌫、小碗三一・一㌫である。小碗は、小反碗、筒型小碗、小丸碗等で全数の一〇・一㌫にあたる。

皿類は、全数の三五・一㌫であり、その中では小・中皿が九七・一㌫を占めており、大皿の少ないことがわかる。

鉢類は、全数の二二・三㌫を示しているが、その中では平鉢類が七五・三㌫を占めており、前述の大皿の数値とあわせて考える必要があろう。さらに、擂鉢は二四・四㌫、片口鉢が〇・三㌫である。

瓶類は全数の三・六㌫と少ない。その中では、徳利類が四二・一㌫、水注類が五七・九㌫となり、水注類の多いのが特徴的である。

この他、壺類が全数の一・二㌫を占める他、ベタ底の双耳堝等が僅かに認められる。また、ほぼ同時期と考えられ

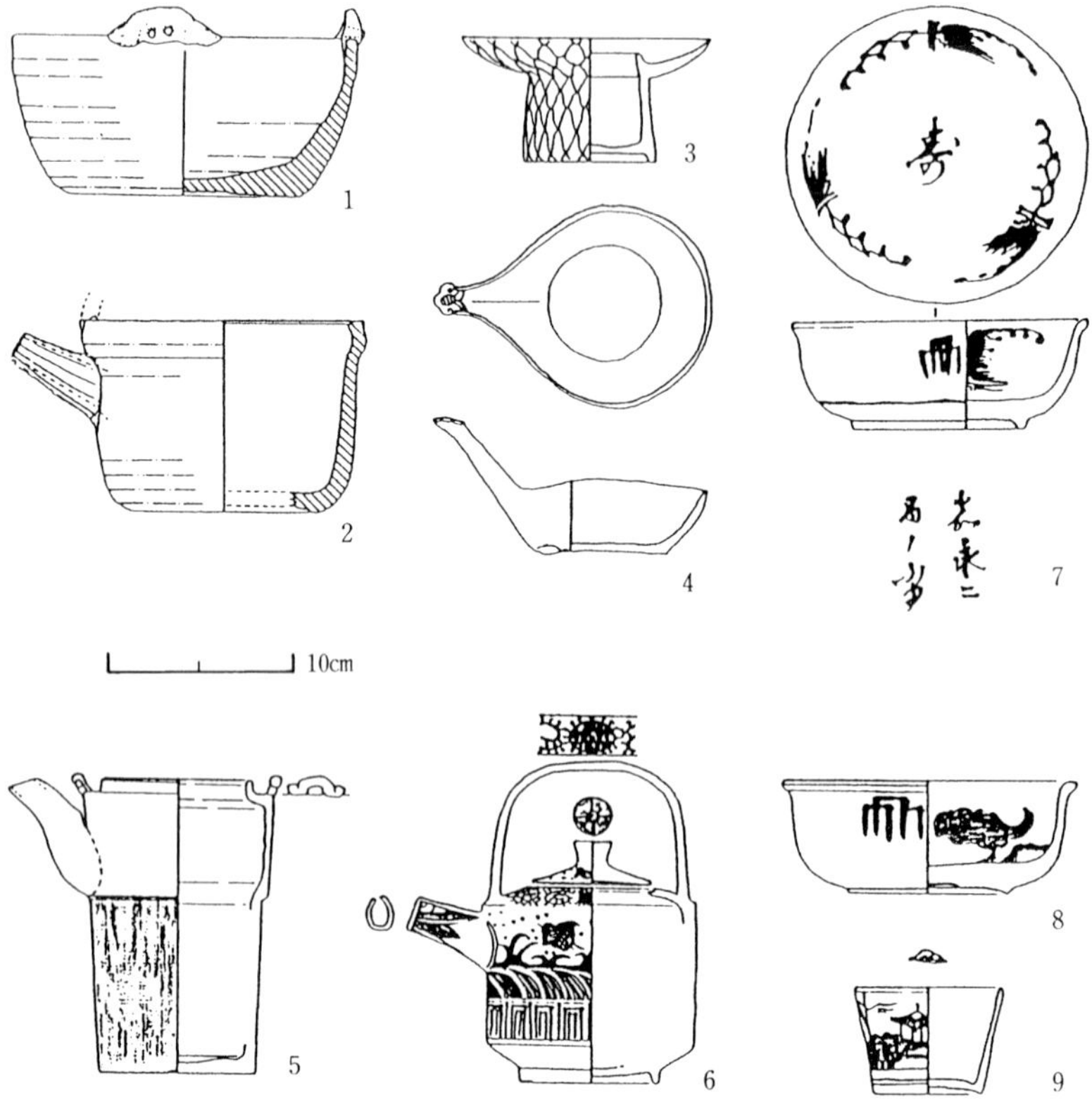

凡例

1. 田ノ尻10号窯跡出土(住田誠行，1982より転載)
2. 大川東２群１・３号窯跡出土(　　〃　　)
3. 鉄絵坏台(受皿部漆塗・春宇印銘)
4. 緑釉平向付
5. 灰釉掛分ちろり(幅下遺跡出土・名古屋市)
6.「温飩汁次」箱書
7.「嘉永二年」他在銘
8.「温飩茶碗」「嘉永四年」他箱書
9.「猪口」「嘉永四年」他箱書
10. かみた窯跡出土(瀬戸・半田川)

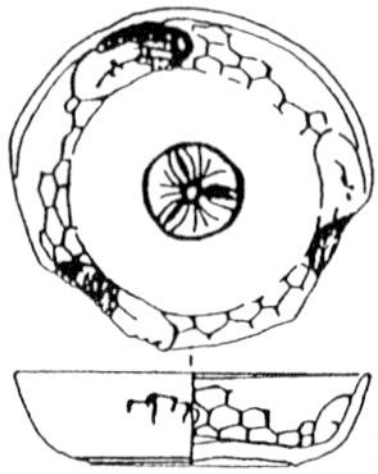

付図　参考資料実測図

ている大川東2群1・3号窯跡より銚子状の注器が採集されている。

さらに、瀬戸（水野）においても、ほぼ同時期と考えられている穴田1・2号窯跡が発掘調査されている。天目茶碗が少ないのを除けば、ほぼ同様の状況であり、大皿が少なく大平鉢が多いのも同様の特徴である。ただ、片口鉢（寸胴形）は、一定量の出土が認められる。

瀬戸（赤津）の小左衛門窯跡は、その表採資料から十七世紀後葉から十八世紀に位置付けられているが、擂鉢、銭甕等が多く、片口鉢も、胴丸のものが出現している。すでに、地区ごとの中心となる生産器種があったようである。

赤津地区の諸窯では、その産品に鉄釉・錆釉を施したものが大半であるが、瀬戸地区の諸窯では、十八世紀第1四半期頃より「御室碗」「腰錆碗」と呼ばれる新しい碗が焼かれるようになっている。

表2　田ノ尻窯跡出土遺物個体数概要一覧

器種		点数		
碗	天目形	1094	2156	(32.4%)
	その他の碗(7類)	392		
	小碗(5類)	670		
皿	小・中皿(11類)	2274	2342	(35.1%)
	大皿(3類)	68		
鉢	平鉢等(6類)	1119	1486	(22.3%)
	片口深鉢	4		
	擂鉢	363		
瓶	徳利等(3類)	102	242	(3.6%)
	水注	140		
壺	類		83	(1.2%)
その他	茶入	9	244	(3.7%)
	堝	2		
	煙管	2		
	仏餉具	1		
	灯具(2類)	3		
	香炉類(4類)	132		
	その他	95		
蓋	(3類)		110	(1.7%)
計			6663	

注　『田ノ尻古窯跡群発掘調査報告書』瑞浪市教育委員会，1981より作成．

瀬戸（下半田川）の尾呂窯跡群は、発掘調査後の整理中であるが、十七世紀後葉から十八世紀中葉に位置付けられており、尾呂茶碗と通称される、褐釉に藁灰釉を口縁部だけ重ね掛けした碗と、同種の施釉をした徳利、香炉等が多く焼かれている。また、坏部の大きい仏餉具も特徴的である。さらに、尾呂茶碗、徳利に似たものは、美濃の平野窯跡群（岐阜県多治見市）等でも焼かれており、多くの需要が

表3　勇右衛門窯跡出土遺物
個体数概要一覧

器種		点数	
碗	碗　（9類）	599	1333　(61.5%)
	小　碗（7類）	729	
	小　坏（2類）	5	
皿	（3類）		164 (7.6%)
盤　類			6 (0.3%)
鉢	練　鉢	42	173 (8.0%)
	片口小鉢	25	
	その他	106	
甕	水　甕	32	62 (2.9%)
	甕・半胴	30	
瓶	徳　利（3類）	105	115 (5.3%)
	その他	10	
壺　類			3 (0.1%)
その他	灯　具（3類）	184	268(12.4%)
	仏餉具	45	
	薬味入	12	
	香炉類	13	
	その他	14	
蓋	（5類）		43 (2.0%)
計		2167	

注　『研究紀要Ⅳ』瀬戸市歴史民俗資料館，1987より作成．

しのばれる。さらに、灰釉を掛けた大碗が焼かれるのもこの時期である。この時期の後半頃より、挙骨茶碗と呼ばれる、黒釉に長石釉を散らした碗が焼かれるようになる。

これに続く時期として瀬戸では、北新谷《きたしんがい》の市左衛門窯跡等が知られるが、表面採集による部分資料のため詳細は不明である。この頃より美濃窯では、鎧手の小碗、徳利等が焼かれるようになる。

瀬戸（南新谷）の勇右衛門窯跡（表3）は、十九世紀前半（文化～文政）が主な操業期と考えられている。碗類が全数の六一・五㌫を占めており、天目茶碗は認められない。中でも小碗は、全数の三三・六㌫、碗類の中では五四・七㌫を占めている。小碗は、七類に分けられており、施文技法をふくめて最も多彩であり、主たる生産品の一つと考えることができる。

皿類では、全数の七・六㌫と量は少ないが、小皿、型抜皿等に加えて、鉄絵を施した大皿が焼かれるようになる。そして、三脚を伴う盤が僅かであるが認められる。

鉢類は、全数の八・〇㌫と少なく、この窯の主たる産品ではなかったようである。しかし、その中では練鉢が二四・三㌫を示している。また、碗に片口を付けたような小形片口鉢が一四・五㌫を占めているが、従来の片口鉢とは若干用途を異にするのであろうか。この他、食器ではないが、植木鉢二四・九㌫、火鉢一二・一㌫、火入八・一㌫等が興味深い数値を示している。

甕類は、全数の二・九㌫であるが、その中では水甕(五一・六㌫)、甕・半胴甕(四八・四㌫)となっている。

瓶類は、全数の五・三㌫であり、その中では徳利類が九一・三㌫を占めている。徳利の中では、その二八・八㌫が、丸胴、ナデ肩、やや長い直立した頸部を持つ徳利で、多くは呉須で屋号が書かれている。その他の多くのものは、薄手成形の徳利で長円錐形の体部と嘴口を伴うものが多く、燗徳利とされたものも多いと考えられる。他の瓶類として土瓶が二点知られている。

壺類は、全数の〇・一㌫と少ない。

その他、薬味入れが全数の〇・六㌫認められる。また、蓋のみの出土であるが、比較的大きい鉄絵蓋物や、灰釉または、半菊文の呉須絵を伴う仏餉具、風炉等の出土が、食文化に直接関与するものと考えられる。

さらに、勇右衛門窯跡からは、灯具が三種類ほど出土している。灯具類は、他の窯跡をふくめると非常に多様化が進み量産された器種の一つであり、食器類ではないが、灯具を用いた夜の時間の延長は、外食産業を発展させるなど食文化にも大きな影響を与えたものと考えられる。

以上、器種構成の変化の大要について述べたが、瀬戸・美濃窯共に、江戸時代は、地区ごとに数種の器種を中心に生産する傾向が強く、瀬戸窯では、擂鉢、半胴甕の多い赤津地区と、各種碗類にその特徴を示した瀬戸地区には若干ふれることができたが、筆者の不勉強も手伝い、下品野地区が欠落しているので、さらに調査研究を進め、地域全体の産品として、とらえなおす必要がある。

四　瀬戸美濃窯の製品と食文化

文献等に認められる陶磁器の内、瀬戸美濃窯産の製品として特定しうる事例は、ほとんど認められない。しかしながら、茶器類の生産を減らしながら、日常雑器的な製品の生産へ転じてゆく経緯については、窯跡出土資料消費遺跡出土資料等から、その概要を述べたとおりである。さらに、日常雑器を生産する中においても、急速に需要をのばす肥前磁器に対抗して、瀬戸美濃窯の特徴を打ち出しているものの、食器にふさわしい素材である磁器製品に、その市場を徐々にせばめられている。一方、振売、屋台見世、茶見世等の今日でいう外食産業の発展にあわせ、饂飩鉢、湯呑、皿等の他、多目的の徳利や、厨房具類を増産している。さらには、本来他素材であった銚子、ちろり、堝、おろし皿、上戸、十能に至るまで、やきものの守備範囲を拡大している。さらに、他素材の代用から発展した、新しい器種としての燗徳利、蒸碗、饅頭蒸器等も当時の食生活への彩りとなっている他、灯具類の多様化などは、食文化の発展とも緊密な関係にあったものと考えられる。

しかし、全体としては、「式正」の場における食器についての漆製品の優位性はぬぐいがたいものがあり、肥前磁器や、江戸後期の瀬戸美濃窯製品の一部に、蒔絵による部分的な加飾が流行することも、納得のゆく現象である。

五　今後の課題

江戸時代のやきものについてみてゆくと、避けてとおれないのが用途の問題である。ここで、中心となっている食器類の中では、生産・消費遺跡共に、その出土量が顕著なものは碗類である。この碗類が、どのように使用されたかを考えてゆくと、まず主食の問題がある。米、雑穀などを、どのような形で食べていたかによって、それを盛る器にあらわれる影響などについても今後充分検討してゆく必要がある。そして、共伴出土例の調査、使用痕、付着物の検出と検討など、考古学的視野からの調査研究も非常に有効である。

また、江戸時代中期から後期にかけて多様化してゆく小碗類と、煎茶習俗の定着化及び簡略化などについても同様の問題が認められる。

一方、酒器の中の「ちろり」については、すでに述べたように十八世紀前半の絵本や風俗絵巻等に認められる。そして、近年、門田窯跡（岐阜県土岐市）や、幅下遺跡（名古屋市西区）、追分茶屋跡（岐阜県恵那市）などからの出土が知られるようになっており、燗酒を飲む習俗の定着と共に、金属器の機能を代行するということから出発して、陶磁製品の安定供給と、飲酒習俗の簡略化の進展などから、新しい器種として定着していくという大きな流れも認めることができる。

さらに、文献には、「わさびおろし」と多く記述されている「おろし金」についても、『和漢三才図会』によると、銅器が最も良いとされている。江戸時代をとおして、あまり大きな器形変化は認められないようであるが、これについても、錆釉を施したものが瀬戸美濃諸窯において生産されている。一方、上戸についても『和漢三才図会』には、やはり銅器が良いとある。陶製上戸の出土例は少ないが、白粉《しろこ》窯跡（岐阜県多治見市）、勝川遺跡（愛知県春日井市）などから、錆釉を施したものが出土している。

このように、これらの製品が供給された階層、使用場所なども重要な要素となっている。磁器製品が、ある程度安定供給されていたと考えられる時期において、陶製品が使用される新しい分野の開拓として、瀬戸美濃諸窯においては、すでに述べたような、試みがなされてきたのである。しかし、現状においては、瀬戸美濃における近世諸窯跡の分布地域は、すでに市街化が進んでいるため、発掘調査可能な地点は少なく、消費遺跡の出土状況、文献などからの調査研究にも、充分留意してゆく必要がある。

そして、あわせて注目したいのが、近世信楽窯の動向である。幕府は、文化七年（一八一〇）、信楽窯に対して、朝鮮通信使の接待用汁器として、「ほんわん」から「米櫃」に至るまで一六品目、三五〇人前という大量の発注をしている。この時期に、有田・京都・瀬戸美濃でなく、信楽であるということは、政治的な配慮がからむことは予測されるものの、非常に興味深い点である。そして、さらに文献をみてゆくと、信楽においては「壺屋」と称する茶壺類を中心とした生産と、「瀬戸屋」と称する碗、徳利などを中心とした生産に区分されていたことが知られる。しかも、近年、表面採集資料により、陶胎上絵付製品が焼かれていたことも認められる。これは、京焼諸窯の上絵付製品の模倣と考えられるが、信楽から京都へ陶土を供給している記録があるほどで、胎土・成形等、その特徴に類似点が多く認められる。ただ、現在までに知られている信楽窯出土資料によると、数種の上絵付彩料を用いた単調な文様が多いようである。一方、瀬戸美濃諸窯においても、陶胎上絵付製品が注目されつつあるが、資料数は極めて少ない。また京焼諸窯についても考古学的調査に限界の認められる現状においては、近世信楽窯の総合的な調査研究の進展に寄せられる期待は大きいものがある。

表題に掲げた内容に沿えば、瀬戸美濃窯製の染付磁器をふくめて、話しを進めるのが本来の姿である。しかし、江戸城下など消費遺跡から出土するこれらの資料は、江戸時代後期の一部に限られる傾向が強く、窯跡調査についても不充分な点が多い。しかも、他窯製品に影響を与えるようになるのも、末期以降と予測されることから、これについては、さらに調査研究を進めた上で、別稿を期すこととしたい。

〈参考文献〉


西山松之助・他『江戸三百年』①天下の町人、講談社、一九七五年。

田中富吉・他『浮世絵と喫煙具選』㈶専売弘済会、一九七八年。

鈴木勝忠編『川柳・雑俳からみた江戸庶民風俗』雄山閣出版、一九七八年。

三谷一馬『江戸物売図聚』立風書房、一九七九年。

『開館記念展　名作に見る浮世絵の流れ』太田記念美術館、一九八〇年。

谷川健一編『日本庶民生活史料集成』第28巻、三一書房、一九八〇年。

芳賀　登編『江戸のくらし』柏書房、一九八一年。

原田伴彦・他『図録都市生活史事典』柏書房、一九八一年。

『田ノ尻古窯跡群発掘調査報告書』瑞浪市教育委員会、一九八一年。

住田誠行「瑞浪の古窯」『研究紀要』第1号、瑞浪陶磁資料館、一九八二年。

遠藤元男・他『飲食』日本史小百科16、近藤出版社、一九八三年。

『肉筆浮世絵名作展』朝日新聞社、一九八四年。

拙稿「桃山から江戸　瀬戸・美濃の徳利」『研究紀要』Ⅳ、瀬戸市歴史民俗資料館、一九八五年。

藤澤良祐・他『研究紀要』Ⅵ、瀬戸市歴史民俗資料館、一九八七年。

拙稿「江戸時代の瀬戸窯と京焼風陶器」『研究紀要』6、愛知県陶磁資料館、一九八七年。

〃「江戸時代中・後期の瀬戸窯」『江戸遺跡情報連絡会会報No.10』同会、一九八七年。

出土陶磁器に探る食文化

西田泰民

一

豊富な文献史料、絵画資料を参考にすることができる点、また第三者の記録、すなわち日本に立ち寄った外国人の記録がある点など、近世考古学にはある意味でエスノアーケオロジーのような面白さがある。日本画では余り静物画が盛んではなかったため、我々が期待するような「もの」を詳細に描いた資料は少ない。そのような中でスケッチ的なもの、付図的なものとは違い、ものそのものを描いているシーボルトの『NIPPON』(1)の図版編はとくに興味深い。今回の題目に関して言えば、ここには上級武家のものとみられる食器類の描かれた項がある。機能を理解していないため表現に若干誤りも見受けられるが、この項は年代幅が限られる近世の食器の重要な参考資料となり得たはずであった。残念ながらシーボルトはこの部分の解説を書く前にこの本の刊行を中断してしまったため詳しい内容は今では知ることができない。

江戸の遺跡から出土する遺物の多くを占める陶磁器はそのほとんどが食に関係するものである。しかし文献史料や絵画資料をみると、食器全体のなかでの陶磁器の占める実際の割合は発掘で得られるものとは異なっていたことが想像される。献立や絵画にあらわれる状況が必ずしも日常の食生活を示すものとは限らないとしても漆器の割合がかなり多いように見受けられるのである。その解釈のためには陶磁器と漆器の値段の差を知りたいところであるが、漆器の値段について書かれている良好な資料を知らない。

陶磁器から食を考えるとしても特定の食物と結び付いた食器はそれほど多くない。むしろ食器は汎用を目的として作られているのが普通であろう。そういう意味で単に出土する陶磁器の器種組成を見るだけでは直ちに食生活の具体的内容を復元することはできない。また最近化学的手段によって器に残された食物残渣の同定が可能になりつつあるが、調理用具以外には残渣が残りにくいので、余り結果を期待することはできない。以上のように、食生活において陶磁器が占めていた割合がはっきりしないこと、器種と食物は一対一に対応しないこと、化学分析も余り期待できないことから陶磁器を用いて何を食べたかというような、食そのものの問題に迫ることはかなり難しいということになる。むしろ陶磁器から言えるのは食に関する文化についてであろう。

二

つぎに東京大学で行われた加賀藩邸の発掘調査を例としての食の文化への手がかりについて考えてみたい。加賀藩の江戸時代初期の食器については宮腰氏によって若干の記述があることが紹介されている(2)。それには陶磁器類はみら

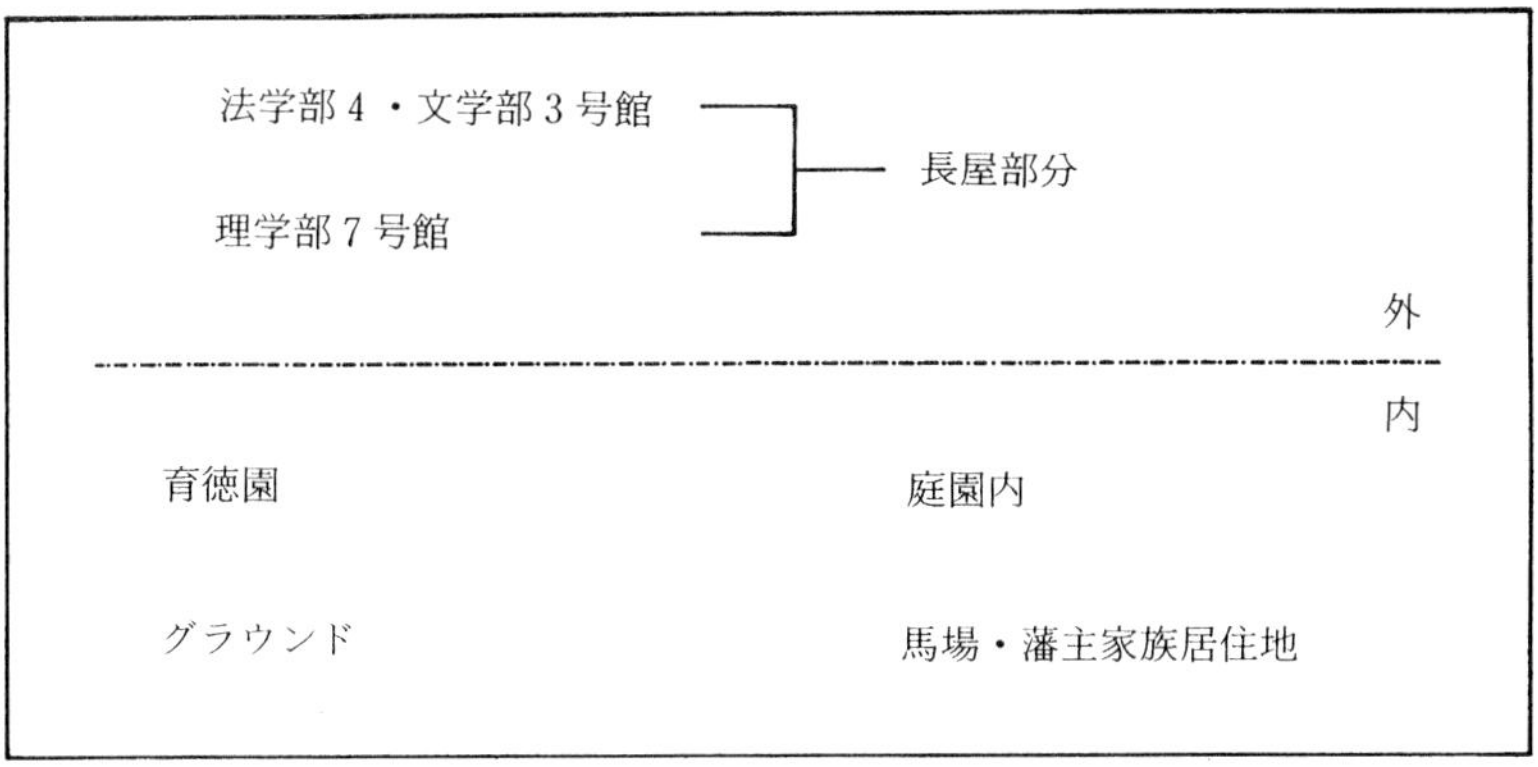

図１　加賀藩邸内の調査地点

絵図を見ると当時の藩主の関わる部分とそれ以外の部分とに厳然と画されていたことがわかる.

れず黒塗膳具、新町椀など漆器のみが見られる。当時は通常の食事には陶磁器類はあまり使われていなかったらしい。また、たびたび「木具停止の事」という禁令が出されているように江戸時代初期には使い捨ての白木の食器が使われていた。一度使ったものをまた洗って使うのが気持ち悪いという意識もあったというが、次第に白木の食器は使われなくなっていった。この過程は遺物からはまだ確認されていない。余談になるが、そもそも「茶碗」という言葉は茶のための碗であって飯茶碗ではなかった。「飯碗」という言葉はすでに『延喜式』に認められるが、「茶碗」という言葉は平安末になってからのようで、そのころは「茶碗の器」などという言い方をしており、現在の「瀬戸物」と同じ様な陶磁器の総称であった。近世になって現代と同じ様な意味になったらしい。また十八世紀代の方言を集めた『物類称呼』には茶碗のことを「てんもく」と呼ぶ地方がかなりあった事が記されている。

　東京大学本郷構内での発掘は他の江戸府内での調査と比べると、同じ大名屋敷内での地点別の調査であること、また絵図により発掘地点と藩邸内での位置が対比できるという点で特色を持っており、時間的変化だけでなく、それぞれの地点で出土する陶磁器と場の違いを明白に捉えることができ興味深い。法文地区、理学部七号館地区は家臣の長屋があった部分であるが、育徳園地区は庭園部分、グラウンド地区は主として藩主に関わりの深い建造物のあった部分であった。

なかでもグラウンド地区は時代によって、性格の異なる空間となった地区で、十七世紀代は公的な建物が造られ、十八世紀代には厩及び馬場となり、そして十九世紀初めには「梅の御殿」と呼ばれた先々代及び先代の藩主夫人のための屋敷となった。そのためここから出土する陶磁器にも大きな差が見られ、十七世紀代には磁器の大皿が目立つのが、十八世紀代には陶器の碗が主体となり、十九世紀初めには再び磁器の大皿、鉢が多くなる。また、家臣の長屋部分であるほかの地区に比べ、輸入陶磁が圧倒的に多い。この辺りの変遷について絵図からだけでなく文献史料からも追えると良いのであるが、良好なものがない。

出土陶磁器の分析法として器種の組成比を算出し比較を行うという方法があるが、加賀藩邸の例を見てわかるとおり、意味のある結果をだそうとするならばかなりの操作が必要となる。出土したものをどの範囲で基本資料とするのか、例えば遺構単位で算出するならば時期のみならずその性格、当時の場を加味した上での比較ができるのかを踏まえて分析を行わなければ意味のある結果が出ない恐れがある。近世考古学では、他の時代と比べものにならないほど文献が利用できるので、このような場を考慮にいれた分析が可能であるはずであるし、当然要求されるものと考えられる。

三

ここで身分の余り高くない家臣の私的な持ち物と見られるグラウンド地区の厩の段階（十八世紀後半）の遺構の遺物

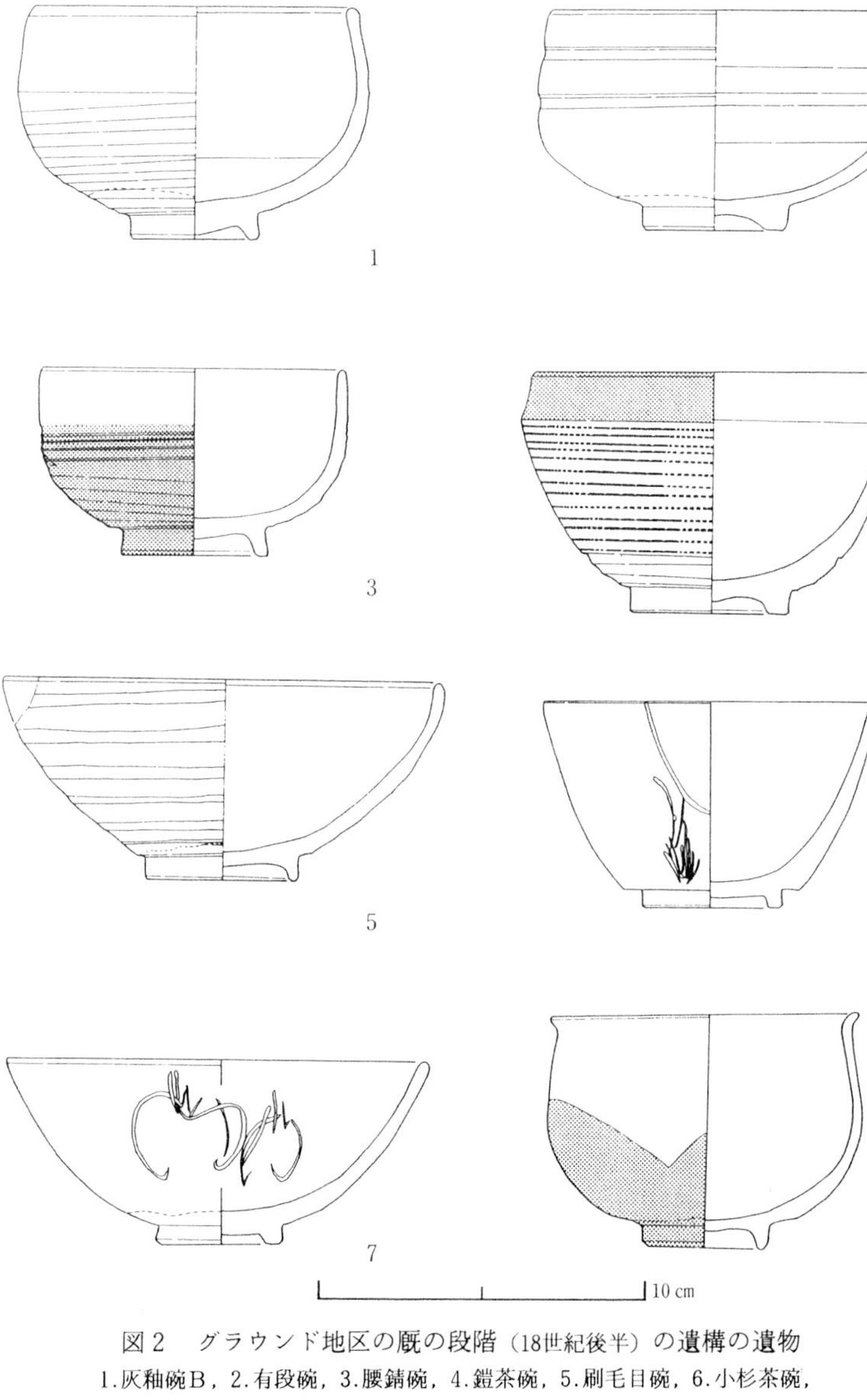

図２　グラウンド地区の既の段階（18世紀後半）の遺構の遺物
1.灰釉碗Ｂ，2.有段碗，3.腰錆碗，4.鎧茶碗，5.刷毛目碗，6.小杉茶碗，7.柳茶碗，8.端反り碗

を取り上げてみよう。図2に示したのがその碗類の一部である。ろくろ目を残す灰釉の碗が多く、ほぼ同じ作りで淡黄色の素地に透明釉を掛けたもの、段を持つもの、腰錆の碗、鎧茶碗など瀬戸の勇右ヱ門窯[3]に近い内容である。この段階では、皿類の出土量は碗類に比べ非常に少なかった。しかも、皿は磁器のやや深目のタイプのものばかりである。おそらく漆器の平椀などが使われていたのではないだろうか。ここの碗類で目立つのが高台裏に書かれた墨書である。図3におおまかな分類と、底部のあるもののうち墨書が確認されたものの個数を示した。港区郵政省飯倉分館構内遺跡[4]では、墨書は小杉茶碗に最も多くみられたということであり、全体として東京大学本郷構内出土のものにも同じ傾向があるが、厩の時期は小杉茶碗が増加する前の段階である。記録によると江戸城内へ納められた陶器類には「表」、「蔵」、「賄」などと記されたということであり[5]、実際にそのような墨書も見られるが、多くは個人名とみられるものである。食器に直接墨でその所属を記すことは古代から行われていることであり、中世の輸入陶磁器には商取引のために墨書が書かれたらしい。だが、その大多数が所有者の個人名とみられるもの

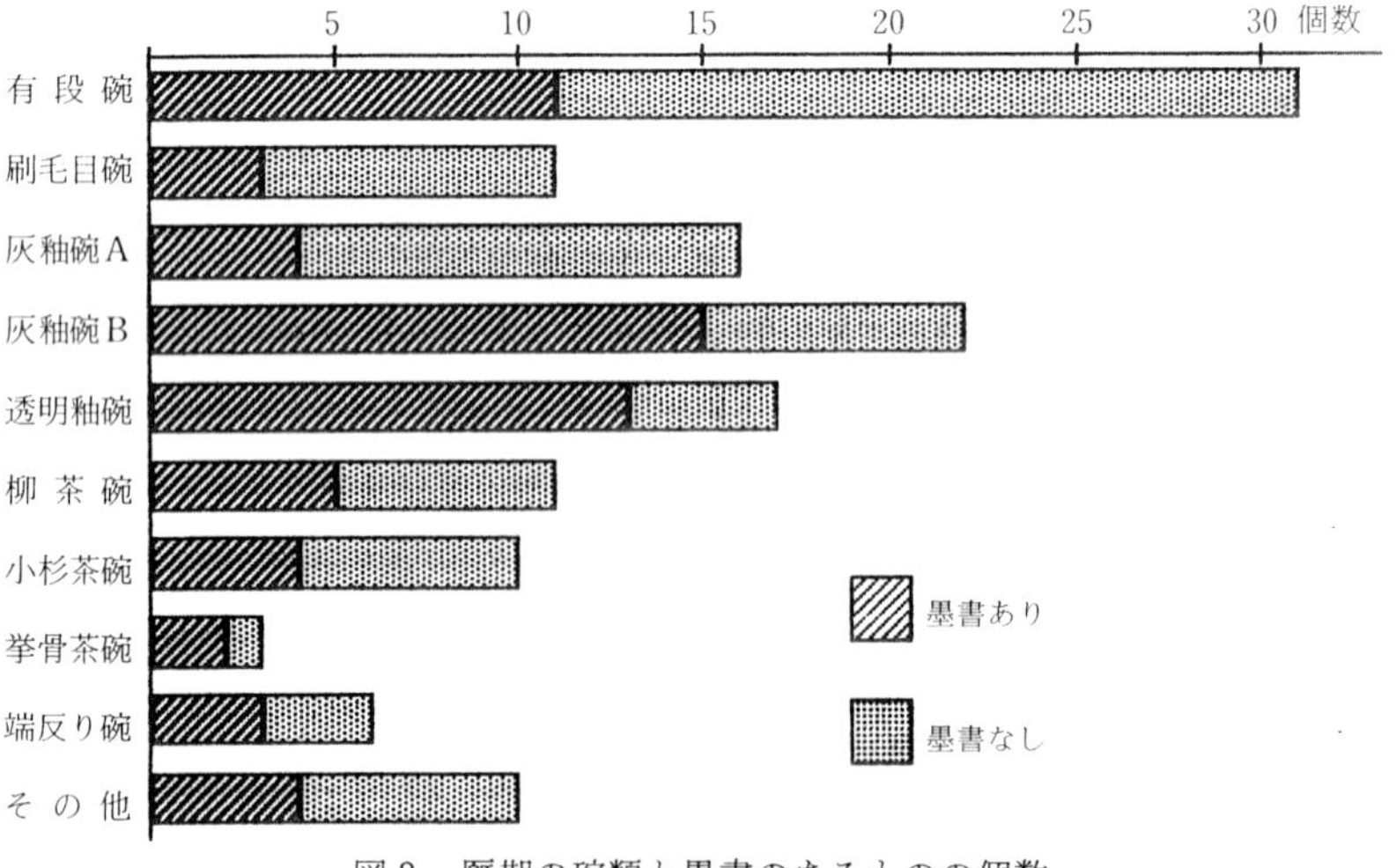

図3　厩期の碗類と墨書のあるものの個数

であるのは、近世になってからの特徴ではないだろうか。遺跡出土の漆器にもなんらかの印をつけたものがある。京都では婚礼の際に名前入りの漆器を揃えることがあるらしい。しかし、現代の感覚ではなぜか個人の茶碗は気になっても、漆碗の所属はあまり気にしないようだがどうであろうか。また同じ、陶磁器であっても皿の銘々器も余り見ない。皿に墨書のあるものはきわめて希である。かわらけに墨書のあるものはあるが、個人所有を示すものと考えられるものはほとんど見られず、碗類の墨書とは異質のもののようである。食器のうち茶碗を他人のものと区別するという意識はここまで遡れるのは確実で、さらにどこまで辿れるのか大いに興味を引かれるところである。江戸時代中期以降高台裏が無釉の陶器碗が普及したことが墨書による碗の弁別を可能にしたということもできるかも知れない。なぜ墨書という手段によって碗を区別する必要があったのかに関しては、まず収納形態を考えなければならないかも知れない。単純に考えれば箱膳が使われていたとすれば、わざわざ茶碗に印をつけなくても良さそうである。むしろ同

図４　「勘」の書かれた碗

じ様な碗が数多く、ひとところにある場合にこそ必要になりそうである。

また、この習慣と天皇家、公家、大名家に現在も残る「お印」の風習との関連も興味を引かれる。(6)「お印」は、名前以外に持つ私的な符号であり、器物の個人の所有を示すために用いられ、使用する階級は限られているといわれるが、極く私的なものであることもあっていつごろから行われているのかは知ることができない。グラウンド地区では十四代藩主慶寧をしめす『縕印』の墨書のある陶器鉢、鳥の水入れが出土しているが、厩期の陶器碗にも『仁印』と書かれたものがあるのである。これが単なる模倣であるのか、特殊例であるのか否かは判断できないでいる。

茶碗と同様に銘々器として重要な箸の民俗については知られていることがずいぶんあるのに対し、碗の墨書についての民俗学的研究は聞かない。明治初期の大学病院の遺物には底部に墨書のあるものがあるが、高台裏に文字を記すという風習そのものはその後急速に廃れてしまったらしい。墨書の問題は考古学の側から初めて明らかになった、食文化史にとって重要な問題であると言えよう。

注

(1) P. F. von Siebold『Nippon』1832-54.

(2) 宮腰松子「加賀藩の食事規定について」『飲食史林』五、一九八四。

(3)『瀬戸市歴史民俗資料館研究紀要』Ⅵ、一九八七。

(4)『郵政省飯倉分館構内遺跡』港区麻布台一丁目遺跡調査会、一九八六。

(5)『多治見市史』通史編上、多治見市、一九八〇。

(6) 例えば、蜂須賀年子『大名華族』三笠書房、一九五七。

〔追記〕器種の分類は報告書とは異なる。

近世「徳利」の諸様相
――瀬戸・美濃産灰釉系徳利をめぐる型式学的考察――

長佐古真也

はじめに

近世の陶磁器と現代用いられている陶磁器の類似性については、今更、紙面を裂いて説明するまでもない。しかし、こうした類似性は、一面では資料解釈の助けになる反面、既存の知見を無批判に近い形で援用する結果を導き易い。実際、近世の遺跡調査に於ける陶磁器の事例報告には、多くの場合、産地・時代については美術史的知見を、機能論的解釈については現存の陶磁器からの経験的知見を援用しているのが現状である。

考古学に於いては、出土遺物の型式分類から導き出される編年・機能と、それに基づいた量・組成のパターンの認識などに歴史的視座を求めるのが、一つの基本操作である。近世考古学に於いても、型式学的考察を十分踏まえた上で、文献等から得られる知見を併せて考慮すれば、(1) 従来の文献・美術史上の知見を個別に追認するといった方法では表れ得ない側面、すなわち、当時の流通・生活様式など様々な社会相の復元が可能となるであろう。

本論は、「江戸」において出土した「徳利」の型式学的考察を通して、こうした試みを示すことを目的としたものである。

一 研究小史

近世考古学に於いて「徳利」は瓶類の一細分器種(2)として認識されているが、器種を設定している具体的な根拠は曖昧と言わざるを得ない(3)(以下、既存の細分器種名を「徳利」と表記する)。用途等に関しても、「酒徳利」(扇浦一九八六、六五頁、小林一九八六、二九八頁)もしくは「酒屋・酒場」(佐々木一九七九、一一八頁、関口一九七九、一一〇頁)の容器程度に解釈されているに過ぎず、その根拠は民俗例(神崎一九七九他)を挙げる例が幾つかあるに過ぎない。

陶磁器類を個別に取扱った研究例は少ないが、瀬戸・美濃産灰釉系「徳利」については、都心部の近世遺跡を調査した場合、ほぼ例外なく大量に出土する事から、たびたび注目されている。近世江戸の遺跡調査が定着した一九七〇年代以降の代表的な調査事例を中心に振り返ってみる。

日枝神社境内遺跡(一九七四年調査)は、考古学の分野に「江戸」という時代・地域を認識させる上で、一つの画期となった遺跡である(佐々木一九七五)。この遺跡からは大量の瀬戸・美濃産灰釉系「徳利」が出土している。この資料等に基づいた関口氏の先駆的な論文がある(関口一九七九)が、資料紹介、生産地に於ける民俗調査とその現代的意義に主題がおかれており、「徳利」の考古学的考察は生産技術の評価に用いられる程度であった。

白山四丁目遺跡(一九八〇年調査)は、遺物の産地・製作時期の判断を美術史の知見に負いながらも、近世資料の定性的取扱いを目指した調査事例の先駆であろう。資料が時期的に偏っていたものの、瀬戸・美濃産灰釉系「徳利」についても型式分類をおこない、考古学的考察を試みようとする問題意識の提示は、この段階に於いては画期的であり、評価される（小野一九八一）。

郵政省飯倉分館構内遺跡（一九八五年調査）では、各種徳利をはじめ近世陶磁器のほとんどを分類した上、その定量的な把握をおこなっており、近世考古資料の取り扱いの一つの方向性を示した点で評価されよう。瀬戸・美濃産灰釉系「徳利」については、容量と底径の関係、釘書きと多岐にわたる分析を試みているが、「徳利」そのものの機能については、文献等による従来の見解をそのまま援用している（小林他一九八六）。

一方、生産地である瀬戸・美濃に於いても、機能論的考察を加えた例はない。編年研究は、窯式という窯一括資料を基にした概念によっておこなわれてきた（田口一九八二他）が、窯の操業期間、窯跡群間での器種分業等の問題もあり、「徳利」については不明確な部分が多い。最近、仲野・藤沢両氏によって、一部の製品の型式学的編年が発表されている（仲野一九八五・藤沢一九八六）が、「徳利」については触れられていない。

二　江戸に於ける「徳利」の出土例

江戸に於ける「徳利」の出土状況について、遺構一括遺物を基に概観する。

(1)　東京大学本郷構内法学部四号館、文学部三号館建設予定地遺跡(4)　E8―2号土坑出土遺物（図1　1～7）

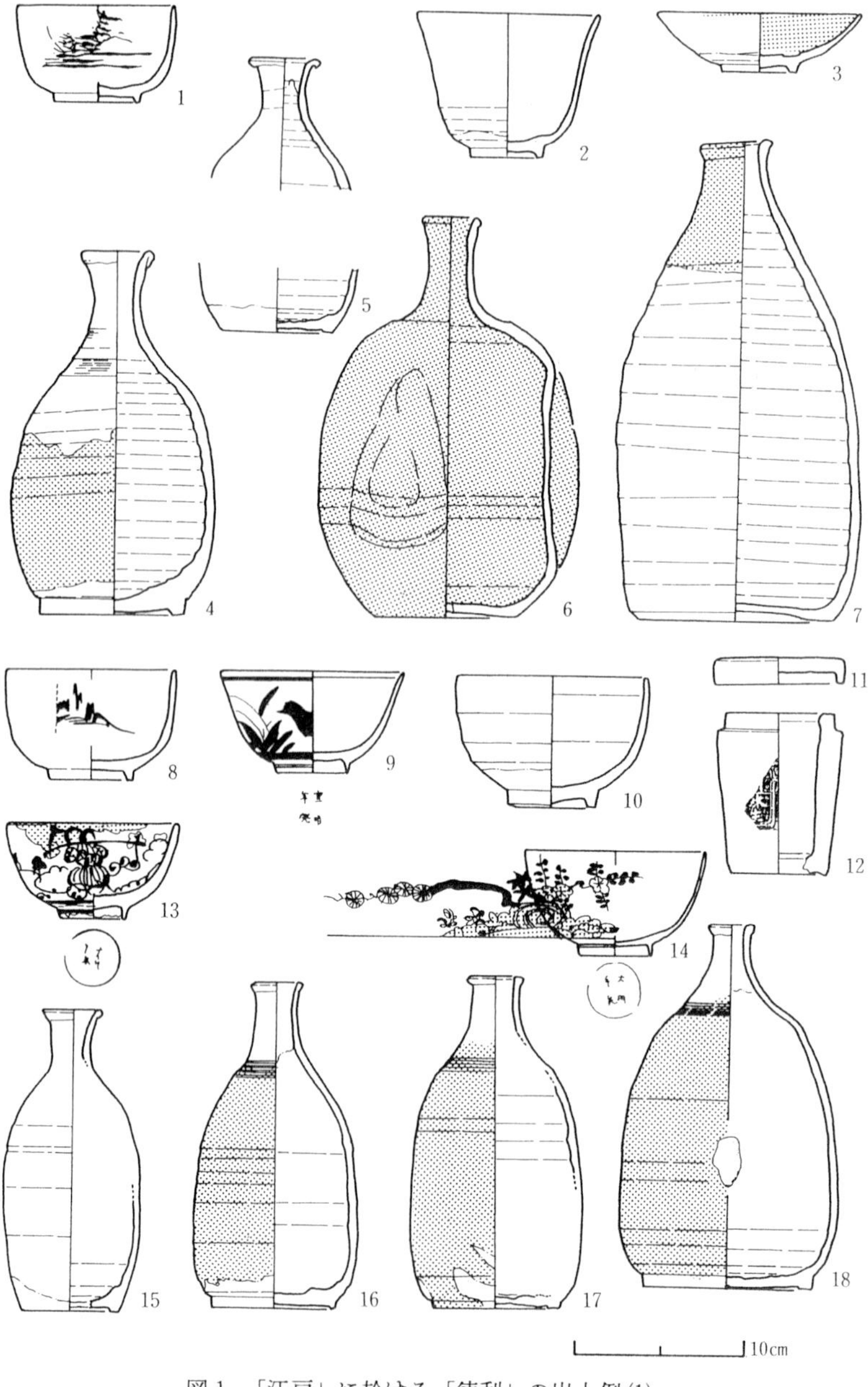

図1　「江戸」に於ける「徳利」の出土例(1)

図２　「江戸」に於ける「徳利」の出土例(2)

東京大学本郷構内における法学部及び文学部の校舎新築に伴い、調査された遺跡である。本郷構内は赤門等で知られるように、加賀前田藩の上屋敷として使用されていた場所であるが、本遺跡内は下級武士の長屋が存在していたことが遺構・絵図から確認されている。

出土遺物は、茶道関連のものが多く含まれている事が特徴である。陶器には、唐津産のものが多い（1〜3）。いわゆる「京焼系」山水文陶器碗・二彩皿等、大橋編年（大橋一九八四）Ⅲ期初頭と考えられるものが最も新しいが、Ⅱ期のものも多く含まれる。「徳利」には、志戸呂産と考えられる頸部に鉄釉を漬け掛けした焼き締め「徳利」（7）、備前産と考えられる焼き締め「徳利」（6）、瀬戸・美濃産と考えられる雨滴形であめ釉に化粧掛けを施した「徳利」（4）、同じく雨滴形で灰白釉を施した小形の「徳利」（5）が出土している。

(2)　白山四丁目遺跡　2号地下室出土遺物（図1　8〜18）

本遺跡は、絵図との対比から、旗本の屋敷地であることが知られている。2号地下室は、北側に昇降用の階段を持つ東西三・三㍍、南北二・三㍍の地下室で、天井崩落後、数次の堆積過程を経た後、一気に埋め戻されている。遺物は中間の堆積層中から出土しており、天井崩落後の廃棄と考えられる。

出土した磁器は、大橋編年Ⅱ期のものも含まれているが（9）、Ⅲ期のものが主体である（13・14）。また、瀬戸・美濃産陶器灰釉碗（10）も見られる。「徳利」は、右例同様、雨滴形あめ釉「徳利」（報文中ではB甲類：16〜18）と、雨滴形灰白釉「徳利」（A甲類：15）が出土している。(5)

(3)　法文地区　E8—5号土坑出土遺物（図2　1〜8）

(1)と同じ地区の土坑から出土したものである。他の例と同様、覆土中から徳利をはじめとする大量の陶磁器が出土しており、遺構廃絶後に廃棄されたものと考えられる。

いわゆる「若杉茶碗」（1）「柳文碗」（3）等多様な湯呑碗・飯碗が出土していることが特徴である。肥前系の磁器は、ほぼ大橋編年Ⅳ期の段階のもので占められている（2・4）。「徳利」は、瀬戸・美濃産と考えられるものが大量に出土しており、そのほとんどが灰釉掛けの寸胴形を呈している（5〜8）。たがね書きが多くみられるのも特徴である。

(4)　日枝神社境内遺跡出土遺物（図2　9〜19）

前述の通り、一つの画期となった遺跡であるが、正式な報告書は刊行されていない。関口論文中の挿図（関口一九七九、一〇九頁）に加え、筆者が再調査する機会に恵まれた際（佐々木一九八七、二一三頁）実測した資料を掲載する。

遺跡は神社境内の北側斜面の盛土内から大量の陶磁器類が出土しており、さながら陶磁器捨て場の様相を呈している。略報（佐々木一九七五）では、明治三〜四年以降境内にあった茶屋で使用された陶磁器を、明治十四年の公園造成までに廃棄した所産であるとしている。磁器については大橋編年Ⅳ期のうちでも端反りの湯呑碗（12）等天保期以降と考えられる製品が主体である。しかし、10のようにこれらに先行するような資料がある程度含まれていることから、筆者は江戸後期から幕末・明治初頭の長期間に亙る廃棄の可能性を想定している。瀬戸・美濃産灰釉系「徳利」は、口縁部による計数で九百余個体と、単一器種としては最も多く出土している。全て寸胴形を呈し、細いものには底部墨書が多いのが特徴である（関口一九七九、表3）。また、瀬戸・美濃産と考えられる鉄釉「徳利」も若干見られる。

上記の通り、江戸に於いて一般的に見られる「徳利」には、瀬戸・美濃産灰釉系「徳利」（いわゆる貧乏徳利・寸胴徳利・高田徳利）、同鉄釉「徳利」（いわゆるペコカン徳利）、備前系焼き締め「徳利」、志戸呂産錆釉「徳利」等がみられるが、瀬戸・美濃産灰釉系「徳利」が、出現頻度・量ともに他を圧倒している。そこで、以下本論では、江戸に於いて主体的に用いられた瀬戸・美濃産灰釉系「徳利」を分析の対象とする。

三　瀬戸・美濃産灰釉系「徳利」の型式分類

まず、瀬戸・美濃産灰釉系「徳利」の型式分類について述べる。先に示した各遺構等の瀬戸・美濃産灰釉系「徳利」は高台形、容量、施釉技法、装飾技法の相違に基づいた複数の型式に細分することが可能である。この細分型式を各要素の共通点を基に再編成すると、図3のような型式のマトリックス（格子）ができる。分類の根拠の詳細は、表1に示した。

縦軸は容量といくつかの技法的共通点によって規定されている。このうち容量は機能的な属性であり、縦軸は系統（もしくは形式）区分を表していると言えよう。高台形、装飾・施釉技法は容量の大・中と小で大きく異なる。各系統の持つ技法上の伝統と理解できる。高台形を例にとると、大・中は削りだしの輪高台、小は削りだしの碁笥底風高台である。装飾・施釉技法では、大・中には、鉄分を含んだ灰釉、有色透明な灰釉を施し肩部に条線を施すもの、不透明な灰釉が施されているものがあることがわかるが、小には、不透明な灰釉が施されているものしかなく、肩部にも条線を施さない。大・中は系統的には非常に近いものと認識されるので、大・中・小をそれぞれ系統A′・A・Bと呼称する。

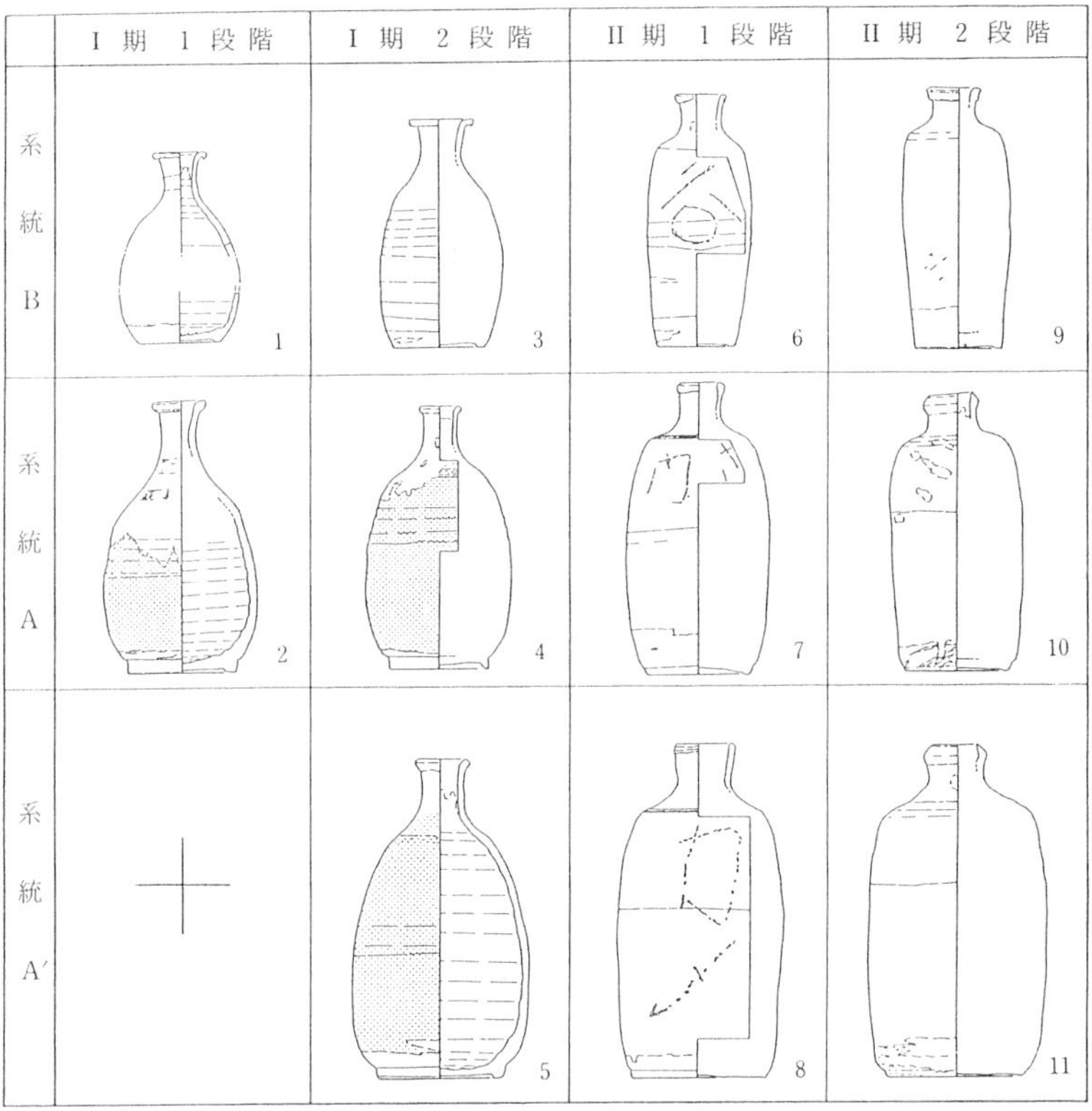

図3　瀬戸・美濃産灰釉系徳利各型式の一例

これに対して横軸は、器形・装飾技法・施釉技法の相違に基づいており、各系統の型式組列に相当する。二期、四細分段階に区分した。各系統間の対応関係は共通する技法的特徴によって決定しているが、実際も、図1・2や表2に挙げた共伴例によって、概ね図3の通りであることが保証されている。よって、以下に於いては、この組列を編年の基軸として扱う。

特徴として、Ⅰ期にははっきり異なっていた系統A・A′とBが、Ⅱ期に至って器形（寸胴形）・施釉技法（灰釉）の点で類似してくることが挙げられる。

組列の方向については、他の共伴遺物の年代観、高台等の痕跡化等の型式学的要素でも規定することができるが、ここでは、「徳利」体部に施されている「たがね書き」（もしくは「釘書き」）をもとに、その妥当性について若干の検討を加えてみたい。「たがね書き」とは、焼成後にたがね等を用いて記される印刻の事で、江戸には、これを生業にする職人もいたようである（古川一九七六）。「徳利」には、こうした「たがね書き」が施されるものが少なくなく、またほとんどが屋号のようなマーク、文字であることから、以前から「徳利」を「酒屋の通い容器」であるとする一つの大きな根拠になっている。

　この「たがね書き」には、その印刻方法に大きく分けて四つのバリエーションが見られる。墨書きの文字を塗りつぶすように印刻するタイプ（ベタ彫り）、墨書きの文字を縁取りするように印刻するタイプ（縁取り）、たがねの幅を利用した短い線を重ねて線状の文字を印刻するタイプ（線刻）、たがねの幅の短い線もしくは点を用いて文字を表現するタイプ（点刻）である。印刻に要する労力は、前者から後者になるに従い少なくなっていく事から、前者から後者への変遷が予想される。

　実際、この四つの技法と徳利の型式組列を対比してみると、図4の様に「徳利」の二細分型式に跨りながら、予想通りに推移していくことが窺われる。B類Ⅱ期2段階については底部が無釉になるため、無釉部分に直接墨書する形態が出現する。また、Ⅱ期以降、生産地で直接箆書きするものが若干みられる。

表1　瀬戸・美濃産灰釉系徳利の各型式の型式学的特徴

A・A′類各型式の型式学的特徴

型式	Ⅰ期		Ⅱ期	
細分型式	1段階	2段階	1段階	2段階
器形	強い雨滴形	雨滴形	寸胴形	――
肩部条線	2段	1段	――	1段・無
釉薬	飴釉	――	灰釉	灰釉（灰白釉）
化粧掛け	有	――	無	――

B類各型式の型式学的特徴

型式	Ⅰ期		Ⅱ期	
細分型式	1段階	2段階	1段階	2段階
器形	（強い雨滴形）	雨滴形	寸胴形	――
施釉部位	全体（底部拭き取り）	――	――	底部無釉

以上設定した編年の暦年代については、記年銘資料との共伴例が皆無なため、他の陶磁器より推測する他はない。そこで、研究の進んでいる焼き塩壺の編年と対比してみよう。図5の様に、Ⅰ期1段階では共伴例が確認できなかったが、Ⅰ期2段階では板巻き作りのものと共伴し、Ⅱ期以降は主としてロクロ成形の製品と共伴する。よって、焼き塩壺の年代観から、徳利編年に於けるⅠ期2段階は十七世紀末から十八世紀初頭を上限に十八世紀後葉頃まで、Ⅱ期は十八世紀末以降と推定することができる。また、Ⅰ期1段階については十七世紀末から十八世紀初頭以前、概ね十七世紀後葉代と推定することができる。

肥前磁器との共伴例から大橋氏の編年（大橋一九八四）と比較した場合も、右の推定は概ね妥当なものと考えられる。さらに、Ⅱ期2段階は、主として端反りの湯呑碗が共伴し、筒形湯呑碗のみと共伴することがないことから、天保期（十九世紀中葉）以降と推定される。(6) 六で述べるが、明治期（十九世紀後葉から二十世紀初頭）の瀬戸・美濃産灰釉系徳利には、鉄字が描かれていることが多いことから、Ⅱ期2段階の下限は幕末から明治初頭とすることができよう。

表2　瀬戸・美濃産灰釉系徳利各型式の共伴関係

遺跡	遺構名＼時期	Ⅰ期1段階			Ⅰ期2段階			Ⅱ期1段階			Ⅱ期2段階		
	系統	A	A′	B	A	A′	B	A	A′	B	A	A′	B
東京大学本郷構内法学部四号館・文学部三号館遺跡	E-8-2号土坑	1		(2)									
	Q5-2号土坑		1										
	B3-2号土坑				5		2						
	B7-2号土坑				2	2							
	T8-9号土坑				6	1	2						
	E7-3号土坑				1	1	2	19	40	14			
	E8-5号土坑							9	38	16			
真砂遺跡	88号土坑				4		2						
	8号地下室							1		2			
	20号土坑							3	1	5			1
	12号地下室							11		18			17
	33号土坑								1	3	8	2	34
平河町遺跡土坑9					1			6	1	1	6	1	3

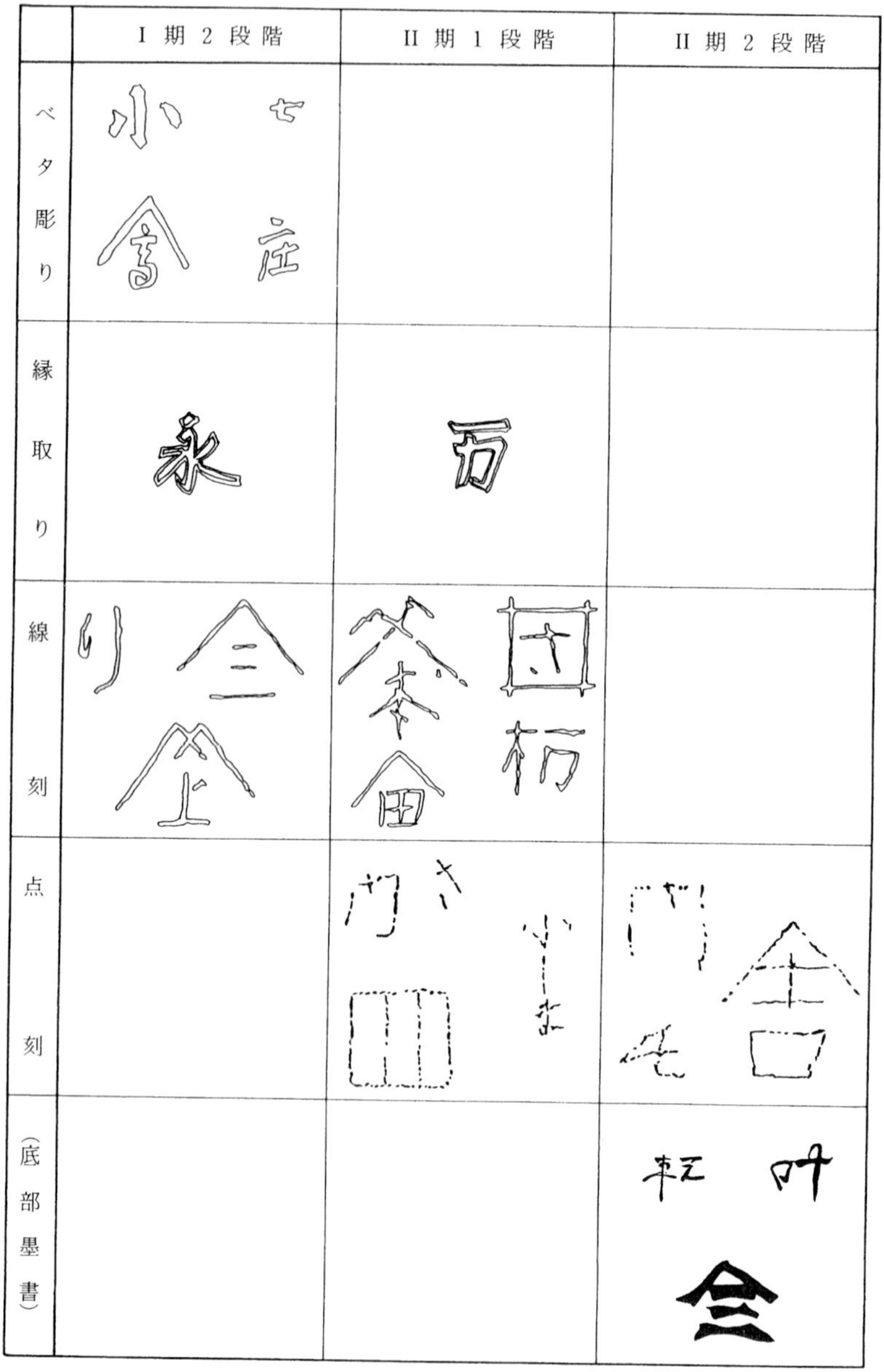

図4　瀬戸・美濃産灰釉系徳利に施される「たがね書き」技法の変遷

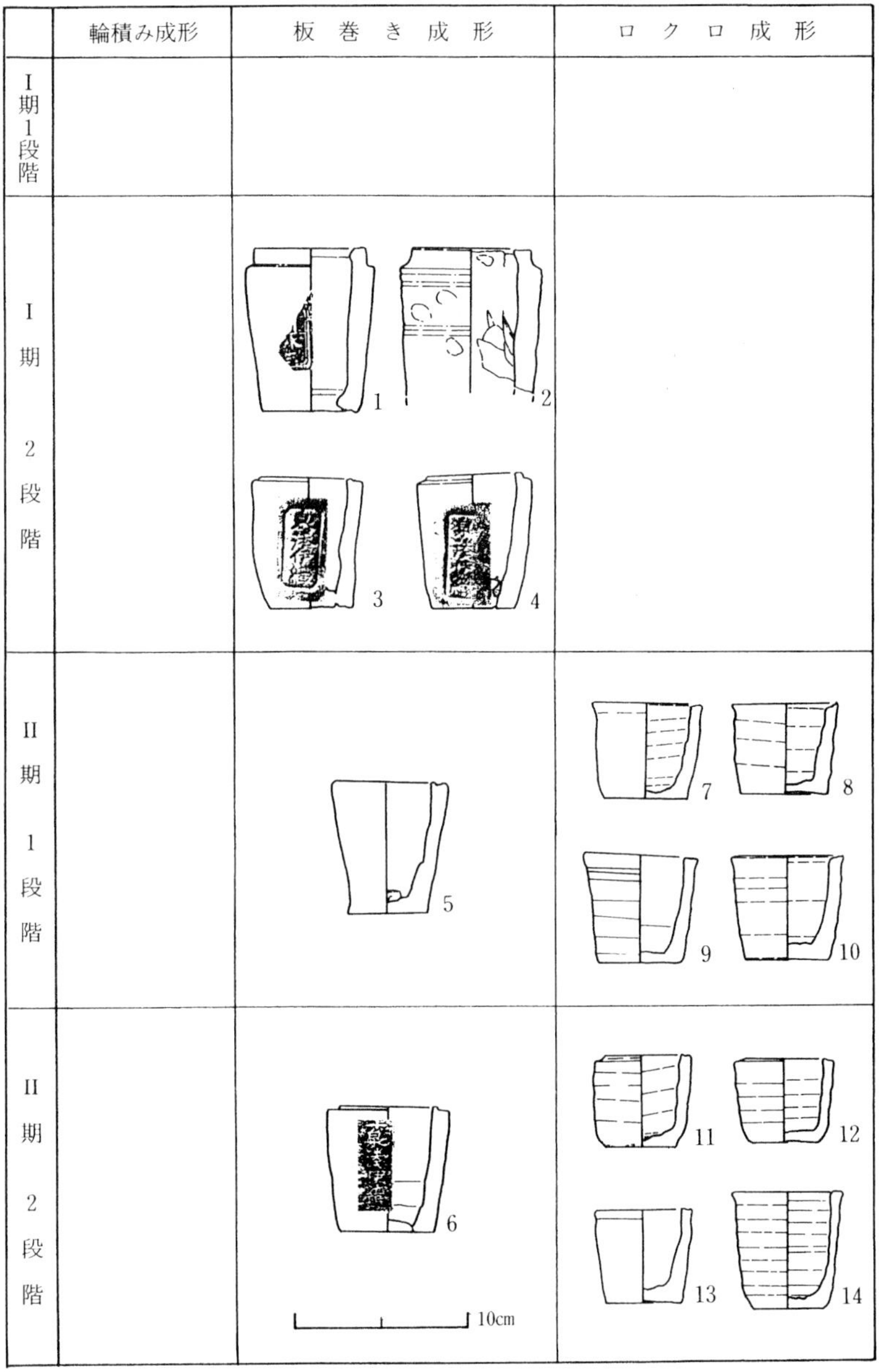

図5　各期瀬戸・美濃産灰釉系徳利と焼塩壺の共伴例

四　「徳利」の機能

本論で扱っている遺物群に対して筆者は、単純に「瓶」と呼称せずに、「徳利」という名称を慣用的に用いてきた。これは、すでに述べたように、単に外見的印象から「酒の容器」としての機能論的限定を加えているわけで、考古学的な分類基準としては不明確である。そこで、この瓶類に与えられた「徳利」という漠然とした細分概念＝機能論的限定を、型式学的に解釈しておこう。

まず、容量に対して口径が小さいという特徴から、他の瓶類同様、液体を保持・保存する機能を有していると考えられる。一方、三つの系統によって構成される様態が全ての時期において維持されていることから、各系統は「徳利」のもつ機能論的型式区分と考えられる。そこでこれらの系統の容量が、どの様に規定されているのかを考察してみよう。

図6に瀬戸・美濃産灰釉系「徳利」の容量のヒストグラムを示した。この図は、郵政省飯倉分館内遺跡のデータ（小林一九八六、三〇〇頁）、及び筆者の測定した真砂遺跡・動坂遺跡の完形の徳利、併せて三四五本の容量を示したものである。一見して判る通り、各系統に対応してきれいに三つのクラスターを形成している。故に、この瓶類の各系統は、それぞれ特定の容量を指向しているといってよいであろう。

そこで、各系統が指向している容量を、最低限保証されている容量という視点にたち、各々のクラスターの分布の下限で評価してみよう。なぜなら、ロクロによる成形では、当然余裕を持って制作することが予想されるからである。

実際、各クラスターは、いずれも右に歪んでいる（左に寄っている）事から、中央値よりも小さい階級値を指向していることが予想される。三つの系統の最低容量は、若干の例外を除き、ほぼ四五〇ミリリットル、九〇〇ミリリットル、一八〇〇ミリリットル前後で、倍々に増加している事が判明した。

ここで注目されるのは、系統A′の一八〇〇ミリリットルという値が、京枡の一升（一八〇四ミリリットル）によく一致しているということである。さらに、B対A対A′＝1対2対4という容量の段階も、やはり一合を除いた枡の基本的な規格（二合半・五合・一升）と一致している。そこで本論に於いては、徳利を「各容量の枡によって規格化された」瓶類の細分器種の名称として再定義する。つまり、徳利は、枡で計った液体を収納するという機能を具備しているのである。(7)

実際に日常生活において枡で液体を計量する必要があるケースは、酒・油・醋（酢）・灯油等液体農産加工品の計り売りといった商業取引であろう。徳利の用途は、機能から推定して、「小口液体の商業取引容器」と認めることが可能である。

酒の取引については従来想定されていたところではあるが、

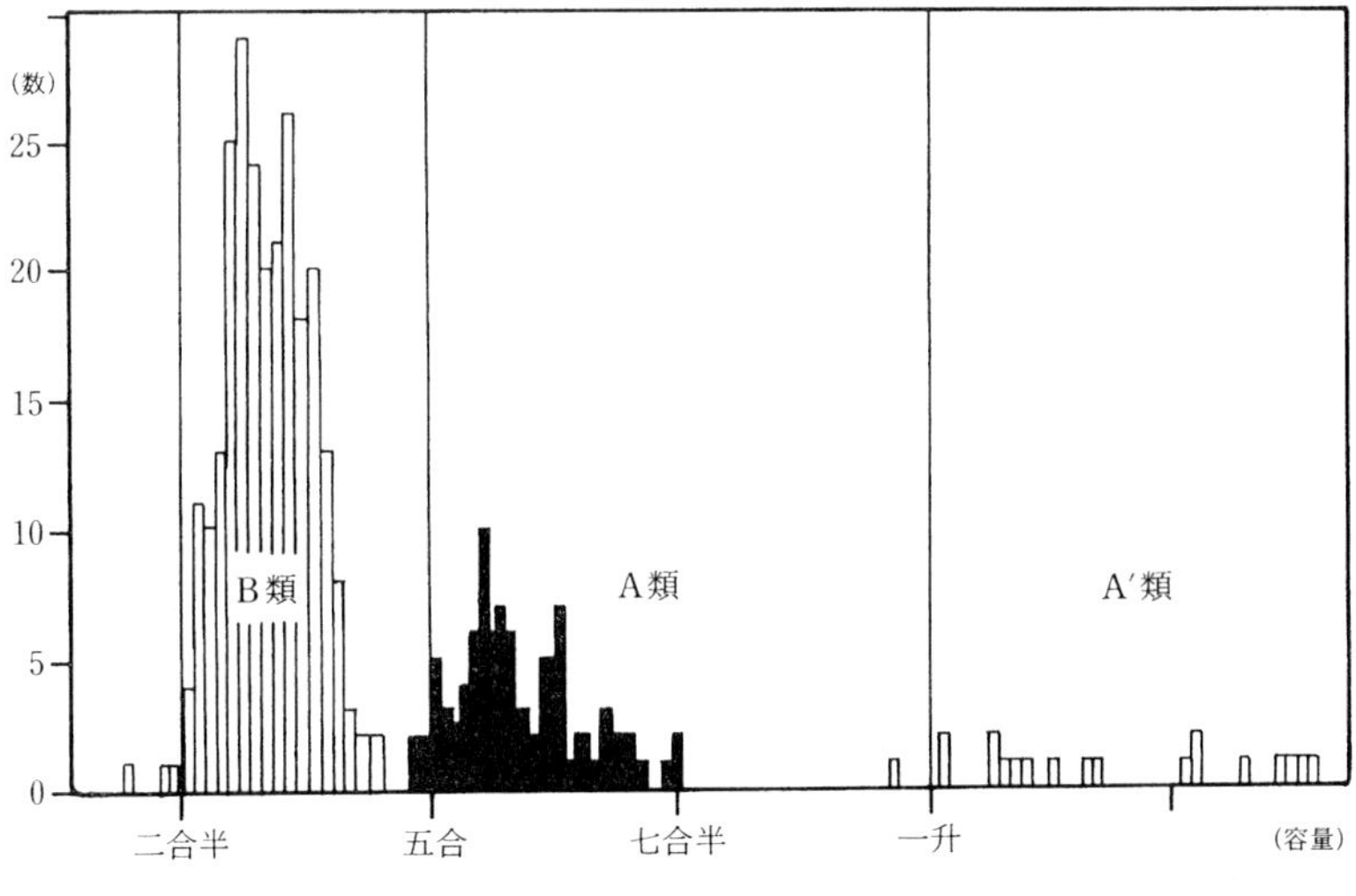

図6　瀬戸・美濃産灰釉系徳利の容量とヒストグラム

中には油臭のするものがあるという報告もあり（扇浦一九八六、六五頁）、油の取引にも使われていたのであろう。また、酒屋の屋号かどうかは別としても、屋号様の「たがね書き」をもつ「徳利」は、商業取引容器として機能していた一つの根拠となり得るであろう。

五　徳利の全国的分布

四に於いて機能的考察から、徳利の商業的要素について言及した。これを、分布論的に確認してみよう。他地域に於ける徳利の様相については、正確に把握出来る段階ではないので、概要についてのみ述べる。

瀬戸・美濃産灰釉系徳利は、東日本で集中的に出土する様である。九州に至っては、まったくと言っていいほど出土せず、唐津をはじめとした在地産の「徳利」が主体となる（福岡・砥石山遺跡〔北九州市教育文化事業団一九八四〕他）。畿内に於いては備前・丹波産の「徳利」が主体的に出土し、瀬戸美濃産灰釉系徳利は客体的に出土する程度である（堺環濠都市遺跡市之町東四丁ＳＫＴ一九地点ＳＦ〇〇一〔堺市教育委員会一九八四〕・大阪城三の丸遺跡〔大手前女子大学史学研究所一九八八〕他）。これは、明治時代の「通い徳利」の流通圏とも、よく一致しており（神崎一九八二、一三一頁）、瀬戸・美濃産陶磁器の流通圏の関係と考えられる。

東日本の中では、江戸御府内の各遺跡で多量に出土し、その出現頻度も高いのに対し、その他の地域では総遺物量の割には少ない。Ⅰ期段階の報告例は下宿内山遺跡（東京都清瀬市下宿内山遺跡発掘調査会一九八六）などに僅かに見られる程度で、Ⅱ期以降の江戸周辺農村と産地周辺（東京・多摩ニュータウン№四五二遺跡〔川島他一九八二〕、愛知・勝川遺跡

（愛知県教育サービスセンター一九八四）他）でやや増加する傾向が見られる。群馬・中村遺跡（渋川市教育委員会一九八六）や福島・四郎作遺跡（いわき市教育文化事業団一九八三）のようにほとんど徳利が出土していない遺跡もある。

こうした事実は、徳利が自給的生産基盤を持っている地方農村では余り必要がなく、購入が物資調達の前提となる都市との強い結び付きを持っている事を物語っており、前述の商業取引容器であるとの解釈を支持するものであろう。

六　江戸に於ける徳利の変遷とその史的背景

江戸に於いても、徳利の総出土量、及び各産地間のシェアは、時期によって変化がみられる。図7は、郵政省飯倉分館構内遺跡GⅠ〜GⅣ期に於ける瀬戸・美濃産灰釉系徳利の総出土量の推移を報告書の計数値（小林他一九八六）に基づいて示したものである。GⅠ〜GⅣ期は、焼き塩壺に基づいた編年基軸であり、図6よりGⅠ〜GⅡ期がⅠ期、GⅢ〜GⅣ期がⅡ期に相当すると考えられる。遺物の総出土量は各時期でばらつきがあるため、GⅡ期の総出土量で標準化した。これによると、郵政省飯倉分館構内遺跡を通してみた瀬戸・美濃産灰釉系徳利の流通量は、Ⅱ期段階でⅠ期の約四倍に増加していることが窺われる。この傾向は、都心部の各遺跡に共通して言えることで、Ⅱ期以降の陶磁器一括資料に於いては、破片程度ならほとんど必ず含まれるようになる。表2の計数値を比較しても、単一遺構当たりの瀬戸・美濃産灰釉系徳利の出土量は、Ⅱ期以降増加する傾向が窺える。

各産地のシェアについてみると、Ⅰ期1段階以前は総量的には少なく、志戸呂産・備前産の「徳利」が主体である（郵政省飯倉分館構内遺跡N二六P他）。Ⅰ期2段階以降は、すでに瀬戸・美濃産灰釉系徳利がシェアのほとんどを占めるようになる（白山四丁目遺跡二号地下室他）。また、Ⅱ期以降、同じ瀬戸・美濃産の、鉄釉「徳利」も若干みられるようになる。

以上のように、徳利の変遷には、瀬戸・美濃産灰釉系徳利の出現期であるⅠ期1段階と急激な普及期であるⅡ期1段階に大きな画期を見いだすことができる。そこで、この瀬戸・美濃産灰釉系徳利の出現・展開の史的背景について、瀬戸・美濃徳利と関係の深い江戸の市場との関係を中心に考察する。

(1) 徳利の出現期——Ⅰ期——

Ⅰ期1段階の実年代は、十七世紀末から十八世紀初頭以前、概ね十七世紀後葉代と推定した。この時期は、経済史的にみれば、幕藩体制も一応完成し、これに伴い全国市場の成立を見たといわれる時期である。文献で確認することはできないが、主要農産加工品である酒・油・醤油・酢の全国市

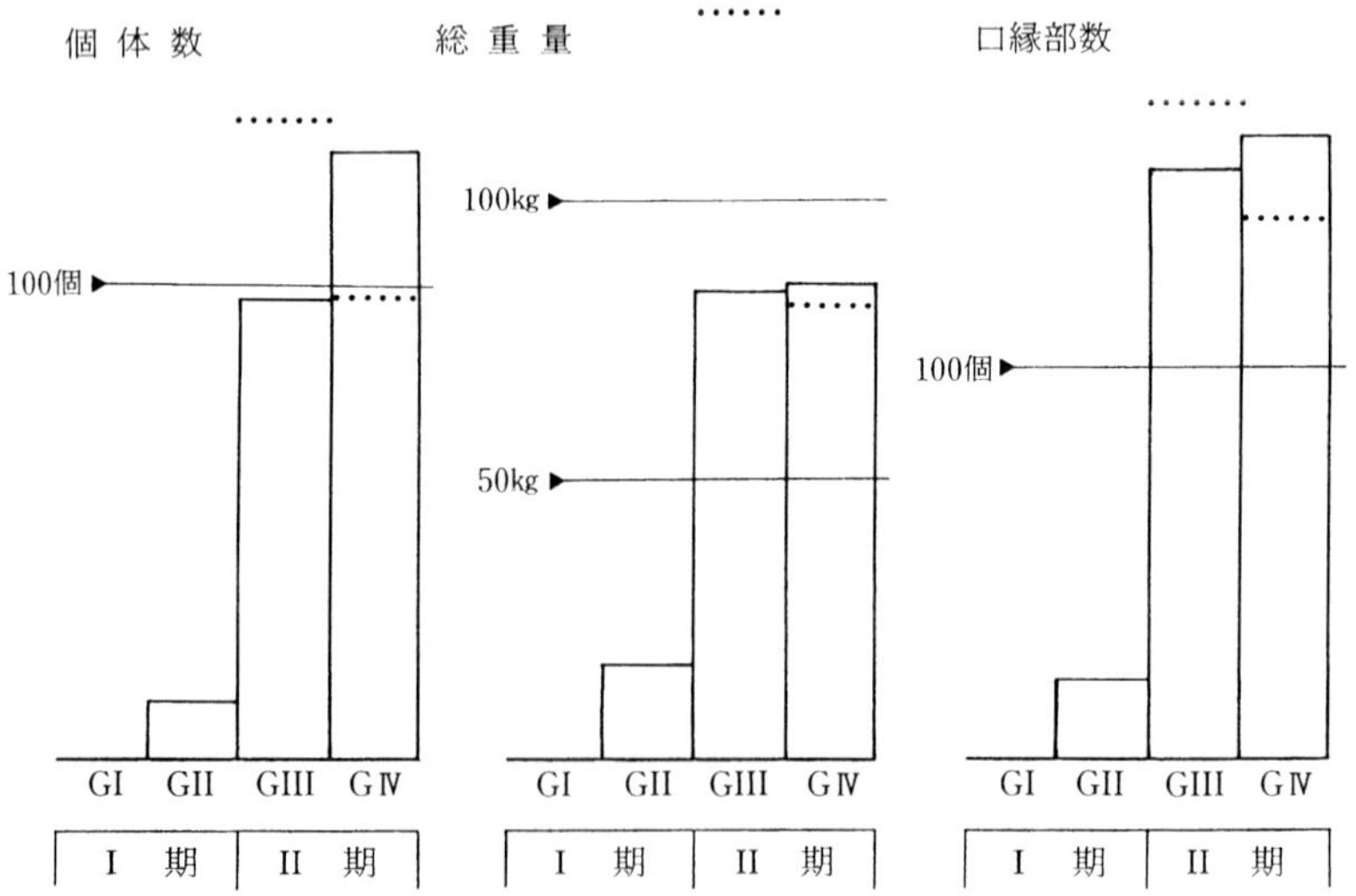

図7　郵政省飯倉分館構内遺跡GⅠ～GⅣ期に於ける瀬戸・美濃産灰釉系徳利の量的推移

補正値は各時期の遺物総量をGⅡ期の遺物総量で標準化した場合の数量：

・各時期の徳利の量×GⅡ期の遺物総量÷各時期の遺物総量

GⅢ・GⅣ期の実際の値は……で示した.

場に於ける流通量も、Ⅰ期以前と比較してかなり増加した事が予想される。

この時期、幕府は幾つかの流通政策を打ちだしている。度量衡の統一もその一環である。枡についても、寛文九年（一六六九）各地において異なっていた枡を京枡に統一した。翌年には、各藩に対し、統一した枡を生産石高に応じて購入するよう義務づけている。これは、中央市場に流入する米穀の量の把握を容易にするのが目的であった。この統制は、二～三年後には全国に普及したと言う。

一方、一大消費市場「江戸」の町方人口は、大火のあった明暦三年（一六五七）で三十万弱、享保六年（一七二一）には五十万人余に増加したといわれている。これに、武家・寺社の人口を加えると享保年間には概ね百万余の消費階層が存在したことになる。こうした自給的生産基盤を持たない都市における需要の増加が、全国市場を活性化させていったのはもちろんのことであるが、消費市場内においては、「液体取引容器」の需要をも喚起していったのであろう。こうした状況の中で、この頃、肥前の高級磁器に圧迫され(8)、雑器窯への転換を始めた瀬戸・美濃各窯は、江戸でのこうした需要に対して、京枡の容量によって規格化された小口「液体取引容器」の生産を開始したと推測される。

(2)　徳利の普及・定着期――Ⅱ期――

前述の通り、型式学的な転換期であるこのⅡ期1段階は、量的な推移についても、急速な普及の段階と言うことができよう。では、この様な量産傾向の背景はどの様なものであったのであろうか。

表3に、記録の残っている享保十一年（一七二六）と安政三年（一八五六）の液体農産加工物の江戸への入荷状況を示したが、享保期以降、江戸市場における液体農産加工品全体の飛躍的膨張は、これらの文献による限り認められない。酒の供給量は漸移的な増加、油に関しては享保期よりその供給量はほとんど固定化している。醬油の供給量は地廻り

生産力の発達にともない急速に増大しているが、江戸から下る醬油も含まれている可能性がある上、仮にⅡ期以降の徳利の半数以上が醬油に用いられていたとしても、徳利の需要の増加は、Ⅰ期の二・五倍程度しか期待できない。この史料の内容は、記録が残っている享保期以降の江戸の人口がすでに頭打ち状態にある事からみても、妥当なものと考えられる。市場規模の変化が見られない以上、徳利の量産傾向の背景としては、江戸消費市場の質的変化を考慮せざるを得ない。結論から言えば、液体農産物市場に於ける一升以下の小口需要の割合が増えたと理解するべきであろう。表2からも、Ⅱ期2段階になると、生産の主体が五合から二合半に移行する（Ⅰ期〜Ⅱ期1段階：A・A′類対B類＝3対1、Ⅱ期2段階：A・A′類対B類＝1対3）事が窺われる。小売市場がより小口の需要に移行していく事の一つの傍証となろう。

この史的背景としては、消費階層の再編成という状況を指摘しておきたい。その具体的要因の一つとして、従来は、使用人として武家・商家に包摂されて存在していた下層民が、一つの階層として分離・形成するに至ったことが挙げられよう(9)。彼らは活性化する市場経済の中で没落した武士・商人、農村からの流入民などによって構成され、まがりなりにも自分たちで生計をたてる独立した購買層であったといわれる。下層民は、各個人単位の経済力は非常に貧弱なもので、例えば、幕末に於いて一升三百から四百文した酒については二合半、五合といった小口の消費形態しか採り得なかったが、逆に階層全体としてみれば、「小口取引容器」としての徳利への需要を爆発的に高めるほどの経済効果を江戸市場に与える可能性は十分考えられよう。「貧乏徳利」という名称（『類聚近世風俗志』）もこの辺に由来するの

表3　文献にみる主な液体農産加工物の江戸入荷状況

	A：享保11年(1726)	B：安政3年(1856)	B／A
酒	795,856樽	1,156,000樽	1.45
醬油	132,829	1,565,000	11.77
油	90,811	100.000	1.09
魚油	50,501	30,000	0.59
総計	1,069,997	2,851,000	2.66

注　A：『吹塵録』　B：『江戸表諸色運送入津陸附着荷高』（林　1969　P.192表を基に作成）.

であろうか。

この「小口買い」の習慣は、Ⅰ期2段階以降、すなわち、江戸市場の完成・安定化する享保期以降、緩やかに浸透していくように想像されるが、考古学資料から判断する限り、十八世紀後半代に於いて、かなり急速に普及している状況を認めることができる。この急激な普及という現象は、さきに述べた経済史的側面のみでは理解する事ができず、流行などの社会的現象（文化史的側面）を考慮する必要がある。この場合、流行したのは飲酒習慣と考えるのが最も有力であろう。下層民に下級武士をも含めた下層消費階層が、ささやかな余剰所得を背景に、嗜好品等への関心と購買意欲を具備する中で、Ⅱ期初頭を契機として飲酒が社会的習慣として広く普及したのではないだろうか。この解釈が正しいとすれば、Ⅱ期以降の徳利の用途に占める割合は、醬油より、むしろ、酒の割合が高くなったと考えるべきである。『類聚近世風俗志』等にみられる「酒の取引容器」としての意識も、この時期、庶民のレベルに嗜好品への関心が高まっていることを示す一つの傍証となろう。

一方、生産地に於いても、こうした需要に対応すべき状況が窺える。領主的市場の構造的矛盾から疲弊していた各藩の殖産興業への気運も、量産の一つの動機として考慮する必要があろう。延享五年（一七四八）に四九戸であった瀬戸地区の窯屋数が、明和七年（一七七〇）には一〇〇戸に倍増していることも（愛知県教育委員会一九七四）、この時期の瀬戸・美濃が増産に転化していたことを物語っている。

反面、この時期は、Ⅰ期2段階以降からの海外需要の減少から国内雑器生産に転化した肥前産磁器が、陶磁器市場に於ける瀬戸・美濃のシェアを再び圧迫している時期でもある。瀬戸・美濃側の直接的な対応としては、競合をしない器種に生産の比重をおく、コストダウンによる競争力の強化などが予想されるが、徳利は、まさにこの戦略に適した器種であったといえよう。したがって、徳利の量産傾向は、瀬戸・美濃窯業生産もしくは流通資本の新たな陶磁器市場開拓によってもたらされたものとも考える事ができる。(10)型式学的にみても、Ⅱ期1段階に於ける型式変化は、下層消費階層をターゲットにするために、質を落として量産・コストダウンを図った結果と理解できる。たとえば、寸胴形の器形は収納スペースの省略という意味を持ち、単に制作面だけではなく、輸送効率の改善にも効果があることが指摘できよう。また、A類・B類の器形・技法が多くの部分で共通してくるのも、生産の単純化を図る上での当然の対応と言えよう。

コストダウンの成果は、売価にも反映されている。「瀬戸物売値段書」(『大日本近世史料』諸問屋再興調十二、三八～四二頁：嘉永四年〔一八五一〕九月のものと推定)によれば、A′類と考えられる「白壹升徳利」が「四分五厘(約三十文)」と、「染付奈良茶茶碗」の一匁九分(約百二十七文)より遥かに安い。(11)

(3) 徳利の全国的隆盛から衰退期――Ⅲ期――

江戸市場を中心とする都市市場の動向を背景に成立・発達してきた陶製取引容器は、明治維新を迎えるにいたって全国的に増加していくことが、民俗例(神崎一九八二)やいくつかの発掘事例から知られている。この段階を仮にⅢ期とする。

この時期の徳利が考古学的に報告されている例は未だ少なく、体系的な理解のためには、明治時代まで下った資料の蓄積が必要となろう。図8に示したように、この段階でも二合半・五合・一升の様態は保っているようであるが、技法の省略はついに高台に及び、各系統に於ける技法の差異は、僅かに口唇部の形状にみられるのみとなる。同一系統間で型式的なバラエティがみられることから、時期的に細分できる可能性を有する。多くのものが鉄釉・呉須によって文字が描かれており、Ⅲ期の徳利の大きな特徴となっている。これは、生産地に於て焼成前に文字を描くいわゆ

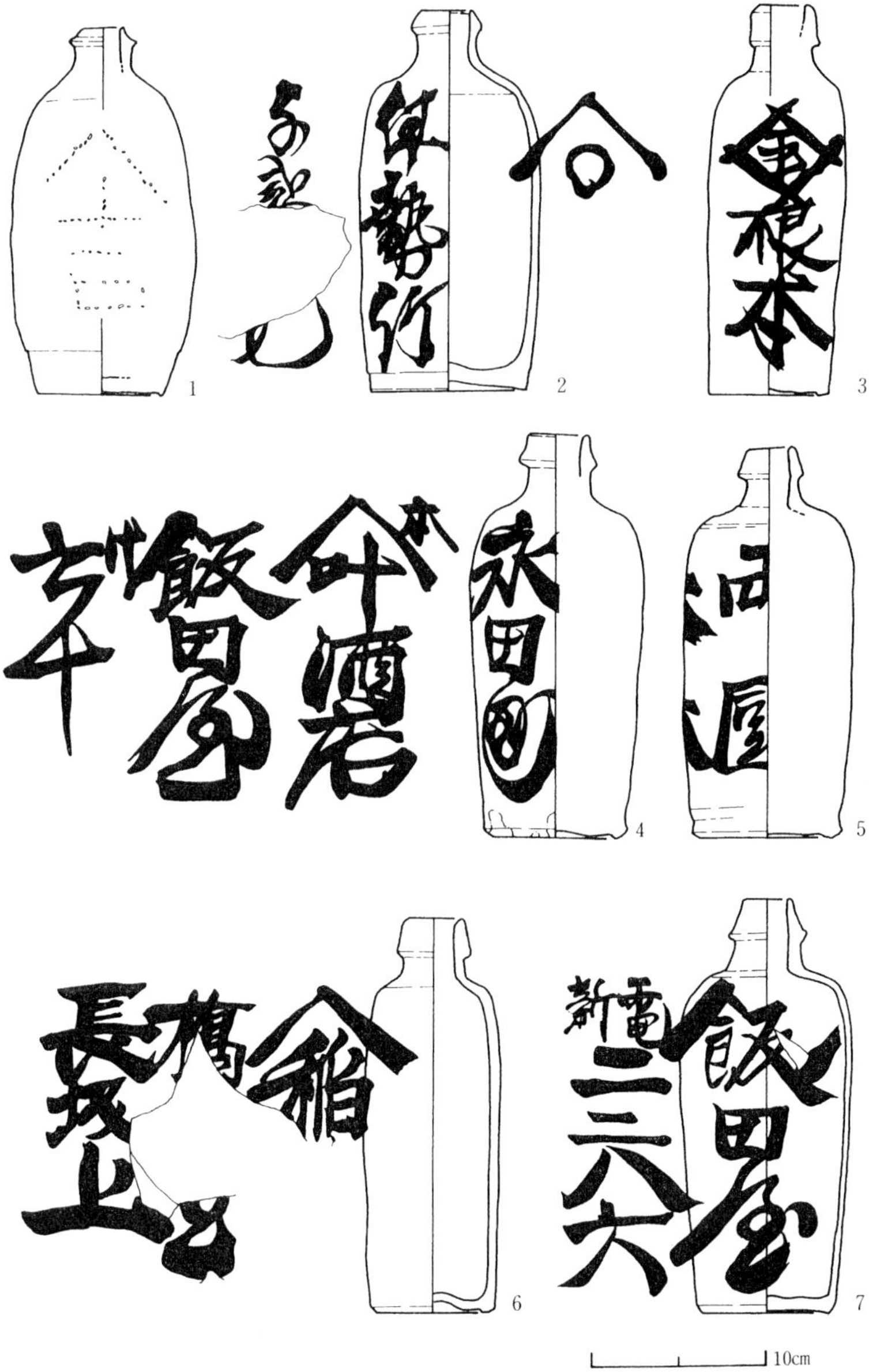

図８　瀬戸・美濃産灰釉系徳利Ⅲ期の報告例

る特注品で、その内容から、この段階では徳利が酒屋の貸し売り容器として定着していることを物語っている。

こうして隆盛を極めたかに見える徳利も、明治後半以降、急速に衰退してゆく。この過程は、前掲文献に詳しい（神崎一九八二）が、「小口取引容器」という視点から徳利の衰退の要因を考察すれば、液体農産加工品生産の近代的企業化によって、各商品生産地で小口に分ける傾向が強まり、店頭に於ける計り売り商習慣自体が衰退した点を挙げることができよう。

以後百年余を経過した現在、「徳利」は一部の装飾的な酒容器に残るのみとなった。容器の貸し売り的商習慣は、一升瓶・ビール瓶等の回収という形でその名残をとどめているが、昨今の紙パック・アルミ缶の普及等にともない、今またその伝統も消えようとしている。

おわりに

陶磁器に限らず、膨大で複雑な情報をもつ近世考古資料に対しては、「考古学の対象として扱えるか否か」というレベルの誤解が、未だにあるのも事実である。しかし、近世陶磁器の複雑な様相は、反面、細かく機能分化していることを意味し、一つの器種に付加された機能は、古代以前のマルチパーパス的様相をもつ土器群よりも単純であることが予想される。型式学を適用することは、むしろ容易と言えよう。今回の徳利の型式分類は、こうした試みの一環である。

近世を対象とした発掘調査事例の増加にともない、最近、多くの報告書が刊行される様になった。こうした成果を背景に、今後は、より大系的な食生活等の生活様式、および、窯業史・流通史の復元が可能になるものと筆者は考えている。

注

（1）「徳利」の名称と機能は、多くの文献に窺うことができる。文献中の「徳利」と、今回取り上げた徳利とが同一のものかは正確には判定できないが、概ね妥当な対比と考える。以下に、その用途が窺われるものをいくつか例示する。

（運歩色葉集　登：十六世紀前半）

得利　入レ酒器　陶　入レ酒

（西鶴織留　四：十七世紀後半）

又からじ屋から、蝉の大きさしたる油虫ども、数千疋わたりきて、――中略――醬油の徳利にはいり、――後略――

（和漢三才図会　三十一　庖厨具：十八世紀前半）

前略民家日用酒瓶也、盛二醋或醬油一亦良、――後略――

（類聚近世風俗志：十九世紀前半）

江戸五合或は一升に樽と此陶と並ひ用ふ大小ありすべて貧乏徳利と云其謂を知らず

この様に、中世に於いて酒容器として紹介されている「徳利」が、十七世紀後半には、種々の液体を収納する容器として普及している事が窺えよう。この事は、徳利が液体取引容器としての機能を具備したという本論の見解と矛盾しない。とくに、『類聚近世風俗志』は、この「徳利」をはっきり酒の取引容器と記述しているうえ、容量には規格のあることが窺える。

（2）近世の「瓶」類を現状の概念で分類すると、「花瓶（花生け）」「香油徳利」「油徳利」「水差し」「油差し」「神酒徳利」「燗徳利」といわゆる「徳利」等に細分される。

（3）厳密に言えば、「徳利」は、「徳利形瓶」と呼称すべきであろう。

（4）本論は、東京大学本郷構内法学部四号館・文学部三号館建設予定地遺跡の整理中にまとめたものが、核になっている。これらの成果については、昭和六十三年度刊行予定の報告書を参考にされたい。

（5）報告書（小野一九八一）の実測図（第四一・四二図）中には、化粧掛けはまったく表現されていないが、写真図版で確認する限りに於いては、A・A′類Ⅰ期の製品には全て化粧掛けが施されている。また、肩部の条線が表現されていない個体もあるが、これは化粧掛けに隠れて確認しづらい個体と考えられる。

（6）磁器筒形碗の生産時期については、大橋康二氏が『国内出土の肥前陶磁』において一七八〇から一八一〇年代と位置付けている他、肥前系として捉え得る但馬・高谷古窯（伝天保元年〔一八三〇〕開窯、豊岡市教育委員会一九八一）においてすでに生産されていないことが知られている。また、『類聚近世風俗志』によれば、「文化比迄は上の二品を専用す筒茶わんは下品用也」とあり、文政元年（一八一八）頃まで用いられていたことが窺える。

（7）ところで、瀬戸・美濃産灰釉徳利以外の「徳利」は、各容量の枡によって規格化されているのであろうか。今のところデータ数が少なく、確定的なことはいえないが、見通しだけ述べておく。志戸呂産の「徳利」は、一系統のみで、恐らく一升を指向しているものと思われる。十七世紀代の備前系焼き締め「徳利」についても、一升程度の容量が一系統のみ存在するようである。これらの産地がシェアを失っていった背景には、五合以下の容量のものを主体に生産しなかったことが影響しているのかもしれない。瀬戸・美濃産鉄釉「徳利」については、最低四系統存在し、二合半・五合・一升の他に一合のも存在するようである。さらに、これとは異なった容量を持つものもあるようで、この場合は、他の機能も考慮しなければならないであろう。

（8）大橋氏の肥前磁器の編年によれば（大橋一九八四）、清朝磁器の輸出復活により、肥前磁器は十八世紀（大橋編年Ⅲ期）から国内市場中心の生産に力を入れるようになったとの事である。また、田口氏によれば（田口一九八三）、ほぼ同じ頃（登り窯Ⅳ期）、瀬戸・美濃各窯の生産器種は、優品から雑器に転換するとの事である。

（9）さらには、近郊農村への市場経済の浸透、とくに武蔵・北関東等の江戸経済圏への取り込みも考慮しなければならないであろう。前述の通り、この段階になると、江戸近郊農村にあたる下宿内山遺跡や多摩ニュータウン内の遺跡に於いても、徳利が散見されるようになる。

（10）筆者は、生産地の対応が消費市場の需要動向に敏感に連動しているという点から、こうした市場開拓は、流通にあたった特権的問屋層（資本層）の主導でおこなわれたと考えている。この様な形で、専売制という領主的市場構造のなかに、近代自由市場的な流通基盤が成立していったのであろう。専売制は、領主階級の利潤を保証するための、農民的商品生産と対立する制度として捉えられる反面、こうした特権的中間資本層の保護・育成としても機能していた可能性がある。

(11) この時期は物価の変動が激しいため、厳密な比較は困難であるが、酒一升が概ね二百～四百文、醬油一升百～二百文であることを考えると、徳利がいかに安いものであるかを理解することができよう。

〈参考文献〉

愛知県教育サービスセンター　一九八四年　『勝川遺跡』。
畦地　享平　一九六二年　「流通」『日本庶民生活史六　江戸後期―明治維新』河出書房新社。
いわき市教育文化事業団　一九八三年　『四郎作遺跡』。
大石慎三郎　一九七五年　『日本近世社会の市場構造』岩波書店。
扇浦　正義　一九八六年　「b、陶器類」『平川町遺跡』東京都千代田区教育委員会四番町歴史民俗資料館。
大園美奈子　一九八五年　「幕末期の江戸町方下層民――人別帳の分析を通じて――」『学習院大学史料館』三。
大手前女子大学史学研究所　一九八八年　『大阪城三の丸跡の調査』Ⅲ、大手前女子学園。
大橋　康二　一九八四年　「肥前磁器の変遷と出土分布」『国内出土の肥前陶磁』九州陶磁文化館。
小野　安司　一九八一年　「徳利」『文京区　白山四丁目遺跡』白山四丁目遺跡調査会。
川島雅人・並木仁・山口慶一　一九八七年　『多摩ニュータウン遺跡　昭和六〇年度　第五分冊』(№二七一・№四五〇)、東京都埋蔵文化財センター。
神崎　宣武　一九八二年　『日本人の生活と文化4　暮しの中の焼きもの』ぎょうせい。
北九州市教育文化事業団　一九八四年　『砥石山遺跡』。
小泉袈裟勝　一九八〇年　『ものと人間の文化史三六　枡』法政大学出版局。
國學院大学出版部　一九〇八年『類聚近世風俗志』(喜多川守貞　一八五三　『守貞漫稿』)。
古代學協會　一九八四年　『平安京跡研究調査報告　第一二輯　押小路殿跡　平安京左京三条三房十一町』。

小林　謙一　一九八六年「7、釘書」『郵政省飯倉分館構内遺跡』港区麻布台遺跡調査会。
堺市教育委員会　一九八四年『堺市文化財調査報告』第20集。
佐々木達夫　一九八七年「江戸へ流通した陶磁器とその背景」『国立歴史民俗博物館研究報告第十四集　共同研究「近世都市江戸町方の研究」』国立歴史民俗博物館。
佐々木達夫・花江　一九七五年「日枝神社境内遺跡の調査」『考古学ジャーナル』ニュー・サイエンス社。
渋川市教育委員会　一九八六年『中村遺跡』。
東京都清瀬市下宿内山遺跡発掘調査会　一九八六年『下宿内山遺跡』。
関口　広次　一九七九年「美濃高田徳利の生産と消費に関する覚書」『考古学研究』一〇〇、考古学研究会。
関山直太郎　一九五八年『近世日本の人口構造』吉川弘文館。
田口　昭二　一九八三年『考古学ライブラリー17　美濃焼』ニュー・サイエンス社。
千代田区教育委員会　一九八六年『平川町遺跡』。
都立一橋高校内遺跡調査団　一九八五年『江戸　都立一橋高校地点発掘調査報告』。
動坂遺跡調査会　一九七八年『文京区　動坂遺跡』。
仲野　泰裕　一九八六年「浅間山の大噴火（天明三年）に伴う泥流層下の瀬戸美濃陶器」『愛知県陶磁資料館研究紀要五』愛知県陶磁資料館。
一九八七年「江戸時代の瀬戸窯と京焼風陶器」『愛知県陶磁資料館研究紀要』六、愛知県陶磁資料館。
長佐古真也　一九八八年「近世「徳利」の諸様相――江戸に於ける液体加工品流通――」『江戸の食文化』江戸遺跡研究会。
林　玲子　一九六九年「近世中・後期の商業」『体系日本史叢書13　流通史Ⅰ』山川出版社。
藤澤　良祐　一九八七年「本業焼の研究（1）」『瀬戸市歴史民俗資料館　研究紀要Ⅳ』瀬戸市歴史民俗資料館。
古川　庄作　一九七六年「江戸時代の美濃」『世界陶磁全集5　桃山（二）』小学館。
真砂遺跡調査団　一九八七年『真砂遺跡』。
港区麻布台遺跡調査団　一九八六年『郵政省飯倉分館構内遺跡』港区麻布台遺跡調査会。

〈図の出典〉

図1　1～7、東京大学本郷構内法学部四号館・文学部三号館地点遺跡E8―2号土坑（東京大学遺跡調査室一九九〇）、8～18、白山四丁目遺跡2号地下室（小野一九八一、第21図332、第45図227、第22図315、第45図514、第25図240・222、第42図111・94・95・51）。

図2　1～15、東京大学本郷構内法学部四号館・文学部三号館地点遺跡E8―5号土坑（東京大学遺跡調査室一九九〇）、16～19、日枝神社境内遺跡（筆者再実測資料、関口一九七四　図1―3・2・6・1）。

図3　1～7、東京大学本郷構内法学部四号館・文学部三号館地点遺跡E8―2号土坑、E8―5号土坑（東京大学遺跡調査室一九九〇）、8～10、真砂遺跡12号地下室（筆者再実測資料）。

図4　「七」「小」「高」「永」「三」「り」「上」「さ」「朽」「　本」「田」「さ門」「四」「舎」、東京大学本郷構内法学部四号館・文学部三号館地点遺跡各遺構（東京大学遺跡調査室一九九〇）、「庄」「万」「小しま」「三（墨書）」、真砂遺跡5号地下室、12号地下室、33号土坑（真砂遺跡調査団一九八七　第117図42・15、第179図98、第203図34）、「門長」、郵政省飯倉分館構内遺跡N44P（小林一九八六　図140―5）、「叶」「三平」、日枝神社境内遺跡（筆者実測資料、関口一九七四　図1―2）。

図5　1、白山四丁目遺跡2号地下室（小野一九八一　第45図514）、2、東京大学本郷構内法学部四号館・文学部三号館地点遺跡B7―2号土坑（東京大学遺跡調査室一九九〇）、3・4、真砂遺跡141号土坑（真砂遺跡調査団一九八七　第185図12・14）、5・9、真砂遺跡8号地下室（真砂遺跡調査団一九八七　第186図28・37）、6・12・14、白山四丁目遺跡井戸跡（小野一九八一　第45図41・40）、7・8・10、東京大学本郷構内法学部四号館・文学部三号館地点遺跡E8―5号土坑（東京大学遺跡調査室一九九〇）、11、日枝神社境内遺跡（筆者実測資料）、13、真砂遺跡19号土坑（真砂遺跡調査団一九八七　第186図43）。

図8　1、平川町遺跡土坑9（扇浦一九八六　第52図56）、2、紀尾井町遺跡SE55（紀尾井町遺跡調査会一九八八）、3、市川市表採（関口一九七四　図2）、4・7、平川町遺跡2区一括（扇浦一九八六　第54図67・68）、5、一橋高校地点出土位置不明（都立一橋高校内遺跡調査団一九八五　第111図306）、6、郵政省飯倉分館構内遺跡（港区麻布台遺跡調査団一九八六　図110―39）。

〔付記〕

本論を著すに当たって、御指導・御助言を賜りました左記の方に、深謝申し上げます。藤本強氏、寺島孝一氏、大塚達朗氏、菅谷保氏、上田真氏、小俣悟氏、吉岡康暢氏、小林克氏、小林謙一氏、長佐古美奈子氏、紀尾井町遺跡調査会。

〔追記〕 発表後、すでに三年余が経過し、この間にも多くの新知見が提出された。しかし、本論を大きく加筆訂正する必要はないと考えていることから、今回、とくに本文には手を加えていない。いくつかの補足点は、以下に挙げておく。

まず、本文中でたびたび引用している大橋康二氏の肥前陶磁器の編年は、その後の研究の進展から、区分が変更された(有田町史編纂委員会 一九八八年『有田町史 古窯編』、大橋康二 一九八九年『肥前陶磁』ニュー・サイエンス社)。このため、本文Ⅲ期をⅣ期に、Ⅳ期をⅤ期に読みかえる必要がある。

本文中では、多くを語ることができなかった志戸呂産徳利は、東京大学本郷構内の遺跡・医学部附属病院地点では、Ⅰ期2段階において、瀬戸美濃産の徳利を補完する形で、むしろ流通量が増える傾向にある事が指摘された(松下理恵 一九九〇年「第Ⅴ章 考察 第三節 医学部附属病院地点出土の徳利について」『東京大学本郷構内の遺跡 医学部附属病院地点』東京大学遺跡調査室)。今後、徳利の考察は、志戸呂産を含めた形で分析するべきであろう。また、遺跡によっては、こうした傾向がみられない場合もあることから、徳利の需要・容量間のシェアについては、徳利を廃棄した人間の階層なども考慮した上で、細かく分析する必要があるだろう。

なお、当時予定稿であった「法文地区」の報告書は、『東京大学本郷構内法学部四号館・文学部三号館建設地遺跡』として、一九九〇年、東京大学遺跡調査室より刊行された。

焙烙の変遷

辻　真人

はじめに

近世考古学が一般的になるにしたがって、これまでの陶磁器類を中心とした汎日本的な編年とは別に、在地系の土器編年が考えられるようになってきた。これは地域的に限定された中で、地域に密着したより細かな生活様式をとらえようとする新しい試みといえるだろう。このような動きの中で、焙烙や火鉢などの素焼や瓦質の日常雑器が注目されつつある。

焙烙は安価で一般的な消耗品であったため、遺跡からの出土量も多く、また流通範囲は比較的狭かったと考えられている。特に近世の素焼焙烙は、「焙烙の一倍」という言葉に示されるように大変壊れやすいもので、長距離の輸送には全く不向きなものである。したがって、地域的な生活相をきめ細かくとらえていく上で、恰好の材料になると考えられるわけである。このように非常に興味深い性格を持ちながらも、これまでの近世考古学において、あまり関心を持たれておらず、焙烙についてのまとまった研究は未だなされていないのが現状である。

今日の料理などの本をひもとくと「焙烙は、つい最近まで一般の家庭で使われていて、我々にも馴染の深いものであった、云々」というような事が書かれている。しかし、私自身この焙烙というものを実生活の中で使ったことは全くないし、友人の多くは焙烙の存在すら知らないという有様である。ところが民俗例に目を向けると、焙烙割り・焙烙地蔵・焙烙灸などの行事や信仰の他に、焙烙の一倍・焙烙頭巾・焙烙調練などの言葉も多く残されている。また、江戸において、「焙烙」という言葉は「取るに足らないつまらないもの」の代名詞として使用されていたとも言われている。以上のような民俗例と、江戸の遺跡から出土する膨大な量から考えて、焙烙は深く庶民の生活の中に溶け込んでいたことがうかがわれる。

今回の発表では、不十分な資料であるが、主に内耳の変遷を追いながら簡単な編年観を提示し、合わせていくつかの民俗例を紹介する。今後の江戸の食文化を考える上での一助となれば幸いである。

一　現在の焙烙研究について

焙烙とは、「素焼の平たい土鍋。火にかけて食品を炒ったり蒸し焼きにしたりするのに用いる。」（広辞苑）と説明されるように、浅い土鍋状又は皿状の、主に豆や胡麻類を炒る道具とされている。現在の考古学の世界で一般に焙烙と呼ばれているものには、皿型で、瓦質のものと素焼のものの二種類がある。

瓦質のものは主に関東地方から出土するが、都市部からの報告例が極端に少ないため、近郊農村型の焙烙ともいえよう。製作技法の類似や内耳の存在から、内耳鍋との関係も注目されており、これまでに試論的な編年観が幾つか提示されている(中村一九七九、岩淵一九八一、安田一九八一、小林秀夫一九八二)。中村氏は、内耳土器を鍋型とホウロク型に区分して、それぞれの形態の変化から編年をまとめた。それまで陶磁器研究一辺倒だった中・近世の考古学の中で日常雑器を取り上げ、その後の研究の指針となった点は高く評価される。しかし、地域的な形態差に十分な考慮がなされていない点や、口縁部の外反によって鍋と焙烙を区分する考え方には疑問が残る。中村氏は恐らく鉄鍋との関係で、体部と口縁部の区別の無いもの(口縁部が外反しないもの)を全て焙烙としたのであろう。ところが機能の面から考えると、口縁部の形態差よりも器高の差のほうが問題になると思われる。

岩淵氏と安田氏は主に北関東地方の内耳土器についての考察を行っている。分類の概念に若干の違いはあるが、器高の差を用途の差としてとらえている点は共通している。また、岩淵氏は、これらの内耳土器の多くは、底部に火熱を受けた痕跡がないことや、内耳に擦れた跡が見られない等の問題点を上げて、使用方法や用途・機能について再考する必要があると指摘している。

長野県地方のものについては、小林秀夫氏が主に城館址から出土した内耳鍋についてまとめている。小林氏は口縁部の外反の減少を時期差としてとらえ、外反の度合を器種の差としてとらえる中村氏の考え方と大きな食い違いをみせている。

以上のように、内耳鍋と焙烙の区分や編年観について諸説が入り乱れており、統一的見解を導き出すには至っていない。最近では、器高の差を機能の差としてとらえ、器高の高いものを鍋型、低いものを焙烙型、その中間のものを浅鉢型として分類するのが一般的になっている。今までの様々な出土例では、深さが二〇㌢から三〇㌢もあるような深いものには、補修孔を伴うものが全くないのに対して、深さ一〇㌢以下の浅いものにはかなりの頻度で補修孔が存在する。補修孔を持つ固体の中には、割れ口に煤が厚く付着しているものとか、補修孔をつないでいた紐状のものや針金類が残っていたりするものも数多く存在し、補修後も調理用具としての機能を十分に果たしていたことがうかがわれる。これらのことから考えて、器高の差を機能の差として理解することができる。焙烙類は、豆類や胡麻等を炒ったりする場合に使われて、水分を多く含むものに対して使われることは少なかったと考えられよう。

素焼のものの出土例は今のところ、ほぼ江戸・御府内に限られている。瓦質のものとは反対に、都市型の焙烙ともいえよう。その他の地域からの報告例は、横浜の一例を除いて私は寡聞にして知らないが、近世の遺跡の発掘調査例は、地域的に大きな偏りがあるために、今後の調査によって出土範囲も広がっていくものと思われる。江戸の素焼焙烙の編年には、ほとんど手がつけられておらず、わずかに郵政省飯倉分館構内遺跡からの出土品についての編年（小林謙一一九八七）が示されているにすぎない。

以上の二種類の他に、体部が袋状を呈する胡麻炒り専用かと思われるものも、ごく少数だが真砂遺跡からの出土例が報告されている（小林克一九八七）。しかしそれらは、例外的なものであろう。

二　変遷について

焙烙の変遷をまとめたのが図1・2である。ほとんど資料批判もせずにそれぞれの報告書の記載に従ったために、型式学的におかしな所もままあるが、おおまかなアウトラインは示すことができたと思う。まだ年代決定には至らないが、出土状態等の細かな検討によって可能になるであろう。

(1) 瓦質焙烙（図1）

瓦質焙烙の出現時期は定かでないが、「十五世紀には出現するが、その中心は十六世紀に入ってから」（安田一九八二）と言われている。しかしここでは、比較的年代の推定の容易な十六世紀以降のものを図示した。

十六世紀から十七世紀にかけては、内耳の変化が激しく、最も特徴的な時期である。1・2はほぼ十六世紀代のものと思われる。この時期の最大の特徴は、口唇部の直下から体部下半にかけて内耳が付くことと、内耳の内側の体部を押し窪めていることの二点である。その結果、内耳の付く部分の体部は、一旦ほぼまっすぐに立ち上がった後に、中央付近で稜を作って内湾気味に口唇部に至るものとなっている。

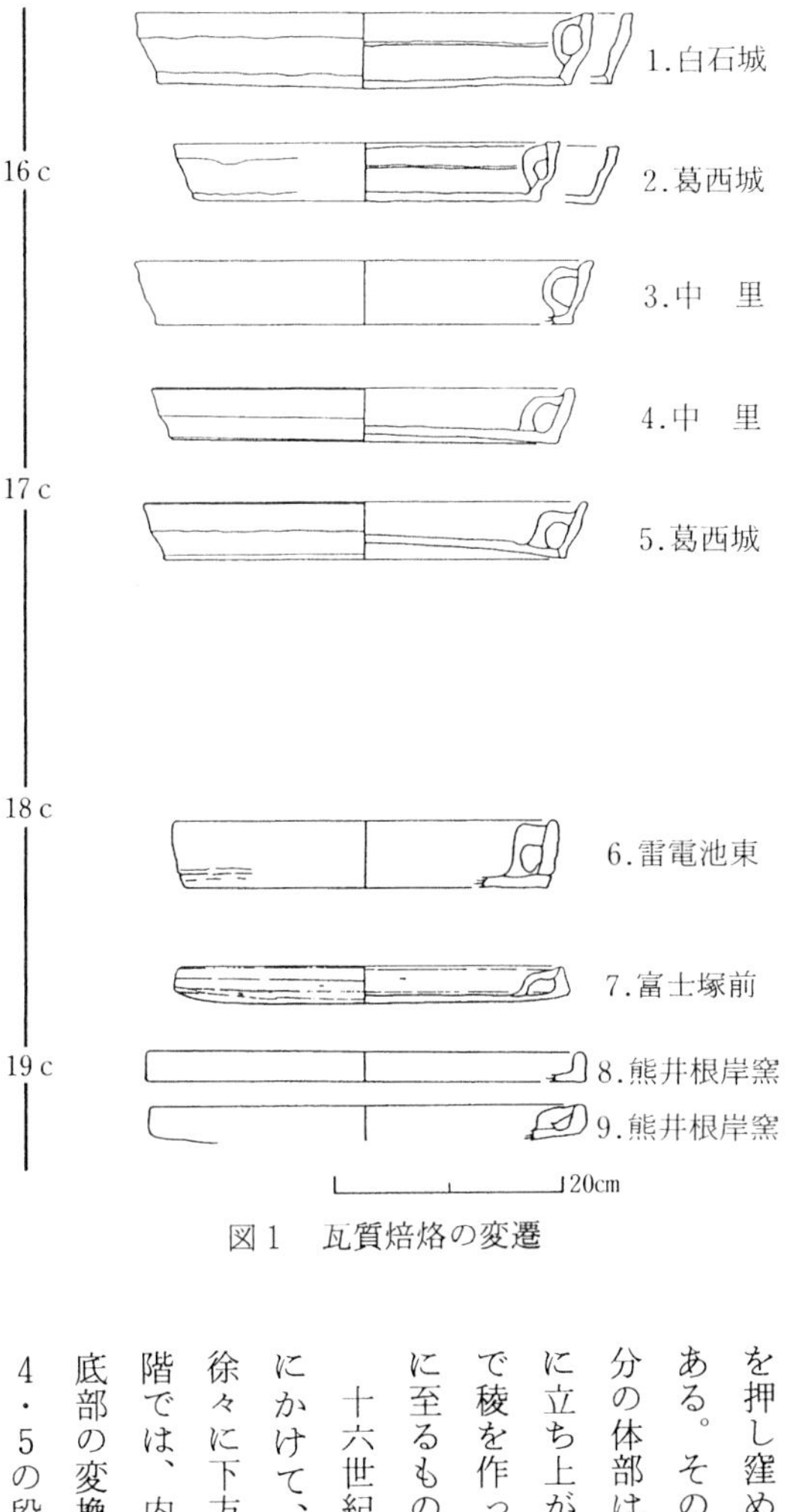

図1　瓦質焙烙の変遷

十六世紀の終末から十七世紀にかけて、内耳の付く位置は徐々に下方に移動する。3の段階では、内耳の下端が、体部と底部の変換点に接しているが、4・5の段階になると、体部からは完全に離れて、底部に直接付けられるようになる。内耳の形も丸味を帯びていたものから、やや角張ったものへの変化がうかがわれる。また、内耳の内側の体部の押し窪めもほとんど見られなくなる。

十八世紀から十九世紀にかけての良好な資料は今のところあまり見当たらない。十八世紀代のものは、体部がほぼまっすぐに立ち上がることと、内耳が、より角張ったものに変化しているのが特徴である。6のものは天明七年（一七八七）に総ざらいされた記録の残る溝の最下層からの出土で十八世紀後半に位置付けられている（山下一九七八）。また前出の5のようなタイプのものも十八世紀代にはごく普通に見られるようである。十九世紀に入ると、器高は著しく低くなり、内耳は口唇部から底部にかけて付くようになる。一部には7のように底部が若干の丸味を帯びたものも現れる。

(2)　素焼焙烙（図2）

先に述べたように、素焼焙烙の出土は今のところほぼ御府内に限られており、はっきりした年代をおさえられるものは少ない。郵政省飯倉分館構内遺跡の編年に、若干の手を加えたものを掲げた。瓦質焙烙と同様に出現時期は明らかでないが、発掘資料として最も古いものは、今のところ十七世紀後半代のものとされている。

十七世紀代のもの10・11は、体部がやや外反することや、底部がほぼ平底になっていると推定されることなど、同時期の瓦質焙烙の影響を受けている可能性を指摘できる。

十八世紀に入ると口縁部の形態は多様化し、底部は丸底になる（12〜17）。おおまかな流れをみると、器高の高いもの（12〜15）から、低いもの（16〜17）への変化が追える。素焼焙烙の内耳は十八世紀の後半に、ほぼ消滅する（小林一九八六）と指摘されている。また、十八世紀代の遺物を主体とする真砂遺跡においても内耳の付く焙烙はほとんど出土しておらず、十八世紀代の素焼焙烙に内耳が付けられることは少なかったと考えられる。真砂遺跡における焙烙の推定出土総個体数四三〇個に対して、内耳の破片は僅かに六個のみである。この場合内耳を持つ最大個体数を六個体としても、真砂遺跡内では全体の僅か二㌫弱しか内耳を持つものは存在しなかったことになる。しかし、現在調査中の他の遺跡では、内耳を持つ個体数はもう少し多いようである。一概には言えないが、ある程度の傾向を示す数値であると思われる。

十九世紀のものの報告例は少ないが、器高はさらに低くなり、底部と口縁部の区別のつけにくいものが増えてくる。

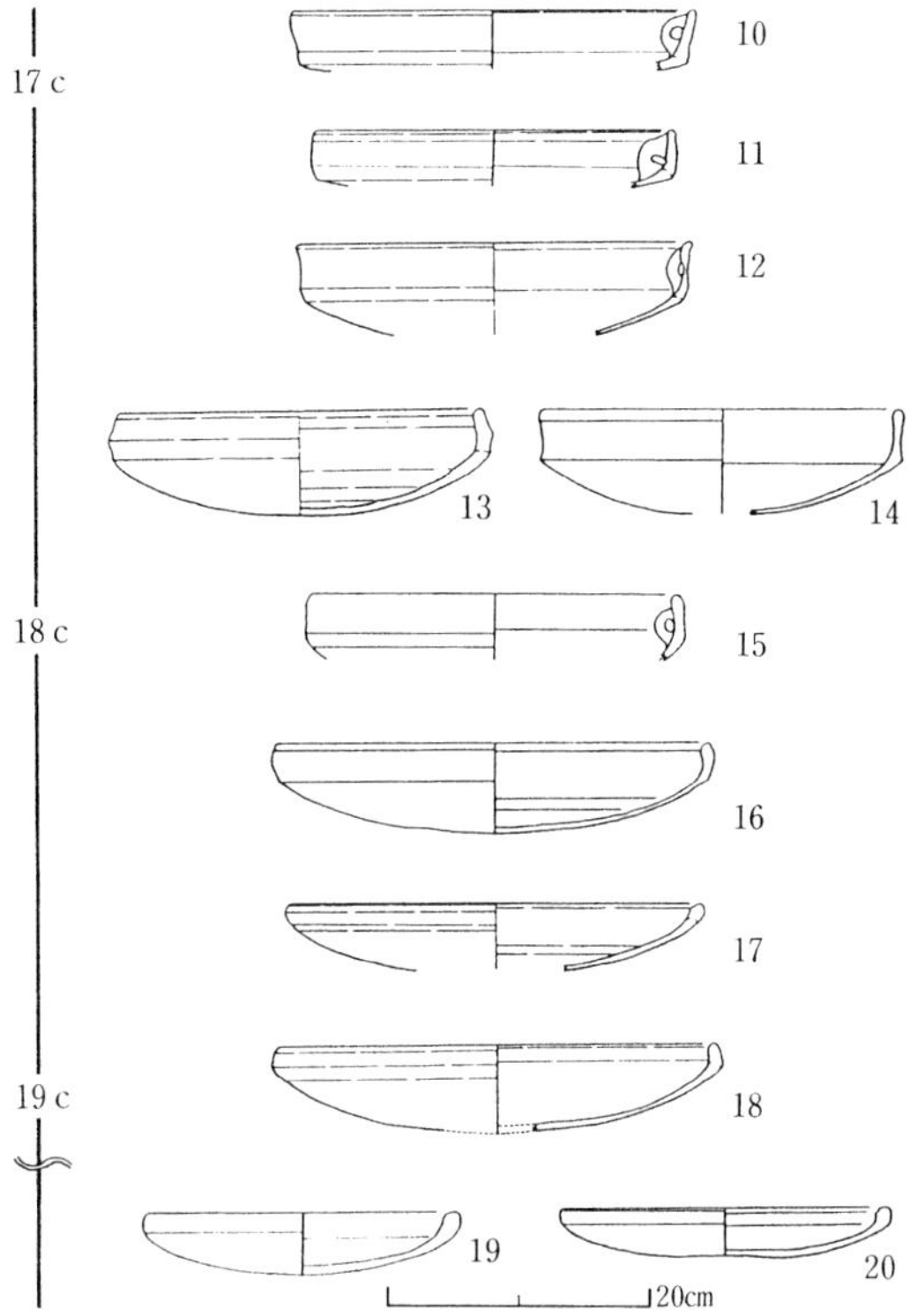

図２　素焼焙烙の変遷

10〜13・17・18郵政省飯倉分館構内遺跡，14〜16真砂遺跡，19・20現代の製品

中里遺跡において旧河道と呼ばれている、十八世紀以降の表土を掘り込んだ水路から出土するものも、器高が低く口縁部と底部の区別のつけにくいものが多くなっている。ここでも真砂遺跡同様に、内耳の付くものはほとんど出土していない。

19〜20は現代の焙烙である。19は浅草で、20は京都（壬生寺の開白式の奉納用）で売られていたもので、ともに生産地は三重県四日市市付近ということである。最近の東京では、盂蘭盆に迎え火、送り火を焚く時以外にはほとんど使われることはなくなったそうである。

三　内耳の消滅とその意義

焙烙類の多くには内耳が付けられている。一見、内耳は吊紐で吊るすのに都合が良さそうである。しかし、土製品ということを考えると強度の問題もあり、どうも実用的とは言い難い。器高の低い焙烙類はともかくとして、深い形の鍋類は重量的にも、吊紐で吊るすのはほとんど不可能に近いのではないかと思われる。私が実見した中里遺跡の瓦質焙烙の例では、今のところ九例中四個の内耳に擦痕が認められ、ある程度は吊紐によって自在鉤等に吊られていたと考えることもできる。しかし、これまでの報告例の多くは、内耳には吊紐等による擦痕がほとんど見られないとしており、内耳の実用性を疑問視する意見も多く出されている。絵巻物等を見ると、鍋類は五徳で囲炉裏に架けるか、カマドで使用されており、吊るよりも架ける使用法のほうが一般的であったようである。また、折衷的意見として、「内耳土器は囲炉裏の上に架ける方式を考えたほうがいいと思える。内耳は移動する際の吊り手として機能したのだろう。」（関口一九七九）という考え方も示されている。このように内耳がある程度の実用性を備えていたことは十分に考えられる。それではなぜ素焼焙烙の内耳は、十八世紀末葉頃にほとんど消滅してしまったのだろうか。

民俗学の定説では、東国において炉（囲炉裏）からカマドが分化していくのは近世末期とされている（桐原一九七三）。素焼焙烙の内耳の消滅を、この変化に求めることができるのではないだろうか。十八世紀頃までは、実際に吊り下げられることは少なかったにしても、自在鉤と囲炉裏の存在によって吊られる可能性が残っていたので、半ば痕跡器官として内耳は残っていた。しかし、大都市における囲炉裏の消滅によって、吊り下げられることもなくなり、内耳も徐々に消滅していったのではないだろうか。逆に言うならば、江戸の周辺地域に、内耳を持つ瓦質焙烙が近代まで残りえたのは、それらの地域に遅くまで囲炉裏が存在していたためとも考えられる。したがって、江戸の素焼焙烙の内耳の消滅は、火を扱う場所の変貌、すなわち囲炉裏からカマド（七厘・火鉢等）への変化という都市の庶民生活の大きな変化の一部として、考えられるのではないだろうか。

四　民俗例に見る焙烙

(1)　壬生狂言と焙（炮）烙

京都市中京区の壬生寺では毎年四月二十一日から二十九日の九日間にわたって毎日五〜六番の狂言が演じられる（壬生狂言）。この時、毎日の最初の出し物は「炮烙割り」と決っている。なお、関西では「炮烙」と書いて、「ほうらく」と読むのが標準語となっている。

節分の日に壬生寺では「開白式」が行われる。寺の境内、参道では焙烙が売られ、祈願者はそれに「大念仏厄除・家名・年齢・性別」などを墨書して本堂に納め厄除を祈願する。この時奉納された一万枚を越す焙烙は四月に行われる壬生狂言「炮烙割り」の小道具として使われることになる。

「炮烙割り」は能狂言のひとつである「鍋八撥（なべやっぱち）」に題材を求めたもので、二人の商人のやりとりを面白おかしく演じたものである。内容は、新設される市の一番乗りをめぐって焙烙売りと羯鼓（かっこ）売りが争いを始めるが、最後には羯鼓売りによって焙烙は高い欄干の上から押し落されて割れてしまうというものである。狂言で焙烙が欄干から落されることによって、信者は厄が本当に落されたことを確認し、その破片は疱瘡や麻疹除けとして自宅へ持ち帰るという。焙烙を落すことと、厄を落すことが結び付けられたのは江戸時代以降のことだと言われている。

孫引きになるが、『大蔵虎明本・狂言集の研究』によると、狂言の台本が固定化して伝承されるのは寛永年間（一六二四〜一六四三）に入ってからとされている。最古の台本では「浅鍋売り」とされており「炮烙売り」が括弧付で記されている（大沢一九八一）。このことは、江戸時代の初期において焙烙は、一般にはなじみの薄いものであったことを意味しているのではないだろうか。

(2)　文京区大円寺の焙烙地蔵

文京区向丘一丁目白山上の大円寺のお地蔵様は、「焙烙地蔵」として信仰されている。一九八六年十一月に私が大円寺を訪れた時に、ここに奉納されていた焙烙は、内耳を持たない直径二五㌢程の厚手のもので、底部は若干の丸味を帯びているものだった。

大円寺発行のパンフレットによれば、「天和二年（一六八二）に火付けの大罪を犯した〝八百屋お七〟の罪業を救うため、この地蔵尊がお七に代って熱せられた焙烙をかぶり、自ら焦熱の極苦を受けた姿」とされている。また、お寺の方のお話しによれば、「焙烙が奉納されるようになった年代は定かではないが、八百屋お七の火事（一六八二年十二月二十八日）からそう遠くない時期」ということである。このお地蔵様は、首から上の病に御利益があるということで、最近では合格祈願のお地蔵様としても若い人達にも人気があるという。

お寺の方の言う通り、民間信仰としての焙烙地蔵の起源が、一六八二年からそう遠くない時期であったとするならば、江戸では十七世紀の半ばすぎには焙烙が一般的に使用されていたと考えることができるのではないだろうか。

(3) 焙烙の一倍

「焙烙の一倍」というのは、値段の高いものを指す慣用句である。焙烙は砕けやすいから、運搬中に壊れることを計算に入れて、「値段を倍にする」という意味で使われていた。(注) 井原西鶴の『世間胸算用』に「格別高いものながら、これ焙烙の一倍とてなんのやうなし　云々」という下りがある。

『世間胸算用』は、元禄五年（一六九二）に刊行された有名な浮世草子で、大晦日を背景にした上方の町人生活の悲喜劇を描いた短編集である。文学の世界では、町人階級の現実相を写実的に描写していると、高く評価されている作品である。その中で、すでに慣用句として焙烙が登場してくるということは、すでに焙烙は広く一般的なものになっていたことをものがたると言えよう。

上方と江戸の例を同一線上に並べてしまい、誠に乱暴なことであるが、以上の三例から焙烙が一般的に使用され始めた時期を、おぼろげながら推定することができる。壬生狂言の台本が固定化された一六三〇年前後には、まだ一般的ではないにせよ焙烙は使用されていたと

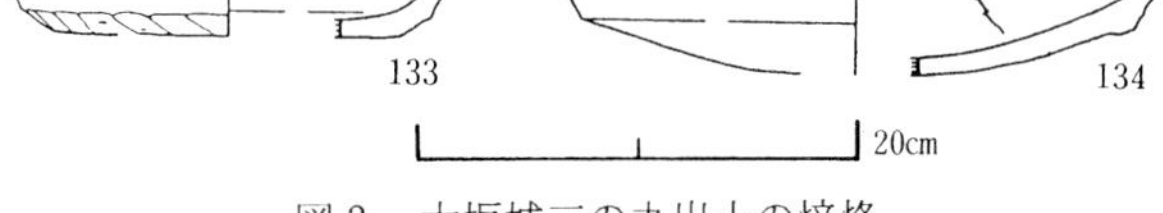

図３　大坂城三の丸出土の焙烙

No.134と類似するものが京都で元和５年（1619）の焼土層から出土しているという（『大坂城三の丸跡Ⅱ』より）.

考えられる。江戸では一六八〇年代の後半頃には、庶民信仰として焙烙地蔵が出現し、また、大坂では一六九二年にはすでに慣用句として「焙烙の一倍」という言葉が使用されている。ここでいう焙烙の材質や形態についての詳しいことはわからないが、江戸の遺跡から出土する素焼の焙烙と大差ないものと思われる（図3）。そう仮定すると、素焼の焙烙は遅くとも十七世紀の前半には生産が始まっており、十七世紀の中葉には一般的に使用されていたと言えるのではないだろうか。一般的に使用されるのが十七世紀の中葉と考えるのは、慣用句として「焙烙の一倍」が使われる一六九二年よりもかなり以前に、運搬方法をも含めて焙烙が一般に広く知れ渡っていなければならないと考えるからである。

今回は資料を紹介することができなかったが、都立一橋高校地点の町屋の発掘資料によると、焙烙は十七世紀後半から出土量が急速に増加して、十八世紀には灯明皿に次ぐ量になるという（佐々木一九八五）。全ての遺跡にこの傾向があてはまるというわけではないだろうが、発掘資料の結果に、民俗学的なものから類推された流通時期があてはまってくるわけである。

おわりに

これまで型式学的な変化を軸に焙烙の変遷を概観してきたが、数量的な分析処理も全くできず、また製作技法や流通の面にも全く踏み込むことができなかった。

特に江戸を中心として出土する素焼焙烙については、基礎資料の不足もさることながら、その生産流通面に関しては「今戸あたりで焼かれていたらしい。」ということ以外は、全くわかっていない。しかし、現在いくつかの手がかりが見つかりつつある。例えば内耳を持つものや、比較的深い形のものの底部外面には縮目と呼ばれるシワがついているが、浅い形のものの底部外面には砂が付着している。これは時間差による製作技法の変化なのか、生産地（職人）の違いによるものなのか興味深い問題である。また、ごく少数であるが、いくつかの遺跡から「㊀」のカマ印の付けられたものも出土している。流通範囲の推定も可能であろう。

今回は焙烙の内耳の消滅の原因を、囲炉裏の消滅という大胆な仮説のもとに考えてきたが、それらは七厘や置きカマド、火鉢等との関係抜きにはとうてい語れない問題である。また、薪や炭といった燃料との関係も無視できない問題となろう。食文化を考える上でも、直接食べ物と関係する台所道具や食器類を調べるだけでなく、火を扱う場も調理する場として広くとらえていく必要があろう。

注

「一倍」なのになぜ「値段を倍にする」という意味なのか不思議に思う方も多いだろう。「焙烙の一倍」というのは、すでにある値段がついているものに、もう一倍の値段を上乗せすること、すなわち二倍の値段をつけることである。「人一倍の努力」という表現も、「焙烙の一倍」と同じ理由で、他人より多くの（二倍の）努力という意味で使われている。

〈参考文献〉

岩淵　一夫　一九八一年　「土師質土器及び内耳土鍋の変遷」『赤塚遺跡』栃木県教育委員会。
大沢　鷹邇　一九八〇～一九八一年　「ほうろく民俗記」『板橋史談』八一～八四・八六。
桐原　健　一九七三年　「釜から鍋へ」『信濃』25巻11号。
小林　克　一九八七年　『真砂遺跡』。

小林　謙一　一九八六年　「瓦質・土師質土器」『郵政省飯倉分館構内遺跡』。
小林　秀夫　一九八二年　「長野県における内耳土器の編年と問題」『長野県中央自動車道　茅野市その五』。
佐々木達夫　一九八五年　「物資の流れ――江戸の陶磁器――」『季刊考古学』一三号。
関口　修　一九七九年　『矢島遺跡・御布呂遺跡』高崎市教育委員会。
中村　倉司　一九七九年　「内耳土器の編年とその問題」『土曜考古』創刊号。
安田龍太郎　一九八一年　「中世土師器と内耳土器」『野州史学』5号。
山下　守昭　一九七八年　『脚折遺跡群第Ⅱ次発掘調査概報』鶴ヶ島町教育委員会。

焼塩壺

渡辺誠

一　焼塩壺とは何か

焼塩壺とは焼塩製造用の壺であり、粗塩を入れておく塩壺とはまったく別のものである。素焼土器であり、二次焼成の塩焼けの色で、特に内側がピンク色になるという特徴が顕著である。その中に粗塩を入れて焼塩にする過程で二日間も焼くために、塩焼けの色がつくのである。容積一合以下の小型壺である（図1・図2）。

塩を焼いて作れば焼塩というわけではなく、これは食卓塩のことである。原始・古代の塩は製塩土器で焼いて作るのであり、この粗塩をさらにもう一度焼成したものを焼塩とよんでいるのである。名だたる大先生でも、縄文時代の後期に出現した関東地方の製塩土器を焼塩用の土器だという人がいるが、これはとんでもない誤解である。焼塩壺は中世末にやっと始まる食卓塩の生産用具であり、食卓塩を必要とする食文化がその頃から新しく芽生えてきたということなのである。

二　焼塩の種類

そして焼塩というのは壺で焼いたものばかりではなく、次の六種類があったということを、焼塩屋の子孫の弓削実さんから伺うことができた。

A　固形
- 1　壺塩
- 2　花塩
- 3　塩温石

B　粉末
- 1　はこべ塩
- 2　しそ塩
- 3　胡麻塩

これらのうち固形品の中の「壺塩」の壺だけが、考古学的遺物として確認できる。

次の「花塩」または「花形塩」は、お菓子の落雁のような形にした塩である。これは主に伊勢神宮などの社寺に、それぞれの形やマークを入れて奉納したそうである。次の「塩温《しおおん》石《じゃく》」は懐炉として使うものであり、食品ではない。

固形品にはこの他に祖先が猿丸太夫だという伝承の下に、猿丸太夫が東屋の中で歌を詠んでいる様子を塩を焼いて作る

図1　焼塩壺の諸形態

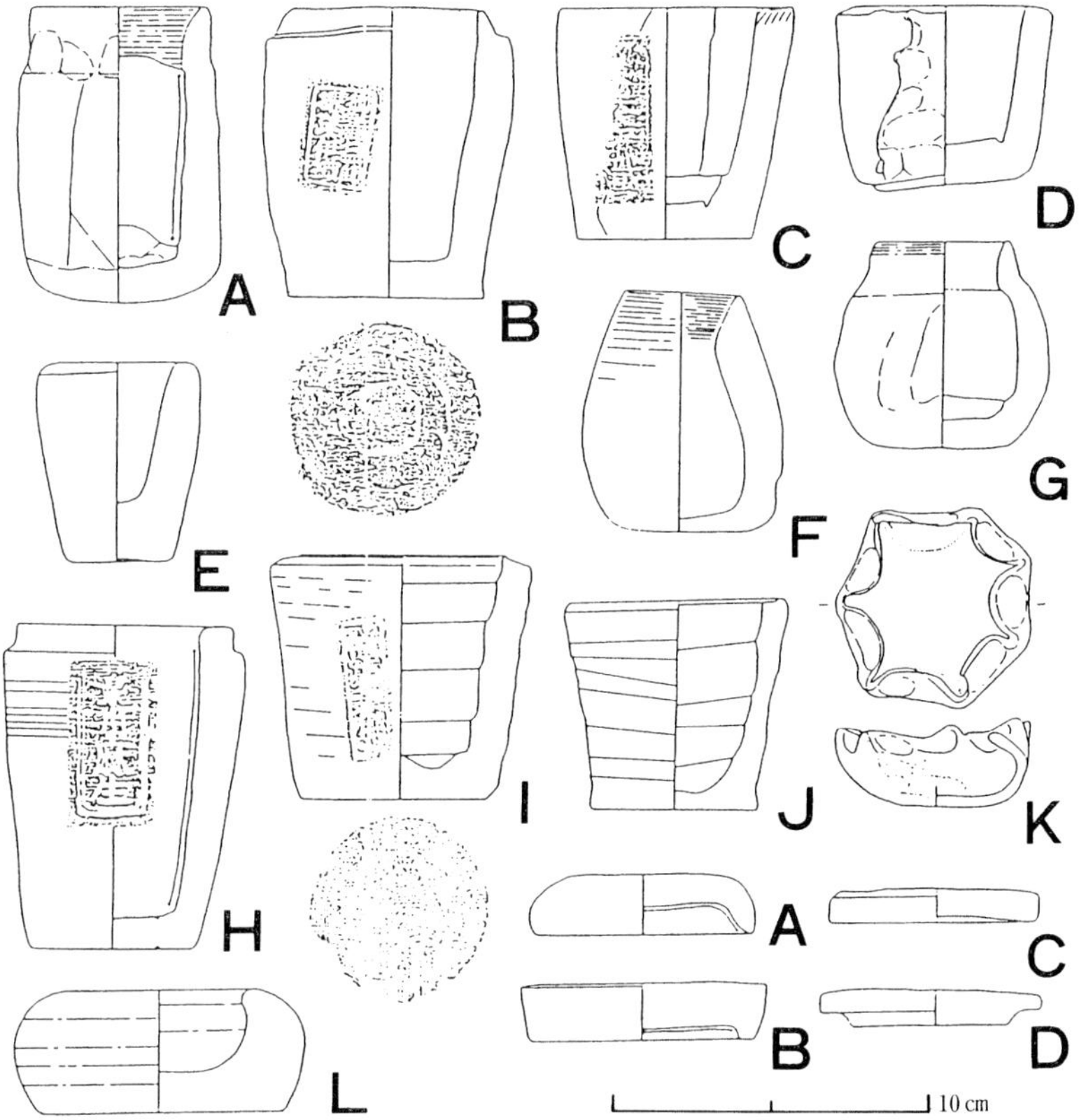

蓋　A　　B　　C　　　D

身　A → B → C → D　E・F・G　K　L

図2　焼塩壺の形態分類

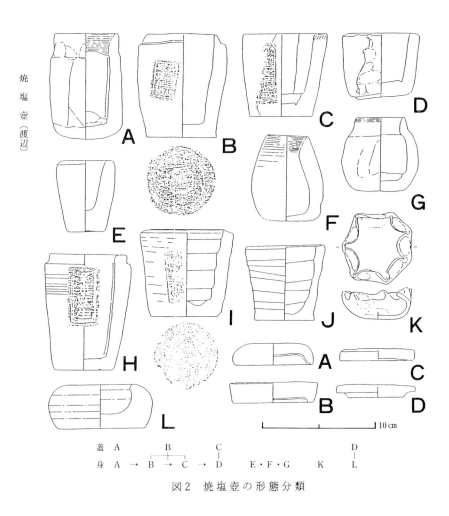

ことがあったという。ただしそれは展覧会用であって、商品ではない。

粉末の第一の「はこべ塩」は歯磨粉である。これを拡大解釈して焼塩壺の場合も歯磨粉としている方もいる。次の「しそ塩」はしその葉を乾燥させて混ぜたもので、今日のふりかけに相当する。次の「胡麻塩」は特に説明する必要はないであろう。

このように焼塩には六種類あり、胡麻塩などの庶民的なものから、焼塩壺で焼かれた食卓塩のように階層性の高いものまで含まれている。焼塩壺による焼塩と、一般的な塩焼きとをはっきり区別する必要がある。

次に、焼塩用の壺と判断する証拠を記すことにする。

まず第一は子孫の証言である。第二は、図3の中にあげてある元禄五年（一六九二）に作られた『本朝食鑑』の記事である。

これは塩の項目の最後に、別に焼塩というものがあると記されている。「素焼の土器の中に塩を入れて焼き、その白きこと雪の如し」という文章があるが、子孫の方からも次のように確実に証言がとれたのである。

子孫の弓削氏によれば、粗塩を細かに杵で搗いて、粘りが出る位に細かに粉砕した上で壺の中に入れ、二日位かかって焼くということである。考古学的には最初に記したように、塩焼けの二次焼成の色が有力な証拠になるのである。

三　編年の資料としての焼塩壺

焼塩壺がなぜ問題になるかというと、第一は言うまでもなく食卓塩を常時備えるような料理の体系が、伝統的な日

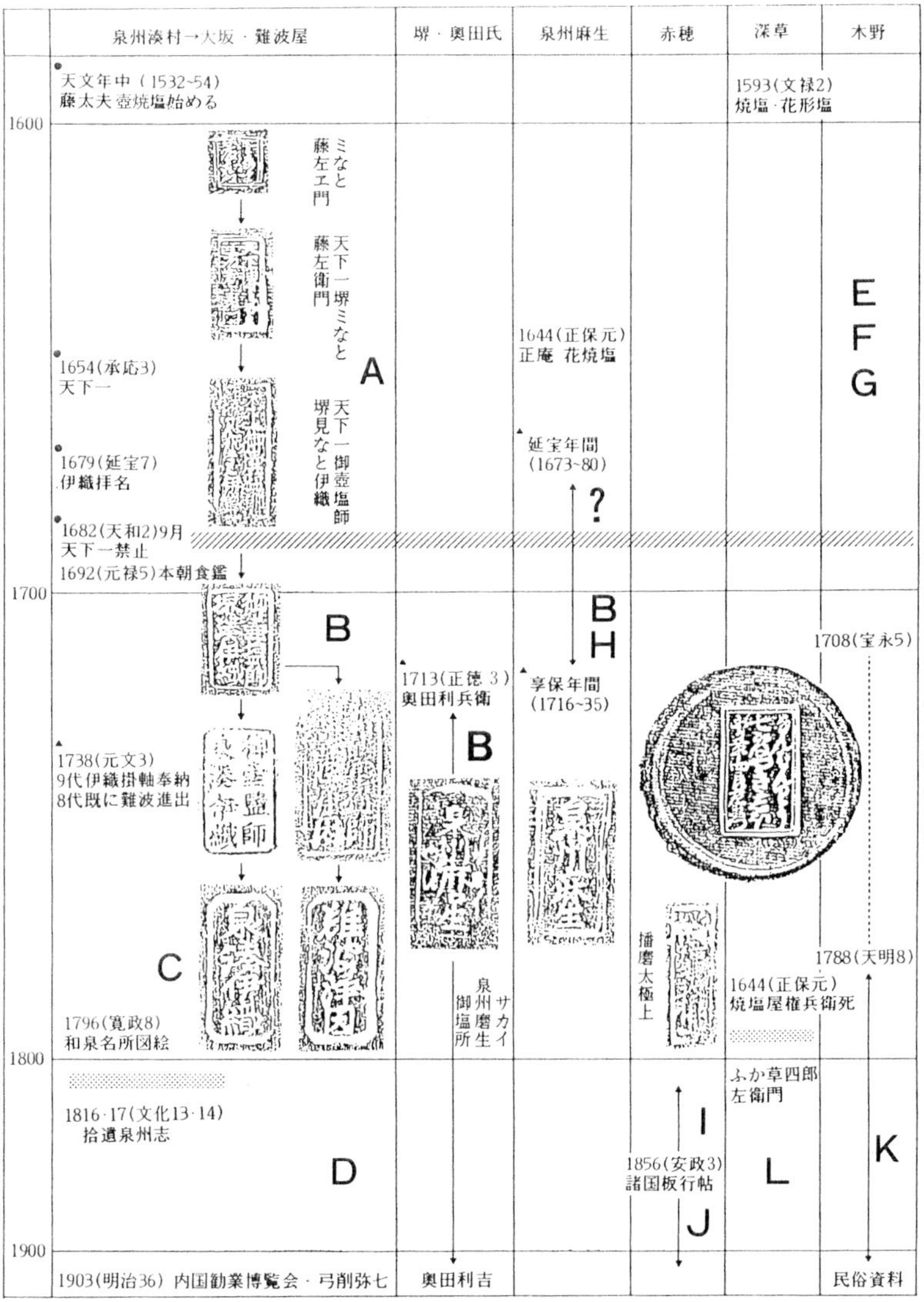
泉州湊村→大坂・難波屋
堺・奥田氏
泉州麻生
赤穂
深草
木野
1600
1700
1800
1900
天文年中（1532~54）
藤太夫壺焼塩始める
1593（文禄2）
焼塩・花形塩
ミなと
藤左エ門
天下一堺ミなと
藤左衛門
A
天下一御壺塩師
堺見なと伊織
1654（承応3）
天下一
1679（延宝7）
伊織拝名
1682（天和2）9月
天下一禁止
1692（元禄5）本朝食鑑
1644（正保元）
正庵 花焼塩
延宝年間
（1673~80）
?
E
F
G
B
B
H
1708（宝永5）
1713（正徳3）
奥田利兵衛
享保年間
（1716~35）
B
1738（元文3）
9代伊織掛軸奉納
8代既に難波進出
C
1796（寛政8）
和泉名所図絵
サカイ
泉州磨生
御塩所
播磨太極上
1788（天明8）
1644（正保元）
焼塩屋権兵衛死
ふか草四郎
左衛門
1816・17（文化13・14）
拾遺泉州志
D
I
1856（安政3）
諸国板行帖
J
L
K
1903（明治36）内国勧業博覧会・弓削弥七
奥田利吉
民俗資料

図3　焼塩壺の編年

本食とは関係なしにヨーロッパから入ってきたと推定されるからである。日本食は懐石料理などにみられるように伝統的に食卓上に調味料をのせるということは本来的にないのであり、外来的な可能性が非常に高い。味噌・醬油・塩などの日本型の食生活を考古学的に検討する上での好資料の一つとして、焼塩壺が注目されるのである。

これとは別に近世初頭の編年的な研究に、きわめて有効な資料であるという側面もある（図3）。これは陶磁器とは異なり完全な消耗品で、しかもメーカーの刻印の変化がとくに十七世紀に頻繁に行われる。これと器形変化が対応しており、極端な場合には四年間しか使われていないものもあるほどである。考古学の基本である編年作業においては、一番消耗率の高い資料で編年を行うというのが大前提であるにもかかわらず、なぜか近世になるとその基本が忘れられている。そういう状況下にあるため焼塩壺の編年は、私の意図とは全然別のところで珍重されているのである。

その点からは、十八・十九世紀は逆に他のものでチェックする必要が出てくる。この頃になると、焼塩壺の刻印があまり顕著でなくなるのである。このことは、商売として軌道にのったことを示しているのである。その刻印は京都御所などとの関係で出されているのであり、その宮内庁御用達的なことから発展してきて、やがてその刻印を利用しなくてもよい段階になったことを示している。したがって江戸時代の後半に関しては、編年の材料として十分ではない面もあるが、十七世紀に関してはきわめて有効な資料である。

四　焼塩壺の研究史

この近世を主とする焼塩壺の研究は、すでに昭和初期に始まっている。それが科学的な考古学が進んだ（？）と高く評価される昭和十年代に入ると、停滞してくる。

焼塩壺研究の先駆者は、東京国立博物館で後藤守一先生の下で技官をしていた高橋艸葉（直一）氏である。晩年兵庫県に引き込まれたといわれているが、それから先の足跡がつかめない。その高橋氏が昭和三年に『中央史壇』という雑誌に、「堺の焼塩壺」という論文を書いている。その頃が東京開発の一つのピークであり、工事による出土品が多いと書かれている。

それに対応して主生産地である堺で熱心に調べて書いたのが前田長三郎氏である。前田氏は、大阪の有名な弥生時代遺跡である池上遺跡の発見者でもある。この前田氏が『堺焼塩壺考』（未定稿）というガリ版刷りの本を、昭和六年（一九三一）に出している。同氏は故郷堺の過去の栄光を追いかけて、この時点ですでに東京から福岡までの範囲に出土し、堺の広い商業活動の実態がよくわかると記している。これを読まないで、最近の論文でも広範な分布から近世の商業活動の実態がわかると記されている場合もあるが、それは昭和初期にすでに先覚者がはっきり指摘していることなのである。そういう点からいうと、問題意識はそれほど進歩していないようにもみえる。

なおこれはガリ版刷りの珍本で、なかなかみることができないからということで十分に評価されていないが、これはとんでもないことである。それからさらに三年後の昭和九年（一九三四）に、現在でも続いている『武蔵野』という雑誌、今でいえば『考古学ジャーナル』や『季刊考古学』に相当する雑誌であるが、それに載っている書き直した論文まで知らないということは、学史的には非常に問題がある。これは前田長三郎氏の復権のためにも是非はっきり指摘しておきたい。そのお孫さんが、大阪市立博物館の前田洋子さんである。それには未定稿という字が抜けている。昭和六年から九年の三年間に、中之島の図書館でガリ版刷りの本を見て「これはうちの先祖のことだ」ということで、その子孫が現れて、未定稿段階ではわからなかったことが沢山わかり、メーカー間の動きもよくたどれるようになったということである。この論文はだれも引用していない。学史的にこれだけ無視された研究というのも、ちょっと珍しいのではないかと思う。

焼塩壺が改めて問題になり始めるのは、一九七〇年代である。これは市街地の再開発による発掘例の増加によることで、現実には京都から始まったのである。京都から焼塩壺の研究が改めて開始され、大阪に広がり、最近では東京にも広がってきた。一九七〇年代から報告書の中にも焼塩壺が出てくることが多くなり、関連する論文も現れてきたのである。

しかし長い研究の空白期間の間に、大きな問題が生じてきた。昔の人は決して焼塩壺を塩壺とは書いていない。これは焼塩壺であり、塩壺ではない。必ずと言っていいくらい焼塩壺と書いた報告書はない。これは大変な誤解である。塩壺というのはどこの台所にもある陶器の粗塩を入れるものであり、焼塩壺とは形も違えば中味も用途も違うのである。粗塩は第一次生産によるものであり、焼塩は第二次生産によって生まれた食卓塩である。焼塩を焼いていた堺は塩田などないところであり、よそから買った粗塩を二次加工していたのである。『堺鑑』によると、初期の段階では雑賀《さいが》の塩を買ってそれを諸国に売り捌いたと書かれている。第一次生産地帯である播磨に焼塩壺が登場するのは、十九世紀になってからである。第一次生産地帯から焼塩は始まるのではない。第一次生産地帯は粗塩そのもので利益を上げていたのである。

五　焼塩壺の種類とメーカー

焼塩壺のサイズは、最大のものでも容量が一合である。これは古いAタイプにのみみられ、江戸中後期になると小型化してくる。これらは古代の製塩土器とも違う。製塩土器は非常に薄いが、焼塩壺は器壁が一センチ位の厚さがある。これは二日間も塩を入れて焼くので、薄いものでは駄目なのである。

最古のAタイプは堺の湊村で焼かれている。その系統では後に「堺湊伊織」という刻印も出てくるので、堺港と勘違いされることがある。堺は摂州と泉州の境に出来た町であって、その堺町奉行所の経済的な基盤を支えた村々が、摂津の国と和泉の国から分けられていたのである。この堺町奉行所付きの一村としての湊村という意味であって、堺港ではないのである。今では堺市内に入っているが、昔の環壕のすぐ南側に隣接したところである。南海電車には「みなと」という駅がある。

江戸前期の『堺鑑』には湊の壺塩という項目があり、「今の焼塩屋の先祖は藤太郎という名前で、猿丸太夫の子孫である。京都の北の畠枝村の出身で、天文年間（一五三二〜一五五四）に湊村に来て紀州雑賀の塩を入れて焼き、焼塩を商売にした」と、記されている。

この畠枝村（現在京都市左京区播枝）の出という点が、『堺鑑』の記事の信憑性を高めていると考えられる。天文年間には、確かにこの人達は畠枝村にいた。その後トラブルがあり、今の木野地区へ元亀年間（一五七〇〜一五七二）に移住しているのである。したがってこれが後に書かれた、ないしは後の伝承を元にして書かれたものであるなら木野の出と書かれるはずで、畠枝村の出とあることは、信憑性が高いと考えられるのである。

『堺鑑』の中で藤太郎と書かれているのは、藤左衛門が正しく、これは小さなミスだろうと思われる。この「ミなと　藤左衛門」の刻印が、一番最初に出てくる正方形の小さな刻印である。そして承応三年（一六五四）に女院御所、桂離宮を造った東福門院より「天下一」という美号を貰い、「天下一堺ミなと　藤左衛門」という刻印に変わる。

堺町奉行の出世コースは、大坂町奉行を経て最後に京都町奉行なので、絶えず目標を京都に向けていた奉行と焼塩屋が密接な関係を保っていた成果の現れと見ることができる。

『堺鑑』には、それに続いて鷹司殿より伊織という名前を延宝七年（一六七九）拝命したと記されている。そして「天下一御壺塩師　堺見なと伊織」と変わるが、この間二五年間に使われたのが、この三番目の刻印である。ところが天和二年（一六八二）の九月に「天下一停止」という幕府の禁令が出て、「天下一」という言葉は使えなくなる。したがって「天下一御壺塩師　堺見なと伊織」の刻印は、わずか四年しか使われていないのである。

「天下一」の名前が使われなくなると同時に、焼塩壺の形態がBタイプに変化する。この変わり目にごく一、二例だけであるが、新しい形のBタイプにAタイプ最後の三番目の刻印を使っている例がある。これは愛知県埋蔵文化財センターの松田訓氏に教えていただいた、きわめて例外的な珍しい資料である。むしろこのことによって、形態と刻印の変化が密接な関係にあることを、一層明確に理解することができるのである。

次に「天下一」が使えなくなると、「御壺塩師　堺湊伊織」に変化する。字の書き方も変えて、字数を揃えて左右四文字になる。さらにその後「御壺塩師」までが抜けて、何となく衰退するみたいに見えるが、むしろ商売としては自立してきたというふうにみることができる。全国的に出土量が一段と増えてきているという考古学上の知見からも、そのように考えられる。一番最後は「泉湊伊織」という刻印で、やがてこの刻印もなくなるが、壺の形の退化形態は続いている。B→C→Dというタイプの変化は、口縁部の作りなどに代表される一つの退化傾向というふうに大まかにみることができる。

堺の旧湊村の中に船待神社がある。これは菅原道真ゆかりの神社であり、そこに九代目の伊織が元文三年（一七三八）に掛軸を奉納している。その掛軸の裏に押されている判を見ると「御壺塩師　泉湊伊織」とあり、堺湊伊織から泉湊伊織へ変わっている（図4）。この泉湊に変わった時期がどうしてもわからない。これは堺町奉行所付きの村々の統廃合の歴史を調べればわかるはずだが、堺の研究は中世の研究は盛んであるが、江戸時代の研究はそういう点まで明らかにしていない。それがわかればこの境目はもっときちんと年代が出るはずである。要するに堺町奉行所付きの村から外されて、ただの和泉の国の一村になったということであり、その時期がわかれば、編年はもっときめ細かにできると思う。

ところで堺の町の真ん中を南北に貫く道は難波から和歌山へ行く紀州街道である。そのため堺の商人達はいずれ難波に店を構えるということが大きな夢であって、屋号も難波屋というのが非常に多い。焼塩屋も九代目伊織の前の八代に、すでに支店を難波に出していると伝えられている。刻印では「御壺塩師　難波浄因」と「難波浄因」というのがある。これらが支店の刻印であるが、後日これが本店に変わる。これは天下の台所が堺から大坂の方に移っていく、そういう堺の没落と一体の関係にあると考えられる。

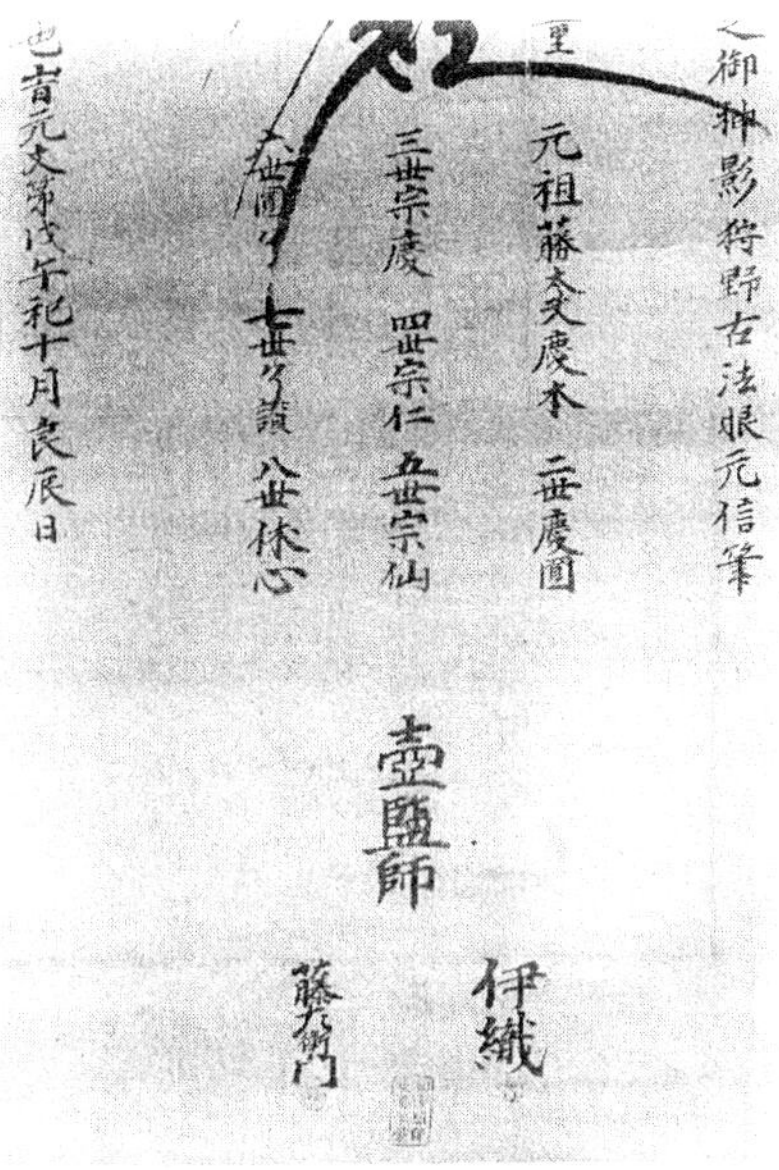

図4　難波屋奉納掛軸の裏面

そして最後は、昭和二十年の大阪大空襲の時までである。ただし壺焼塩に関しては明治三十年代までである。一九〇三年の第五回内国勧業博覧会が大阪で開かれた時には、確実に出品目録に載っている。それから後は専売公社ができ、専売制の塩以外は売らせないという体制になってくる。ただし専売公社の塩とともに専売外品として売るなら認めるということで、細々と昭和二十年まで続いていたのである。その空襲を受けた御当主の弓削実さんのお話では、その時点で確かにいろいろな印はあったということである。それから下請に壺だけは焼かせていたが、印を貸し与えることはあっても、下請の方で印を管理していたということではないらしい。当然のことながら、下請の方でいろいろなメーカーの焼塩壺を焼いたということは考えられないのである。

六　メーカー間の競争

難波屋の他にもいくつかのメーカーがあった。堺の環壕都市のなかで奥田利兵衛なる者が正徳三年（一七一三）にまねて始めるということが、『武蔵野』に書いた方の論文に前田長三郎氏が書いている。これは下女某をたぶらかし秘伝を盗んだというように、かなりリアルに両者間の葛藤を表現している。そういうメーカーがもう一つ泉州麻生にもあったということも書かれている。その奥田利兵衛の使っていた刻印は『泉州磨生』、麻生と書かないで、磨くという字を書いて、両側にサカイ・御塩所と分かち書きしている。この形態はBタイプであるが、この奥田氏も第五回内国勧業博覧会に出品して名前が出ているので、当然のことながら十九世紀代のものもあるはずである。しかしこの段階の形態がよくわからない。

泉州麻生の方はもともと花焼塩を焼いていて途中から壺焼塩に手を出したのだが、これは強硬な申し入れによって、延宝年間から享保年間の間で終わってしまっていると伝えられている。当然のことながら途中に天下一禁止という一六八二年がからまっているので、それより以前の特に延宝年間の段階ではAタイプの壺のはずであるが、どれがそれに相当するかは検討課題として残されている。

また播磨の赤穂でも多分十八世紀後半、確実なところは十九世紀以降壺焼塩が始まる。清野謙次氏の書かれた『日本人類学・先史学史』の中に、『諸国板行帖』という当時のレッテルを集めた木村兼葭堂という人のコレクションのリストがある。その中に焼塩屋のリストがあり、赤穂潮清堂という名前が出ている。これによって少なくともこの時点では播磨でも焼塩を焼いていたということがわかるのである。

この赤穂を除く和泉国の三メーカーのうち、基幹になる難波屋はA・Bタイプ、奥田氏も板作りのBタイプの壺を作っている。泉州麻生も前半は同じである。ところが具体的な年代はわからないが、板作りのBタイプの焼塩壺は泉州麻生の後半にのみ仕上げだけ轆轤を使うようになる。轆轤目が壺の上半部にはっきり残っている（Hタイプ）。そして泉州に第一次生産の塩を供給していた後発の播磨は、最初から轆轤挽きで始めるので、刻印がなくても播磨としてはっきり区別できるのである（I・Jタイプ）。以上が主要大手メーカーである。

他に小さなメーカーが京都に二カ所ある。一つは伏見の深草である。ただし文献上でわかるだけのことで、どういう形態のものかわからない段階が長い。伏見騒動に加担して正保元年（一六四四）に獄門死するリーダーの中の一人に焼塩屋権兵衛という人がいる。その一族もその後絶えてしまう。この焼塩屋権兵衛は、初代は伏見城の天守閣用の瓦を焼くために姫路の在の某の村から連れてこられたと口上書に書いている。しかしどういう形態の容器を使ったかということについては不明である。

それが絶えた後、別の焼塩壺が出現するらしい。江戸でも出土している「奈んばん里う　七度やき志本　ふか草四郎左衛門」などという蓋に刻印をしたものである。ただし厳密にいうとこれだけでは焼塩壺とは言いにくい。焼塩壺として最も重要な二次焼成の色はない。しかも胎土も良質である。この身はLタイプである。わざわざ「奈んばん里

う　七度やき志本」とうたっているということはこの壺に入れて焼くのではなく、たとえばフライパンなどを用いた何か別の焼き方で焼いて、それに入れたという可能性が高いと考えられる。

もう一つ小さなメーカーは、京都の木野地区である。ここは難波屋のルーツにあたる所であり、京都御所に大正天皇御戴典の時まで、もっぱら素焼きの皿を納入していた禁裏御用の村である。そこで焼かれた焼塩壺が民俗資料として一点だけ残っている。それはKタイプで、皿をまげて花びら型に作っている。これを京都御所へ納めたり、たくさん買ってくれた所へ歳暮として届けたということである。このKタイプの出土例としては、鈴木重治氏が京都市内において発掘した、一七〇八年と一七八八年の二つの焼土層に挟まれた層中からの例がある。そして最近天正元年（一五七三）に落城した越前一条谷の朝倉館でもこのタイプのものが出土していることがわかり、少なくとも一五七三年にはすでにこの難波屋のルーツの村で、花びら形の焼塩壺が出現しているということがわかってきた。

また最近まで小型のE・F・Gという三タイプはメーカーがよくわからず深草産と推定していたのであるが、これも木野で焼かれていたということがわかってきた。そして改めてみてみると、深草で焼いていれば伏見人形の土と同じように雲母がたくさん入っているはずであるのに、京都御所に納められている皿と同じように全然雲母が入っていない。これは京都の東山と北山の土質の違いを反映している。

これはAタイプの壺を小型にしたという感じである。どうも初期の段階は堺に出ても親許との付き合いも深く、焼塩壺の作り方を教えているのではないかと推定される。Aタイプの壺は全国から出土するが、特に京都ではたくさん出土している。その市場を獲得する時に、ルーツが京都御所へ大量の素焼きの皿を納入している村なのであり、便宜をはかってもらっているのではないだろうか。その見返りとして、壺焼塩の方法を教えていたのではないかと、密かに想像しているのである。ただ約束で、小型のものだけが作られたのではないだろうか。

このタイプは彦根の家老屋敷や、名古屋市内でも出土しているが、主なところは京都市内に限定されている。また素焼きの皿も、京都御所に納める以外は南は伏見や石清水八幡宮までが商圏であり、北は京都の北山の各村々という範囲で売られており、焼塩もその範囲内で歳暮用として使われた程度であるという。北山のつましい村々は、その焼塩壺の中の塩を箸でつついてなめただけで食事をした場合だってあったという。

一方江戸で多いのは、佐々木達夫氏が発掘した日枝神社の例が典型的であり、泉州堺の形態の一番退化したC・Dタイプと、赤穂の轆轤挽きのJタイプが、半々くらいで出土している。従来の伝統的なルーツとの関係で京都御所をしっかり押えているメーカーには対抗できないので、後発地域の播磨は福岡とか江戸へ進出しているらしい。また奥田氏の印の押された壺も、九州ではよく出土している。このように業者間の競争が分布論的にかなり顕著に理解できそうに考えられる。

七　塩焼壺出土遺跡の分布状態

次に焼塩壺の階層性に関係ある出土遺跡の性格を検討することにする。

まず京都では、京都御所に始まり公家屋敷、武家屋敷、それに寺社の境内などである。また有力な商家の跡などからも出土するが、庶民の所では出土しない。また江戸においても、古泉弘氏発掘の一橋高校遺跡が代表的であるが、寺から町屋に変わると焼塩壺は出土しなくなる。

地方では北の仙台城から始まり、白河の小峰城、新潟県の長岡城・高田城、謙信の春日山城、それから富山城・丸岡城とほとんど城跡である。南は鹿児島の鶴丸城、熊本城、大分の臼杵城でも出土している。

そのなかで一番注目されるのは、長崎の出島のオランダ商館跡である。しかも最近各時代の焼塩壺が切れ目なく出土してくるので、非常に注目されるのである。これは矢部先生のお話にもあったように、伊万里焼が戦乱で輸出しにくくなった景徳鎮の磁器にかわって長崎から出ていっていることと、おそらく同じような図式が考えられるのではなかろうか。私は従来うかつにも『堺鑑』の記事にある雑賀の塩を入れて焼いたということを、ただ雑賀産の塩と理解していたのだが、どうもそういうことではないらしい。雑賀衆は有名な忍者部隊で鉄砲の導入源でもあり、高槻市埋蔵文化財センターの森田克行氏の研究では、量産型の新しい瓦が出てくるのは秀吉が雑賀衆を押さえた後だという。雑賀衆はこうしたヨーロッパの近代技術を小出しにした集団ではないだろうか。そして、食生活についてもそういうことが考えられはしないかということを考えている段階である。

八　スライド

最後にちょっとスライドを見て頂く。

よく古代の内陸の製塩土器を焼塩の壺と誤解する人が多い。しかしそれは単なる粗塩《あらじお》である。粗塩がより精製されただけで、焼塩《やきしお》ではない。その伝統を伝えているのが伊勢神宮の堅塩《かたしお》である。これら三つの言葉は由緒正しい日本語である。それを焼塩なんて言ってもらっては困る。二度焼くから焼塩と言うわけではない。これは伊勢神宮で堅塩をなめさせてもらったらすぐわかるが、完全にザラ塩である。だから図5に整理したように、塩には第一次生産の粗塩、

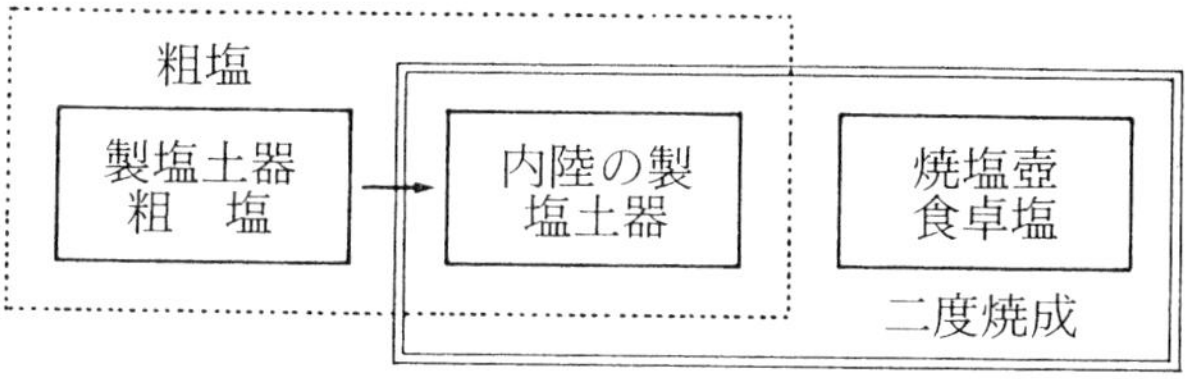

図5　焼　塩　壺　の　位　置

スライド2　前田長三郎氏著『堺焼塩壺考（未定稿）』

スライド1　堅塩用の壺とかまど（御塩殿）

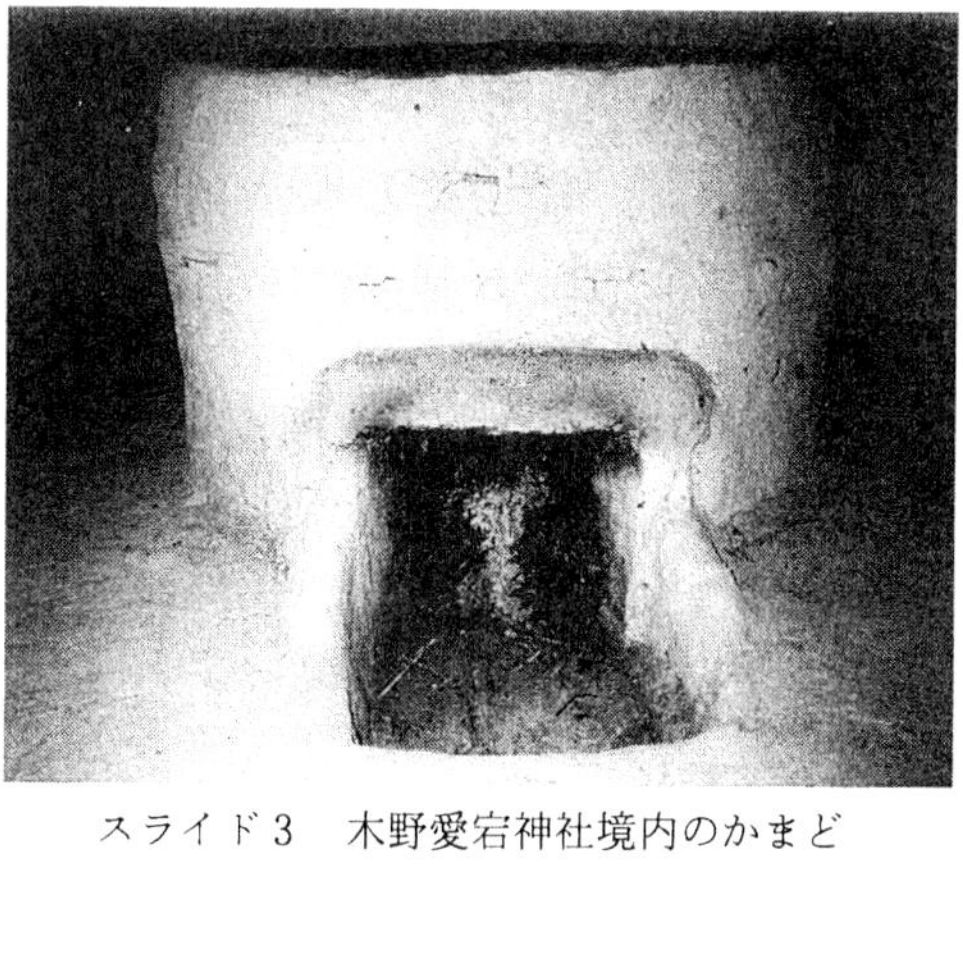

スライド3　木野愛宕神社境内のかまど

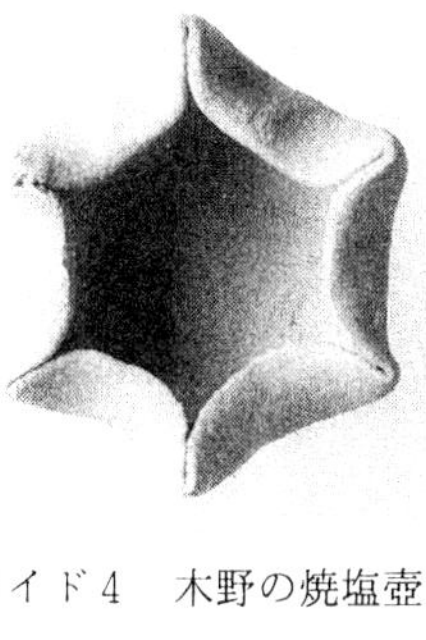

スライド4　木野の焼塩壺1

第二次生産の焼塩と、その中間の堅塩の三種があるのである。二度焼くけれども内容に関しては粗塩であり、二度焼いて細かに精製されて食卓塩になる焼塩とは一緒にならない。堅塩は今でも春秋二度二〇〇個を伊勢神宮の御塩殿で調製されている。三角型の壺を作って塩をつめ、かまどに入れて焼くのである（スライド1）。

これはガリ版刷りで幻の本だといわれている『堺焼塩壺考』（未定稿）である（スライド2）。これを大阪中之島の図書館でみて子孫が現れたということを先に話したが、今は失われていて残っていない。これには五〇部の内の第一、第二というふうに番号がついているのであるが、今残っているのは一八番と一九番の二冊である。一冊は大阪の民俗学の大家である小谷方明先生の蔵書で一九番である。一八番はお孫さんにあたる前田洋子さんが持っておられる。この二冊だけが残っていて、一般的には前田洋子さんのものがコピーして読まれている。

京都市左京区岩倉の木野地区では、大正天皇の御戴典の後は素焼土器の生産をやめている上に、近年どこも家を改造して窯がなくなってしまった。今では愛宕神社の境内に復元された窯しか残っていない（スライド3）。天井のないタイプで、難波屋の子孫の弓削実氏に下請の窯の絵を書いてもらったら、やはり同じような形を描いてくれた。こうして作られたものの売れ残りの皿などが、今でも地元の公民館に残っている。そのなかに焼塩壺が一個だけ残っている（スライド4）。

その木野地区の区長さんのお宅へ伺ったら、最近出たということで戴いてきたのがこの壺である（スライド5）。これは一番小型のF・Gタイプである。これはいわば民俗資料であるが、木野地区から出たことによって、不明だった最後の産地の決着がつくことになったのである。

この木野地区には今でも忠太夫という太夫名を、表札にかかげている家がある。ここのお婆さんが一番最後まで土器を焼いた方である。これは京都御所との関係によるものである。そうした太夫名のなか藤太夫というのもあり、『堺

スライド5　木野の焼塩壺2

スライド6「忠太夫」の表札（藤本家）

スライド7　ペリー饗応の瓦版

鑑』に出てくる藤左衛門と関係があるようにみられるのである。太夫名をみな名誉と思っているので、木野の墓地へ行くと平太夫、三太夫、佐太夫、嘉太夫といったさまざまな太夫名をみることができる（スライド6）。

焼塩壺の使用状態を図示している唯一の資料は、幕末にペリーが来た時の横浜での饗応のことを描いた瓦版である（スライド7）。二の膳の所にコップ形のものが鯛とセットになって描かれている。小谷方明先生によると、鯛は肉が厚いので最初は塩味があっても後は塩味がなくなるので、そこに焼塩をかけて食べたということである。瓦版の絵はまさしく小谷先生の言われているとおりである。これは百川茂左衛門のペリー饗応の宴の費用の見積書であり、東大史料編纂所の『幕末関係文書集』のなかに入っている。その長いリストの中に、かけ塩鯛という文字が出てくるのである。この場所は横浜の英一番街で、開港記念館のあるところである。ここで将来焼塩壺が出てくるとその時点での形態がわかるので、非常に楽しみにしているのである。

<焼塩壺に関する研究史的文献>

『堺鑑』(一六八四)。

高橋艸葉「堺の焼塩壺」『中央史壇』一四―三(一九二八年)。

前田長三郎「堺焼塩壺考(未定稿)」(一九三二年)。

前田長三郎「堺焼塩壺考」『武蔵野』二一―三(一九三四年)。

南川孝司「泉州湊麻生の壺焼塩考」『摂河泉文化資料』1(一九七六年)。

佐々木達夫「幕末・明治初期の塩壺とその系譜」『考古学ジャーナル』一三四(一九七七年)。

渡辺　誠「焼塩壺」『講座日本技術の社会史』2　塩業・漁業(一九八五年)日本評論社。

質疑応答

杉森　文献の方をやっています杉森哲也と申します。文献の方ですから、焼塩壺そのものについてはよくわからないんですけれども、少し編年の問題でお伺いしたいことがありまして……。承応三年(一六五四)に天下一の号を女院御所から許されるというのがありますけれど、実際にその刻印「天下一堺ミなと　藤左衛門」が出てくるのは、一六五四年を境としてそれ以降に使われるようになるとお考えなのか、あるいはそれ以前から使われていたのが、この時点で初めて公認を得たというふうに考えられるのか、どういうふうに……。

渡辺　私ははっきりいってそういうことは考えません。『堺鑑』の記事に従えばそういうことになる、というふうに考えるだけです。

杉森　ということは、天下一があるかないかで、承応三年以前かどうかということは、必ずしも編年の根拠とは有り得ない……。

渡辺　いや、それはむしろ、そういうことを推定する根拠がなければいけないと思う。確実にこれより古い年代で、天下一の刻印があるという場合などです。しかし文献的には『界鑑』以外のものがないわけですから、それが唯一の資料である限りは、むしろそのような想定は混乱のもとじゃないかと思う。

杉森　それと単純な事実関係なんですけれども、さっきの前田さんの『堺焼塩壺考』（未定稿）なんですけれども、中之島図書館に一部あります。去年、コピーを取りました。カードでひいて閲覧できます。

渡辺　私が調べた時にはなかったのです。それには何番と書いてありますか。後で教えて下さい。いい事を教えていただき有難うございました。

大名屋敷出土の焼塩壺

小　川　　望

はじめに

塩は料理の味を決定する調味料として基本的な要素であるばかりでなく、人間が生命を維持していく上で欠かせないものであり、食文化に限らず人間の文化全体のなかで重要な位置を占めるものである。

江戸の食文化において塩がどのような位置を得ていたのかについては、文献史学を中心に多くのことが知られているようである。しかしその潮解性により、遺跡から塩そのものが出土することはなく、したがって近世の塩に関して考古学が述べることのできるところは必ずしも多いとはいえない。こうしたなかで焼塩壺は、近世の塩に直接関わる数少ない遺物の一つである。

焼塩壺はなかに粗塩《あらしお》を詰めて焼くことによって精製塩（焼塩）を得るための素焼の壺であり、海水を煮詰めて食塩を得る製塩土器とは全く異なるものである。(1) この精製塩＝壺焼塩は京都・大坂をはじめとする関西地方で生産され、壺に入ったまま各地にもたらされ、珍重されたものといわれ、そのまま食膳に供せられたという（渡辺一九八五ａ）。それゆえ焼塩壺を通じてうかがわれる近世の塩は、単なる調味料としての域を越えた食卓塩であり、食文化における塩のいささか特異な一面を垣間見せるものである。

本稿では考古資料としての焼塩壺について東京大学構内遺跡医学部付属病院地点（以下病院地点と略称する）の大名屋敷跡(2)における出土資料を中心に刻印、成形方法・形態から分類を試み、それらの対応関係からその系統性および相互の模倣関係を整理する。ついで刻印の様々な観察を通じて知られることに触れ、最後にこれらを通じて近世江戸の食文化の一端にも論を及ぼすことにする。

一　焼塩壺の分類

焼塩壺は近年の近世遺跡の調査において注目される遺物の一つであり、すでに筆者も若干論じたことがあるが、「一、焼塩壺が使用後すぐに廃棄され、伝世されにくい性質のものであること。二、壺塩屋に関する資料が数多く遺されていること。三、刻印を持つ例が多く、その印文と史料との対比が可能なもののあること」などの点から、特にこれが出土する遺構や層位の時期決定の手掛りとして重要視されている。この焼塩壺には刻印をはじめ器形、成整形方法、胎土、呈色などにおいて数多くの種類が見られるが、「壺塩屋にいくつもの系統があり、それぞれが独自のものを作っていただけではなく一方が他方を模倣したと考えられる例もある。また、塩を焼く業者と容器を作る業者とが異なっていたといわれ、さらには、身や蓋に見られる刻印のなかには同一の業者による製品のヴァリエーションを表しているといわれるものもあり、焼塩壺に見られる差異のすべてが時期差にのみ求められるわけではない」（小川一九八七）のである。

こうした時期や系統をはじめいろいろな要因に基づくと考えられる多様な属性上の差異の内、とりわけ注目されるものが文字資料としての側面も持つ刻印であり、その印文は（模倣の意図も含めて）基本的に焼塩の生産者である壺塩屋の系統に対応するものと考えられる。これに対し器形、成整形方法、胎土といった製作技術に関わる属性は刻印と必ずしも一対一の対応を示してはおらず、その対応関係はある部分ではきわめて錯綜している。そこでこれらを整理していくために、以下まず焼塩壺の刻印と製作技術のそれぞれについて分類を試みる。

1　刻　印

刻印はその印文に注目し、これに枠線の表現(3)や陰刻と陽刻の違いなどを加えて以下のように分類した（図1）。

1類　刻印の見られないもの

2類　印文に「みなと」の文字のはいるもの

①「ミなと藤左衛門」（枠線二重）

②「天下一堺ミなと　藤左衛門」（a―枠線二重、b―枠線一重）

③「天下一御壺塩師　堺見なと伊織」（枠線一重）

④「御壺塩師　堺湊伊織」（枠線一重）

⑤「泉湊伊織」（枠線一重・隅切り）

図1　焼塩壺の刻印（いずれも病院地点出土資料）

3類「泉州麻生」に類する印文を持つもの

①「泉州麻生」（a―長方形二重枠、b―枠線二重・内側二段角）

②「泉州磨生」（枠線二重・内側二段角）

③「泉州麻玉」（枠線二重・内側二段角）

④「泉川麻玉」（枠線一重・隅切り）

このほか白山四丁目遺跡、真砂遺跡から⑤「サカイ　泉州磨生　御塩所」（枠線一重）が、平河町遺跡、東京大学構内遺跡理学部7号館地点から⑥「摂州大坂」（枠線二重・内側二段角）が報じられている。

4類　印文に「大極上」の入るもの

①「播磨大極上」（枠線一重）

②「大極上壺塩」（枠線一重）

5類　その他の刻印

①「御壺塩師　難波浄因」（枠線一重）

このほか動坂遺跡から②「難波浄因」（枠線一重・隅切り）が、真砂遺跡から③「御壺塩」（枠線一重）が報告されている。(4)

2　製作技術

焼塩壺本体の製作に関わる諸属性を以下のように分類した。これは成整形技法によって規定される器形および胎土を主としたものであり、便宜上製作技術と総称する。

焼塩壺はその全体の形から背の高いコップ型のものと背の低い鉢型のものとに大きく二分されるが、前者がその大部分を占め、また刻印も今のところ後者に認められる例は知られていない。以下では主に前者のコップ型のものについて検討を進めることにする。

コップ型の製品の成形方法には呼び方こそ違え、以下のⅠ輪積み成形、Ⅱ板作り成形、Ⅲロクロ（轆轤）成形の三種があることは以前から指摘されているが（佐々木一九七七）、その具体的な方法についてはまだ明確ではなく、ここでの呼び方も便宜的なものである。なおすでに器形や刻印、成形方法からの分類を行なっておられる渡辺氏の分類を

［　］に入れて対照する（渡辺一九八五aほか）（図2〜4）。

Ⅰ類　輪積み成形

①肩の張ったもの［G］　②なで肩のもの［F］　③ずん胴のもの［A］

Ⅱ類　板作り成形

①　胎土に雲母を含まないもの

a　底部に粘土塊と粘土紐が入り、二重圏線が認められるもの［B］

b　底部に粘土塊のみが入り、一重の圏線が認められるもの［H］

（1―内面に縫い目のみが見られるもの、2―内面に粗い布目が見られるもの）

c　底部に粘土塊のみが入り、底面がまるみをもって側面に移行し、圏線が認められないもの。

②　胎土に雲母を含むもの

a　蓋受けの大きいもの

b　蓋受けの小さいもの［C］

（1―内面の上3分の2に布目、その下は平滑のもの、2―内面がヘラ等で削ったように調整されているもの）

c　蓋受けのないもの［D］

Ⅲ類　ロクロ成形

a　口縁内側が立ち上がるもの［I］

b　口縁内側と外側が立ち上がるもの

c　口縁上面がハの字状で鍔が巡るもの

大名屋敷出土の焼塩壺（小川）

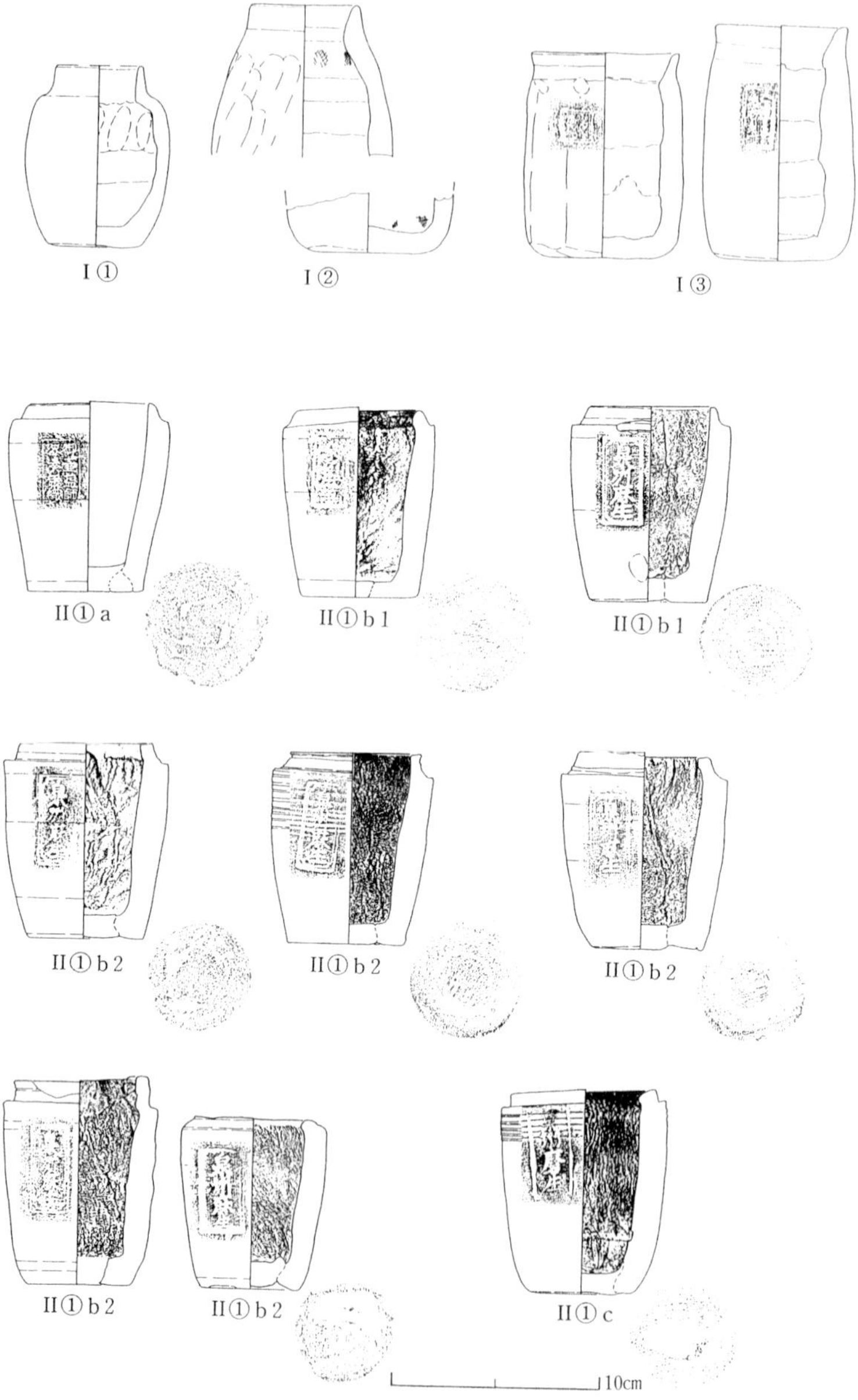

I①
I②
I③
II①a
II①b1
II①b1
II①b2
II①b2
II①b2
II①b2
II①b2
II①c
10cm

図2 焼塩壺の身 (1)

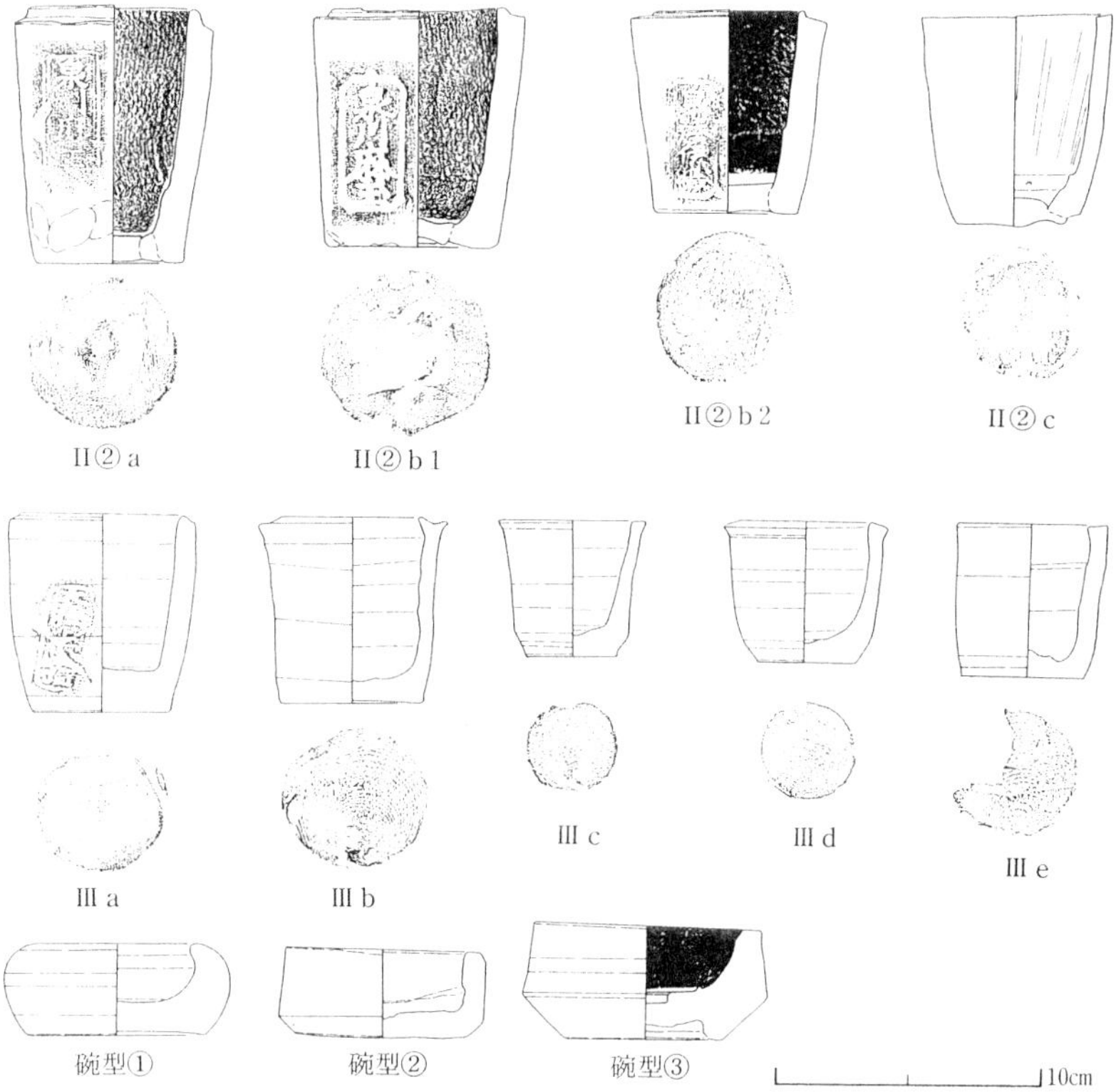

図3　焼塩壺の身(2)

d　口縁上面が平坦で鍔が巡るもの

e　口縁上面が平坦で鍔が巡らないもの［J］

このうちⅡ①bの多くには、成形後のロクロによる調整が体部の上から三分の一付近にまで見られ、Ⅱ①cには、これを模したと思われる微隆起線が口縁直下に四～五条施されている。またⅡ①bには、内面の状態や、口唇部、底部の形態から多くのヴァリエーションが見られ、細分が可能である（図2）。さらにⅡ②bを中心に口唇部をロクロによって調整し、あるいは作出したと思われる例が見られる。

Ⅲのロクロ成形によるものは、いずれも左回転で、底面に糸切痕が見られる。これらロクロ成形によるものの分類は、主に口縁の形態に基づいて行なったが、体部下半から底部にかけての形態などから、さらに細分されるものと思われる（補注一）。

これらコップ形を呈するものに対し、鉢形のものには以下の三種が見られたが、内面その他の特徴からさらに細分が可能であると思われる。

1類　断面外形が弧を描くもの［L］

2類　断面外形が直線状のもの

3類　断面外形が屈曲するもの

3　焼塩壺の蓋

以上の焼塩壺の大部分には伴っていたと思われる蓋があり、それらについても刻印と形態からの分類が可能である。病院地点の蓋には以下の三種類の刻印が見られた。

6類　蓋に見られる刻印

①「御壺塩師　難波浄因」（枠線一重）

②「深草　砂川　権兵衛」（枠線一重）

③「イツミ　花焼塩　ツタ」（陽刻・枠線二重・内側二段角）

このほか真砂遺跡からはすでに前田氏による言及のある④「鷺坂」（枠線一重）が出土し（前田一九三一）、また富士と海浜の風景をレリーフとして描いたものも数点見出され、焼塩壺の蓋の可能性が指摘されている。さらに、⑤「なん

者ん七度　本やき志本」（枠線二重）の刻印を持つものが三栄町遺跡で出土している。(5)
また蓋の器形は以下のように分類される。

ア類　断面外形・内形が弧を描くもの［A′］
①　上面から側面へ、緩やかに移行するもの
②　上面から側面へ、やや屈曲して移行し、側面に横方向のなでが認められるもの

イ類　断面が凹字形を呈するもの［B′］
①　胎土に雲母を含まないもの
a　身が薄く突起が細く、側面が内傾するもの
b　身が薄く突起が細く、側面が直立するもの
c　身が厚く突起が細いもの
d　突起が太く浅いもの
e　突起がきわめて小さいもの
②　胎土に雲母を含むもの

ウ類　断面が台形を呈するもの［C′］
エ類　断面が長方形を呈するもの
オ類　断面が凸字形を呈するもの［D′］

蓋の成形はア類が手づくねもしくはこれに類する成形、イ類・ウ類・エ類が型による成形、オ類がロクロによる成形であると思われる。

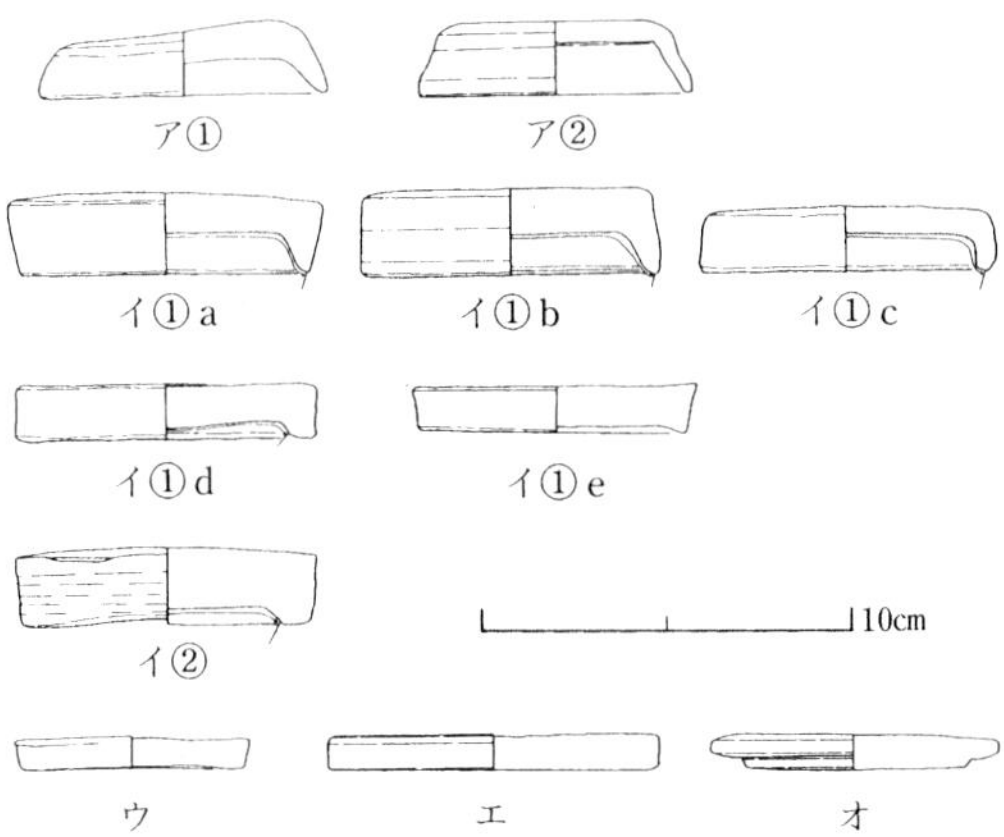

図4　焼塩壺の蓋

表１　身と蓋の対応関係

	身					蓋
	製作技術				刻印	
コップ型	Ⅰ	①，②③			1	（ア②）
					2①②③	ア①
	Ⅱ	①	a		2④	イ①c
			b		3①a，b	イ①a，b，c
			c		3②	（イ①b，c）
		②	a		3①b，3③，5①	イ②
			b	1	1，2⑤，3④	イ②
				2	2⑤	イ②
			c		1	（イ②）
	Ⅲ	a			1，4①，②	イ①e
		b			1，4①	イ①d
		c			1	ウ
		d			1	ウ
		e			1	ウ
鉢型	1				1	オ
	2				1	（エ）
	3				1	エ

このうち型による成形方法には型を内型として用いるものと外型として用いるものとがあり、さらにまたイ類、特にイ②は形態、調整から細分が可能である。

一方、蓋に見られる刻印についてみると、数多く見られるイ類の蓋のうち刻印が認められる例は僅かであり、真砂遺跡をはじめいくつかの出土例の知られている「鷺坂」（6④）の刻印はその数少ないものの内の代表的なものである。しかしこれは、身に見られる刻印とは全く異なっており、製品のグレードを示すという指摘があるものの（前田一九三二）、身との組合せは示し得ない。これに対して、病院地点から出土した「御壺塩師　難波浄因」（6①）の刻印の捺されたイ②の蓋は、身と同じ印文の刻印の見られる例であり、模倣の可能性は捨て切れないものの、身と蓋の組合せを示唆する数少ない例として注目に値するものである。

そこで蓋と身の組合せについて見ると、これまでに渡辺氏をはじめとする主に出土状態、胎土、色合あるいは口径や受けの深さ、形などをもとにしたいくつかの指摘がある（渡辺一九八五aほか）。病院地点においても遺構における共伴などをもとにほぼこれに沿った対応関係が示し得る。さらに上記の蓋に見られる刻印によって推定される対応関係（Ⅱ②aとイ②）のほか、同一遺構から出土したⅢbの身とイ①dの蓋の両方の内面に黒変が見られ、胎土や外面の色とともに強い類似を示していることから、この両者が対応することも推定され、これらをもとにひとまず身と蓋の対応関係をまとめることができる（表1）。これらはまだまだ不十分なものであり、蓋の細分と併せ、次節以降で述べる壺塩屋の系統の整理から今後さらに整理されねばならないものである。

二　刻印と製作技術の対応関係

次に、これまで見てきたコップ形の焼塩壺の身の刻印と製作技術との対応関係とその病院地点出土の点数とを検討する（表2）。ある意味では当然であるが、両者の間には一定の対応関係が認められる。すなわち必ずしもその逆が成り立つ訳ではないが、大部分は製作技術が刻印の関数になっている。これは特定の刻印は特定の製作技術によって製作された焼塩壺に見られるということであって、一つの系統に属する壺塩屋がある時点で一つの系統に属する壺の製作者と対応していたことを示すと考えられる(6)。

しかし刻印と製作技術とは一対一の関係ではなく、概ね一つの製作技術には複数の刻印が対応している。壺の製作者が壺塩屋に対して下請けであるとすれば（渡辺一九八五a、三一四頁）、基本的に製作技術と焼塩屋は一対一に対応していると考えられるのであるから、一つの製作技術による壺に複数の刻印をもつものが見られるのは①他系統の製品の模倣、②刻印の時間的な変遷が考えられる。このほか製品のグレードの差を示す場合もあると考えられる。

これらに対して一つの印文の刻印が複数の製作技術による壺に見られる場合がある。これは①異系統の壺塩屋による模倣、②時期差すなわち壺の製作技術の変遷ないし壺の製作者の変更が考えられ、このほか一つの壺塩屋が同時に複数の系統に属する壺製作者に壺を製作させた場合も考えられる。

表2　刻印と製作技術の対応関係

刻印＼製作技術			I ①	I ②	I ③	II ① a	II ① b1	II ① b2	II ① c	II ② a	II ② b1	II ② b2	II ② c	III a	III b	III c	III d	III e
1			*	*							*		*	*	*	*	*	*
2	①				*													
	②	a			*													
		b			*													
	③				*													
	④					*												
	⑤										*	*						
3	①	a					*											
		b					*	*		*								
	②								*									
	③									*								
	④									*								
4	①													*	*			
	②													*				
5	①									*								

出土点数　　*－1～5　*－6～9　*－10～19　*－20～

ここではそれぞれの①と②である、刻印の模倣と時期的変遷について検討する。

1　刻印の模倣
——泉州麻生と泉州磨生——

ある刻印の印文の一部分を微妙に変えたものは他の系統の業者による模倣と言われているが、これはいずれも「泉州麻生」を基本としている。この泉州麻生が和泉国の麻生郷を示すものと考えることに異論はないが、これ以外のものには、符合する地名などが考えられない。したがって「泉州麻生」に類似する印文を持つものは、「泉州麻生」という刻印の成立の後これを模倣して作られたと考えられる。具体的には、「泉州磨生」（3②）、「泉州麻玉」（3③）、「泉川麻玉」（3④）である。

しかし、その一方で全く同一の印文を持った模倣品も考えられる。その具体的な例は「泉州麻生」（3①）、「泉州磨生」（3②）の刻印に見ることができる。

まず「泉州麻生」という刻印で、内側の枠線が二段角になる3①bと分類されたものは、焼塩壺のなかで最も数が多いものの一つであるが、それらは、製作技術から見ればその多くがⅡ①bである。しかしこの他に少数ながら特異なものが見られる。病院地点では製作技術Ⅱ②aの壺に見られ、また真砂遺跡では製作技術Ⅱ①cの壺に見られる例が報じられている。したがって三種類の製作技術の壺に刻印3①b「泉州麻生」が捺された例が存在することになる。すなわち(イ)Ⅱ①b（最も一般的なもの）、(ロ)Ⅱ②a（「泉湊伊織」「泉川麻玉」「泉州麻玉」「御壺塩師　難波浄因」の刻印を持つものと同形のもの）、(ハ)Ⅱ①a（「泉州磨生」と同形のもの）である。

次に刻印「泉州磨生」（3②）について見ると、病院地点で見られる製作技術Ⅱ①cの壺にはいずれも「泉州磨生」の刻印が見られるが、すでに述べたように真砂遺跡ではこの壺に「泉州麻生」の刻印も見られる。また製作技術Ⅱ②aによる壺に「泉州磨生」の刻印を持つ例が同じ真砂遺跡からも報じられている。

これらの関係を模式的に整理すると表3のようになる。一つの壺塩屋は異なる製作技術の壺を使用していて、それぞれの壺に模倣した印を捺していたと考えると、製作技術Ⅱ①bの系統が「泉州麻生」（3①b）、同じくⅡ②aが「御壺塩師　難波浄因」「泉湊伊織」をオリジナルの刻印として持っていたと考えられる。そして逆にⅡ①cとⅡ②aに見られる「泉州麻生」、Ⅱ①cもしくはⅡ②aに見られる「泉州磨生」が全く同一の印文を持った刻印を使用した模倣と考えられ、さらにⅡ②aに見られる「泉州麻玉」「泉川麻玉」が「泉州磨生」とともに、類似の印文の使用による模倣と見られる。Ⅱ①cとⅡ②aのいずれが「泉州磨生」をオリジナルとしていたかについては、「サカイ　泉州磨生　御塩所」（3類⑤）例およびその字体の観察を含め、さらなる検討が必要であるが、前田氏の示された弓削氏の記録なるものからこれが藤左衛門とは異なった系譜に属すると考えられ、一応Ⅱ①ｃにそのオリジナルを求めておきたい。なおこれらは類例の数ともほぼ矛盾しない。

ただし製作技術Ⅱ①ｂにも様々な偏差が見られ、また刻印3①ｂにも後述するように字体などに偏差が見られることから、単純にこれらの一群を同一の系統に属するものとして扱うことはできない。今後さらなる整理検討が必要である。

またⅡ②ａに見られる「泉州麻生」およびこれに類似する3つの刻印「泉州麻玉」「泉州磨生」「泉川麻玉」と「泉湊伊織」「御壺塩師　難波浄因」の関係については時期差の問題も含めて検討されねばならない。

表3　壺塩屋と刻印の対応関係

		II①b	II①c	II②a
3①a	泉州麻生	◎		
3①b		◎（イ）	○△（ハ）	○（ロ）
3②	泉州磨生		◎	○△
3③	泉州麻玉			◎
3④	泉川麻玉			◎
5①	御壺塩師 難波浄因			◎

注　◎：多　○：少　△：真砂遺跡例

2　製作技術および刻印の時期的変遷

先に②とした時期差すなわち壺の製作技術と刻印の時期的変遷について見ると、これは「泉州麻生」と「御壺塩師堺湊伊織」の刻印を持つものにその最も具体的な例を認めることができるようである。

まず印文「泉州麻生」について見ると、この印文をもつものには上記3①ｂの他、二重の枠線の内側が二段角にならない3①ａとした刻印のものもあるが、これは内面にはっきりした縫い目を持つⅡ①ｂ1の製作技術による壺にのみ見られるものである。これに対し、3①ｂは、Ⅱ①ｂ1・2のどちらにも見られるが、この関係を模式的に示すと

図5のようになる。

後述の刻印の字体をはじめとする微細な観察によって同一の刻印が捺されていることから、Ⅱ①b1とⅡ①b2とが同一の壺の製作者に属すると考えられること、またⅡ①b1の内面に縫い目を持つ例に3①a、bの両者の刻印が見られることから、こうした差異が時期差に基づくものと考えられ、少なくともA［Ⅱ①b1＋3①a］←→B［Ⅱ①b1＋3①b］←→C［Ⅱ①b2＋3①b］が考えられる。そこで次にこれを、同一遺構出土の別の焼塩壺から見ると、Aは麻布台一丁目郵政省飯倉分館構内遺跡において枠線一重の「天下一堺ミなと　藤左衛門」（2②b）の出土したのと同一の遺構から単純に出土しており、また東大構内遺跡本郷記念館地点では「天下一御壺塩師　堺見なと伊織」（2③）の出土したのと同一の遺構から単純に出土している。Cは病院地点で「御壺塩師　堺湊伊織」（2④）と同一遺構から多量にかつ単純に出土している。高橋、前田氏から渡辺氏に至る研究史のある藤左衛門の系統の刻印変遷

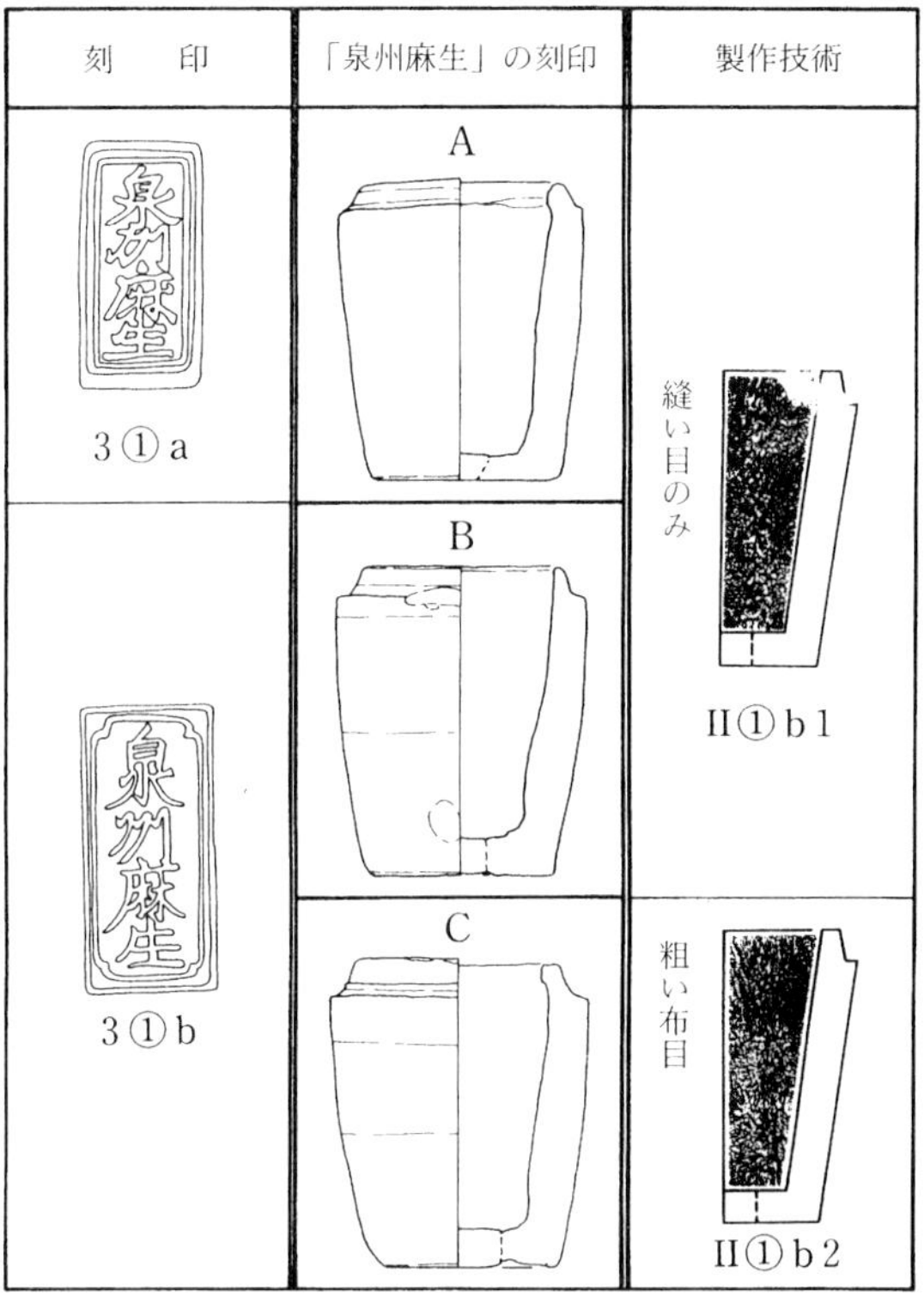

図5　「泉州麻生」の刻印と製作技術

を参考にすれば、2②b、2③は2④に先行することが知られており、したがってこのことから、A↓B↓Cの変遷が推定される(補注二)。

次に「御壺塩師　堺湊伊織」(2④)の刻印を持つものを見ると、この刻印を持つ例のうち、病院地点から出土したものはいずれも内面が平滑で底部に粘土塊と粘土紐が入るという特徴を持っているが、麻布台一丁目遺跡、真砂遺跡などで出土したもののなかには、内面に布目が見られ底部に粘土塊のみで粘土紐の入らないものがある。これはむしろ「泉湊伊織」(4⑤)の刻印を持つものに類似する特徴である。説明しやすくするため、今、底部に粘土塊と粘土紐の入るものを3ピース、粘土塊のみの入るものを2ピースと呼ぶことにすると、「御壺塩師　堺湊伊織」には3ピースと2ピースとがあり、「泉湊伊織」には2ピースのみが見られる。これを整理すると、(イ)「御壺塩師　堺湊伊織」＋3ピース、(ロ)「御壺塩師　堺湊伊織」＋2ピース、(ハ)「泉湊伊織」＋2ピースの三者が存在するのである。一方、これらが胎土に雲母を含むか否かを見ると、(イ)と(ロ)つまり「御壺塩師　堺湊伊織」の刻印を持つものには含まれないが、(ハ)つまり「泉湊伊織」の刻印を持つものには含まれている。

これらの出土におけるまとまり方を病院地点の例に見ると、(イ)、(ハ)がそれぞれ単純に出土している。さらに印文の内容から「泉湊伊織」と「御壺塩師　堺湊伊織」とが同一系統の壺塩屋(もしくはその模倣)と考えられ、前者が後者より後のものであるということ(渡辺一九八五a)を含め判断すると、「御壺塩師　堺湊伊織」に見られる3ピースと2ピースとの差は壺塩屋や壺の製作者の系統上の差異によるものではなくて時期差による技術上の変化を示し、(イ)↓(ロ)↓(ハ)という変遷を推定することができる。

さてこの3ピースという製作技術上の特徴はⅡ②aの一部にも見られるところであるが、これはいずれも胎土に雲母を含んでいる。Ⅱ②aの刻印は先に述べたように「御壺塩師　難波浄因」「泉湊伊織」「泉州麻玉」「泉川麻玉」「泉州麻生」「泉州磨生」と様々なものが見られるが、3ピースはこのうち「御壺塩師　難波浄因」「泉州麻玉」「泉州麻生」「泉州磨生」に見られ、その点でこの四者が「泉湊伊織」「泉川麻玉」の両者に先行するものであることも推定されるのである。

以上述べて来たように、刻印と製作技術との対応関係という視点から検討することは、壺塩屋および壺の製作者のそれぞれに複数の系統が考えられ、さらに、模倣という問題もある遺物を分析する上で一つの有効な手段と考えられる。

この問題については刻印の微細な観察からさらに論ずることにする。

三　刻印の観察

1　刻印の持つ〝意味〟

土器面上の文字は、遺物の性格や時期などの情報を与えるものとして重要である。たとえば京都市公家屋敷二条家北辺地点からは「御所様御為」という墨書が蓋に見られる例が報じられており、献上品であったと推定されている（鈴木一九八三、一九八五b）。

しかし焼塩壺の刻印は一種の文献資料としてさらに多くのことを示しているように思われる。「天下一」、「伊織」、「なんばん里う」、「七度やき」など称号や技術を誇示することは刻印の持つ大きな意味ではある。しかしまた刻印そのものが商品の「差異化」のための記号として用いられているとも言えよう。最も古い例の一つと考えられるもの（平安京土御門烏丸内裏跡出土例など［渡辺一九八三］）には刻印がなく、他の系統との競合がなかったり、あるいはそれほど熾烈でなかったことを表しているとも考えられ、また近世末に至ってのⅡ類およびⅢ類に見られる無刻印化は省力化とも考えられるが、特定の系統のものが市場を席巻する過程で生じたものとも考えられる。真砂遺跡で報告されている何ら具体的な商標と思えない「御壺塩」の刻印をもつものは、その過渡期の例とも考えられる。

このように考えて見ると、刻印は単にその印文の内容にのみ目を向けるのではなく、様々な観点からこれに検討を加えることによって、さらに豊かな情報源とすることができるものと考えられる。

2 刻印観察の観点

刻印についての検討上の観点は刻印の有無を別にして以下の四種に整理できよう。すなわち、(イ)印文の内容、(ロ)刻印の形態、(ハ)字体の異同、(ニ)微細観察である。

(イ)では文字資料として他の印文や文献資料との比較を行なうことによって、その系統や時期に関する推定を行なうことができる。

これには古く近世末期の中尾彬から昭和初期の高橋艸葉、前田長三郎の両氏を経て近年の佐々木達夫氏、渡辺誠氏に至る研究史があり、その詳細は渡辺氏の論考に譲る。

(ロ)では刻印の印文を離れ、枠線や行数などの表現方法を観察することによって、その系統や時期、模倣関係に関する推定を行なうことができる。

同一印文で枠線の相違するのは、前述の「泉州麻生」におけるものだけでなく、「天下一堺ミなと　藤左衛門」にも一重、二重の違いとして見出すことができる。また詳細に観察すれば「泉湊伊織」の枠線も隅の切り方に二種類あることが知られる。

さらに、この「泉湊伊織」の隅切りの一重枠線という点から印文の異なる他の刻印を見ると、「泉川麻玉」が、同様の枠線を持っている。そしてこれが「泉湊伊織」と同じ製作技術（Ⅱ②b）の焼塩壺に捺されたものであることから、前者が後者と同一の系統に属する壺塩屋によって「泉湊伊織」と同じ時期に模倣された可能性がある。

このほか、刻印の中で印文が何行にわたって書かれているかを見れば、先に述べたように「御壺塩師　堺湊伊織」は「泉湊伊織」と同一系統に属する壺塩屋の所産と考えられ、「御壺塩師　堺湊伊織」→「泉湊伊織」の変遷が考えられる。またその印文から「御壺塩師　難波浄因」と「難波浄因」も、「御壺塩師　難波浄因」→「難波浄因」の変遷が考えられる。これは「泉州麻生」の書き方を模したためとも考えられる。

(ハ)では異なった印文の間で同一の文字の書き方を比較することによって、系統の異同や模倣関係に関する推定を行なうことができる。

ここで「摂州大坂」（3⑥）の刻印をもつ例に目を向けると、その印文から見て壺塩屋である藤左衛門の系統が大坂に出した支店とされる難波屋の系統に属するものと考えられる。製作技術Ⅱ②aに分類される器形も雲母を含む胎土も「御壺塩師　難波浄因」と同一であり、これを裏付けている。この「摂州大坂」に見られる「州」の字体は、やはり製作技術Ⅱ②aの壺に見られる「泉州麻生」と「泉州麻玉」の刻印のものと極めて類似しており、これらのことからⅡ②aの「摂州大坂」、「御壺塩師　難波浄因」、「泉州麻生」、「泉州麻玉」がいずれも難波屋の系統によるものであることが推定される。

そして前章で述べたようにこのⅡ②aという製作技術が3ピースであるところから、難波屋の分離成立が3ピースの「御壺塩師　堺湊伊織」の時期であったと推定される。

一方「泉州磨生」（3②）の刻印をもつものはその印文から「サカイ　泉州磨生　御塩所」（3⑤）の刻印を持つ例との関係が強く推定されるが、やはり「州」の字の字体に共通性が見られ、また字配りなどがきわめてよく一致する。

このように、「泉州麻生」やこれに類する刻印は、特に「州」の字体にその系統上の類縁関係が表れているようであるが、これはⅡ①bの製作技術による焼塩壺に見られる刻印においても言えることである。

こうした点も含め、(ニ)の観点については次節で詳論する。

3　刻印の微細観察

同一の印文の刻印を詳細に観察することによって、刻印その物を印体の差、製作者の差、時期差などへと分離し、また刻印の素材や、壺製作に関する様々な推定を行なうこともできる。

同一の印文であって異なった字体の例への言及は、前節で述べた(ロ)のような形で指摘し得るものであるが、こうした形では表れない差異も存在する。これについては鈴木重治氏がこれを意識していたと思われる図版を掲げている例を見出すことができる（鈴木一九八五b）。

図6に掲げたのはその一例であるが、このレベルでの差異は、おそらく壺塩屋や壺の製作者の系統差に由来するものではなく、ましてや製品上のヴァリエーションを示すものでもなかろう。図6の3①bのおのおのと、これの見られるⅡ①bの成形方法や調整上の差異との関係を検討していくことによって、かなり細かい編年を含めた分析も可能

であると思われる。たとえば、3①bの内のA・B・Fの三者は、先に述べたような内面の観察や、それぞれに共伴する他の焼塩壺の変遷などを利用すると、少なくともB→A→Fの順に移り変わっていくようである。

次にこのレベルの各々の刻印をさらに微細に観察すると、一見して同一であると認められるものでも同一の印体に

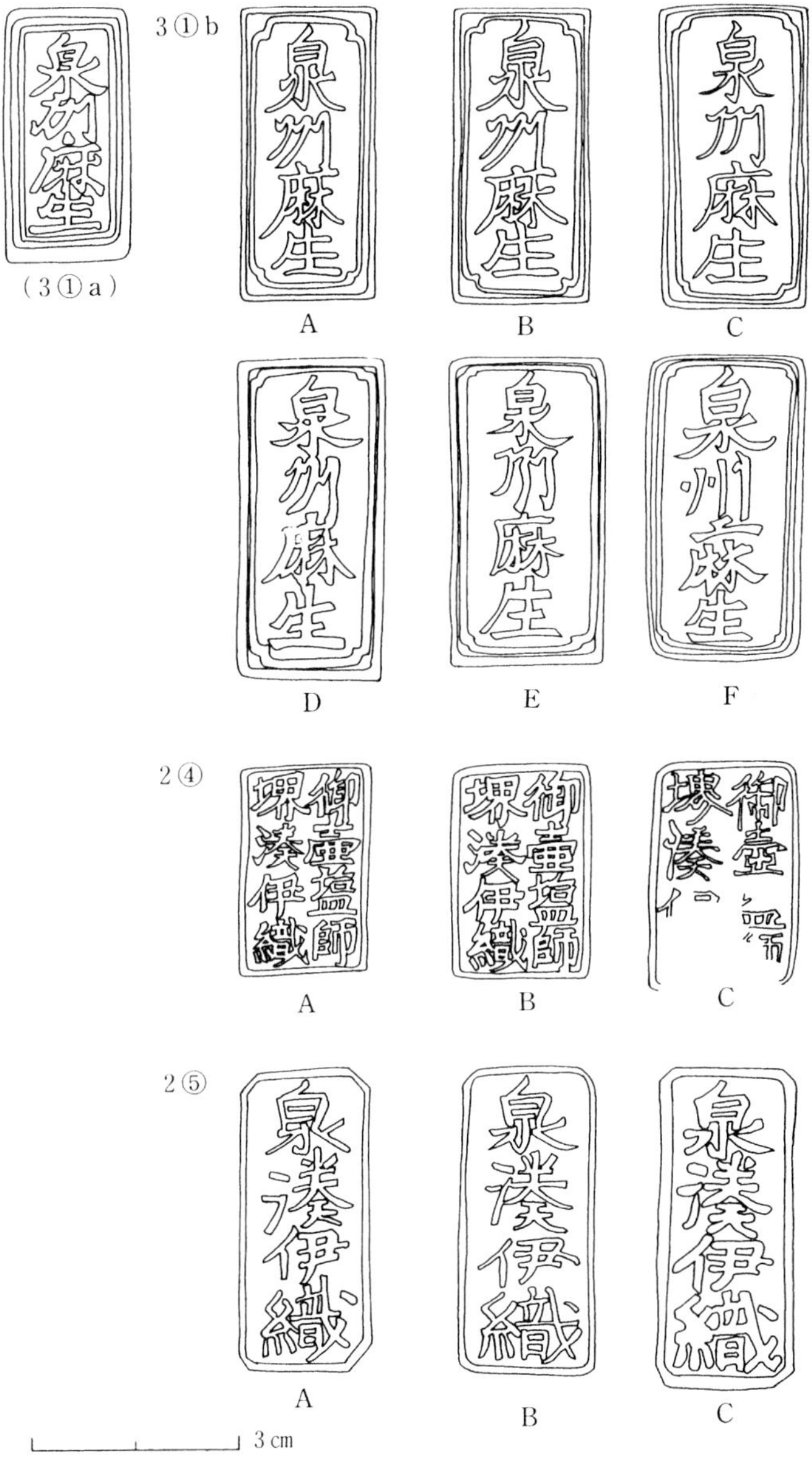

図6　刻　印　の　観　察

3①a：東京大学構内遺跡本郷記念館地点，2④c・2⑤c：真砂遺跡

よって捺されたと思われる例と異なった印体によって捺されたと思われる例とが見出される。焼き縮みや、刻印の摩滅などを勘案しても、一つ一つの字は同じ形、大きさでありながら全体としては重ならないものや、一つの字のはねや払いの長さや角度が異なっていたりする場合があり、これはやはり印体の違いと思われる。たとえば図6のBはそのように見れば少なくともさらに六つに分かれ、これ以外のものも普通二つから三つに分けられる。

このようなレベルでの観察の結果、全く同じ印体によって捺された刻印を持つ焼塩壺があった場合、それはほぼ同時期に同一の壺の製作者によって作られたものである可能性を示すと考えられる。

また、このような微細な観察を行なっていく上で、刻印の元となる印体が何でできており、どのように作られていたかを考えておくことも必要であるが、これまでの観察の結果や近世の木版本の版木の観察から、おそらく木版であったように思われる。そして、上記の微細な観察の結果見いだされる差異は、同一の下書きのもとに作られた複数の印体の存在を示していると考えられる。

こうした点にも注目していけば、それぞれが使われていた期間あるいは生産の規模やシステムに至る検討も可能になると考えられる。

四　江戸の食文化における焼塩壺

最後にこれら焼塩壺の「食文化」との関わりについて論じておきたい。

焼塩壺については、当時の絵画を含めた文献史料からのアプローチ、民俗学的なモノグラフを利用したアプローチ、考古資料からのアプローチとの三者が考えられる。無論これら三者は全く切り離せるものではなく、それぞれの資料としての特性を認識した上での考察が必要であり、それらをいかに対応させるべきかについては慎重に検討すべきである。

まず第一の焼塩壺に関する文献史料については本書所収の渡辺氏の論考をはじめ以前より多くの論及があり（高橋一九二八、前田一九三一、渡辺一九八五他）ここでは詳述しないが、これらは主に壺塩屋のうちの難波屋の系統などと呼ばれる一つの系統に関するものが主であり、それを通じて焼塩壺に見られる特定の刻印の捺されていた年代が知られるのであるが、これらは壺焼塩が当時の食文化においてどのような位置を占めていたものであるのかについては多くを語るものではない。また伊織、天下一といった称号やそれを付与しあるいは禁止したという書状や禁令というものを考古資料における現象の解釈にどの程度まで敷衍し得るものであるのかについての検討も必要である。

一方、渡辺氏の論考にも見られるように、「かけしほだい」として鯛とともに二の膳に載せられていたということが当時の瓦版の祝宴の図から知られ、その具体的な使用に関する貴重な情報源となっている。

このほか焼塩壺や焼塩というものが当時の社会や文化、生活にいかなる意味を持つものであったのかを推定する材料として、川柳の中に焼塩もしくは焼塩壺に言及したものがわずかながら見られる。川柳の句集である誹風柳多留の四篇には「焼塩を　三つ食ったと　病み上がり」、九篇には「切おとし　やき塩つぼは　あんじ也」の二句が見えている（浜田ほか一九八七）。

これを見る限りでは、少なくとも誹風柳多留の編まれた江戸時代後期、明和二年（一七六五）から天保九年（一八三八）にはすでに焼塩壺は高価ではあったとしても決して特殊なものであったとは言えないようであり、庶民とまったく無縁のものであったとは言えないようである。

民俗学的モノグラフからは焼塩壺に関して多くのことは知り得ないが、明治時代には青森県で八百屋で購入されたとの報告があり（宮本一九七七）、これは近世後半の焼塩壺の庶民への広がりの延長に位置するものとも考えられる。

これらに対し、考古資料からのアプローチという点では、まず第一に病院地点の「池」状遺構出土の例が特に、時期や使用に関する豊富な情報をもたらすものである。この「池」状遺構からは「寛永六年……」（一六二九）などと記された木簡（藤本ほか一九八七）とともに出土した箸、折敷、火鑽臼をはじめとする多量の木製品、かわらけに混じって、三種約六〇片、底部片数から推定される最少個体数一八点の身と、三種一七点の蓋、計三五点の焼塩壺が出土している。「池」状遺構に関する詳細は萩尾氏の論考に譲るが、これらは将軍御成の際の祝宴に関する一括資料の可能性が高く、こうした席に壺焼塩が用いられていたことを窺わせるものである。

また病院地点のＦ34―11と呼ばれる遺構からは二種、最少個体数にして五二点の身と、二種四一点の蓋、計九三点の焼塩壺が出土している。この遺構の出土資料については本報告において詳論するが、遺構の規模が大きいとはいえ他の土器をはじめとする遺物の量に比して焼塩壺が特に多いこと、極めて短い時間に捨てられた遺物群と見られること、陶磁器から推定される元禄十六年（一七〇三）頃というこの遺構の廃絶年代の三点から見て、やはり将軍御成の際の祝宴に関する一括資料の可能性が高い。

このように一括で多量に見られるような出土のあり方は一時影をひそめるが、その後ロクロ成形の製品の見られるようになる、十八世紀末ごろから再び多くがまとまって見られるようになる。

陶磁器をはじめそのほかの遺物や出土した遺構との関係については今のところこれといった具体的な指摘が行なえる段階に至ってはいないが、「池」状遺構をはじめかわらけのまとまって出土する遺構に多く見られる傾向があるように思われる（7）（補注三）。

またいわゆる廃棄坑（ゴミ穴）から魚骨と共に出土する例が多く見受けられる焼塩壺と、鯛をはじめとする魚の種類との関係などについても今後の検討課題の一つである。

さらに東大構内に限らず、焼塩壺の出土は城址、都市部の大名屋敷や寺院の遺跡に多く見られ、その社会的階層との関係が指摘されているところではあるが、こうした遺跡の性格といった側面と共に、出土する遺構において見出される鯛の骨や食器としてのかわらけの位置付け、祝宴といった特殊な食事、さらに言えばいわゆるハレの席における「食」行為との関わりが積極的に検討されていかねばなるまい。

また日枝神社の資料が佐々木氏の指摘するように明治十四年ごろの茶屋の遺物であったとするならば（佐々木一九七五）、先の川柳および民俗学的モノグラフとから知られるのと同じく、近世後期以降次第に焼塩壺が庶民のものへと転化していったと考えることができるのではなかろうか。単に現象としての考古資料の操作に留まることなく、近世史という歴史的再構成において焼塩壺の分析を位置付けていかねばなるまい。

おわりに

以上、焼塩壺について病院地点における出土資料を中心に論じてきた。

焼塩壺に見られる多様性は、単に器形や製作技術に関する属性の形で観察されるだけでなく、刻印上に様々なレベルにおいて見出される。この刻印は、一種の文献資料として、また壺焼塩生産業者の色々な意図を示す記号として捉えられ、さらに微細に観察することによって焼塩壺の製作のシステムをも示し得ると思われる。

こうした観点のもとに本稿で述べたように刻印を様々な形で検討することによって個々の遺物を壺塩屋および壺製作者の系統関係のなかに位置付けるという一つの方向を見出し得た。そういう意味において、刻印はきわめて豊かな可能性を秘めているといえよう。

微細な観察によって刻印を分離すれば、刻印から器形が規定できる例が大部分であり、その例外は逆に製作技術の変遷を示すと考えられる。したがって一つの壺製作業者が、一つの焼塩生産者と対応していると言えるようである。焼塩生産者の所在地が湊村・難波・麻生・播磨というように地理的に離れていることから、壺製作業者がその複数の系統に壺を供給していたとは考えにくい。また、壺が「下請け」によって作られたという藤左衛門の末裔による証言からもこのことは推定される（渡辺一九八五ａ）。さらに文献に見られる焼塩屋は土器製作者に由来しており、焼塩以外に香炉もつくっていたと言われる（渡辺一九八五ａ）（補注四）。

さて、先に模倣や年代的先後関係を論ずるにあたって、遺構における共伴関係や、一括出土の例を用いたが、これらの一括性に対しては慎重であらねばならない。なぜなら近世のように商品として大量に生産されたものが様々な形で流通するようになってくると、従来より消費する側の選択という問題が生じてくると考えられるからである。特に焼塩壺のように刻印の形での商標を持った遺物の場合はなおさらであり、さればこそ刻印の模倣と言う現象も生じ得たのであろう。また、流通に起因する偏りも考えられる。同一の系統に属するものの同一刻印における差異に注目して、刻印の細かな差異から論じることも必要と考える所以である。

今後の課題としては、ここで明らかになった刻印をめぐる様々なレベルでの分類、分析上の観点を、出土に関するより具体的なデータや、壺の型式学的分析と突き合わせていくことによって、複数の系統の個々の在り方を検討し、またこれを通じてそれぞれの模倣の関係（特に「泉州麻生」と藤左衛門、難波屋をめぐって）や暦年代における位置付けを明らかにしていかねばならない。また、同一系統内での刻印の微細観察と製作技術のさらなる検討（特に製作技術２①ｂの「泉州麻生」については口縁や内面、調整等から一層の分類が可能となろう）が必要である。

このほか蓋、ロクロ成形の製品の形態分類や系統関係に関する検討を進めていくこと、鉢型の製品と花焼塩の関係およびこれと「泉州麻生」の関係を明らかにすること、焼塩壺かどうか明瞭でないロクロ成形のもの（図７）（補注五）の検討と位置付けなどまだまだ論ずべき点は多い。

先にも述べたように、焼塩壺は特定の遺跡に偏在するだけでなく、時としてひとつの遺構から大量に出土するなどの特異な出土状況を示すことがある。また単なる記号の域を越えた〝商標〟としての刻印を持つなどの点でも特異な遺物である。これはもちろん、焼塩壺が、当時の社会にあって特異な位置を与えられていたことによるものであり、したがってこれを検討していくことによって、遺跡から普遍的に出土するものを通じて知られるのとは異なった、当時の社会の食文化に限らない様々な儀礼習慣をはじめ、身分制度、商業活動などの特異な一面をも窺えるのである。

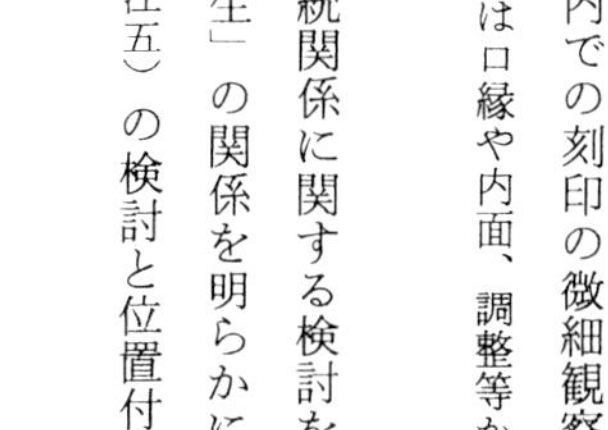

図７　焼塩壺に類する遺物

また一方では、刻印の分析をはじめ成整形技法や形態の分析、出土に関する一括性や共伴関係等に対する考古学的な分析および、これらと比較的豊富にある文献資料、民俗資料との対比検討を通じて、焼塩壺が作られ、流通し、消費された年代や地域、あるいは製造業者の系統性などが特に詳細に明らかにされるであろうことから、「関連諸科学との関係のあり方の模索の場として、型式論、層位論などの考古学的テクニックの検証可能な実験場として」（小林一九八八）期待される近世考古学研究そのもののひとつの役割を的確に捉えうる遺物としても重要であり、こうした観点からも今後焼塩壺をめぐる多様な問題点が検討されていかねばならない。

本稿は、第一回江戸遺跡研究会大会の発表用原稿および当日の記録をもとに、加除筆を行なって再構成したものであり、一部を除き発表時点の理解を基本にしている。なお、その後の検討の成果については本報告（東京大学遺跡調査室一九九〇）を参照されたい。

上記の発表および本稿を草するにあたり、藤本強先生、寺島孝一先生はじめ東京大学遺跡調査室の多くの方々にお世話になった。特に大塚達朗氏からは共伴事例の評価および一括性や単純出土といった資料の操作、手続きに関して色々とご教示いただいた。また渡辺誠先生、鈴木重治先生には、発表後多くのご教示を賜った。さらに白井和夫氏、奈良貴史氏、小林謙一氏、宮沢聡氏には江戸在地系の焼塩壺の存在についてご教示いただいた。末筆ながら記して感謝の意を表す次第である。

注

（1）渡辺誠氏は「器壁が倍以上に厚いこと、蓋をともなうこと、かつ小型品のみであることにおいて」古代の製塩土器とは大きな差があるとし、さらに「粗塩の容器である塩壺とも異なる」との指摘を行なっている（渡辺一九八五a）。ただし江戸時代の末に記されたといわれる『拾遺泉州志』には「……塩壺いつつむつを得ぬ……」とあり（南川一九七四）、当時、少なくとも近世末には塩壺の名で呼ばれることもあったようである。また、焼塩壺を考古学的検討の対象として最初に扱った佐々木達夫氏も、「塩壺」の名を用いている（佐々木一九七七）。一方古代の製塩土器を焼塩壺の名で論じた例も見られるが（森田一九八三）、本稿では渡辺氏に従って焼塩壺の呼称を用いることにする。

（2）東京大学構内遺跡の位置する東京大学本郷キャンパスには、江戸時代を通じて加賀前田家をはじめとする大名、旗本の屋敷地があり、これらに伴う遺構遺物が大量に出土している。このうち病院地点における調査地の大半は古九谷ゆかりの大聖寺藩の屋敷地に当たる。ここからはいわゆる古九谷様式の色絵磁器片が出土し、注目を集めた（東京大学遺跡調査室病院班ほか一九八七）。また、この他先土器、縄文、弥生、古墳、奈良平安の各期の遺物遺構も僅かながら検出されている。遺跡の概要に関しては、これまでになされた遺跡発表会の資料や紹介（上野ほか一九八七、小川一九八七）、あるいは本報告（東京大学遺跡調査室一九九〇）に譲ることにする。なお本稿と本報告とでは器形、刻印の分類の表記が異なっていることをお断わりしておく。

（3）焼塩壺の刻印を、その印文だけでなく刻印そのものの大きさや形の違いを有意なものとして分類したのは、麻布台一丁目郵政省飯倉分館構内遺跡の報告書におけるものが最初であろう。ここでは「泉州麻生」銘に大小二種類の存在を指摘し、「二重の方格の内部に三㌢ほどの「泉州麻生」の文字を入れたもの」と「外側が長方形、内側が二段角になった長方形の枠の内部に四・五㌢程の「泉州麻生」の文字をいれたもの」と、枠線の形態の違いも指摘している（菅沼一九八六）。しかし、これより半世紀以上も以前に前田は、この両者の違いを認識していたと思われる図版を掲げている（前田一九三一、一九三四）。

（4）江戸以外では、公家屋敷二条家北辺地点から「大上々」（枠線一重）の刻印を持つものが報告されている（鈴木一九八三）。

（5）渡辺氏によれば、蓋にはこのほか「深草　瓦師　弥兵衛」（枠線一重）、「なん者ん里う　七度やき志本　深草四郎左衛門」（枠線二重）という刻印も見られるという（渡辺一九八五ａほか）。

（6）渡辺氏によれば、板作り成形による壺（氏の分類ではＢ類）に、「播磨大極上」の刻印の捺された例があるという（渡辺一九八五ａ）。筆者は実見していないが、ロクロ成形と板作り成形の両者に同一の印文の刻印の見られる唯一の例である。

（7）焼塩壺の蓋のうちのあるものは手塩皿として作られ、用いられていたといわれる（渡辺一九八五）。↓補注二

〔補注〕

一　今戸焼の流れを汲む素焼き職人の白井和夫氏のご教示によれば、東京でロクロ成形による焼塩壺を製造する者があり、寺院に納入しているとのことである。詳しいことは不明であるが、関西にのみ焼塩壺の産地を求め得ないこと、いわゆる壺塩屋以外の流通経路の存在の可能性を示唆するものとして興味深い（宮沢・小林一九八八）。

二　麻布台一丁目遺跡および東京大学御殿下記念館地点資料の評価については、大塚氏の指摘を参考にした（大塚一九八八）。

三　補注一で述べた現在も作られている江戸在地系の焼塩壺は、かわらけを蓋としていると言われ、焼塩壺とかわらけという点

だけでなく、焼塩壺の蓋がかわらけの在り方と強い結び付きをもっていたことが窺える。

四　筆者は、香炉を土製のものと考えていたが、渡辺氏のご教示によれば塩でできたものであるとのことである。

五　港区芝公園一丁目増上寺子院群遺跡からは、この例と類似するものが出土しており、特に、その印文は不分明であるが、刻印を持つものの存在することが注目される（港区教育委員会一九八八）。

〈参考文献〉

上野　佳也・小川　望　一九八七年「東京大学（本郷地区）構内遺跡の調査」『東京都・遺跡調査研究発表会XII　発表要旨』、一七〜一八頁。
大塚　達朗　一九八八年「考古学的視点から見た焼塩壺」『東京の遺跡』一九号、二頁。
小川　　望　一九八七年「東京大学本郷構内遺跡の発掘調査」『考古学ジャーナル』二八二号、三六〜四〇頁。
　　　　　　一九九〇年「刻印からみた焼塩壺の系統性について」『東京大学本郷構内の遺跡　医学部附属病院地点』。
佐々木達夫　一九七七年「幕末・明治初頭の塩壺とその系譜」『考古学ジャーナル』一三四号、八〜一四頁。
小林　謙一　一九八八年「江戸在地系土器研究の現状と課題—麻布台一丁目遺跡出土の瓦質・土師質土器の整理から」『江戸在地系土器勉強会通信（仮称）』一号、二〜三頁。
菅沼　圭介　一九八六年「塩壺類について」『麻布台一丁目郵政省飯倉分館構内遺跡』、二七一〜二七二頁。
鈴木　重治　一九八三年『公家屋敷二条家北辺地点の調査—同志社女子中・高　黎明館増築に伴う発掘調査—』同志社大学校地学術調査委員会調査資料No.一五、二一〜二二頁。
　　　　　　一九八五年　a「近世の陶磁器」『中近世土器の基礎研究』、一四八〜一五七頁。
　　　　　　　　　　　　b「堺の焼塩壺」『日本民俗文化大系』一三巻、六二六〜六二七頁。
高橋　艸葉　一九二八年「堺の焼塩壺」『中央史壇』一四巻三号、一〇〇〜一〇五頁。
千代田区教育委員会　一九八六年『平河町遺跡』。
寺島　孝一　一九八六年「東京都、東京大学構内遺跡」『日本考古学年報』三八、四〇〇〜四〇三頁。

東京大学遺跡調査室　一九八九年　『東京大学本郷構内の遺跡　理学部7号館地点』。
一九九〇年　『東京大学本郷構内の遺跡　医学部附属病院地点』。
東京大学遺跡調査室病院班・山崎一雄　一九八七年　「大聖寺藩上屋敷と『古九谷』」『考古学雑誌』七三巻一号、七九～九七頁。
動坂貝塚調査会　一九七八年　『動坂遺跡』。
長瀬　衛　一九八五年　「塩壺」『江戸―一橋高校地点』、二〇六～二一一頁。
浜田義一郎・佐藤要人（監修）　一九八七年　『俳風柳多留』社会思想社。
藤本　強・宮崎勝美・萩尾昌枝　一九八七年　「東京・東京大学構内遺跡」『木簡研究』九号、七八～八一頁。
文京区白山四丁目遺跡調査会　一九八一年　『文京区白山四丁目遺跡』。
前田長三郎　一九三一年　『堺焼塩壺考（未定稿）』。
一九三四年　「堺焼塩壺考」『武蔵野』二一巻三号、一三四～一四三頁。
真砂遺跡調査会　一九八七年　『真砂遺跡』。
港区教育委員会　一九八八年　『芝公園一丁目増上寺子院群』。
南川　孝司　一九七四年　「泉州湊麻生の壺焼塩考」『摂河泉文化資料』創刊号、一～八頁。
宮沢　聡・小林謙一　一九八八年　「現存する今戸焼職人に関する調査」『江戸在地系土器勉強会通信（仮称）』三号、二～一四頁。
宮本　常一　一九七七年　「焼塩」『日本塩業史大系』。
森田　勉　一九八三年　「焼塩壺考」『太宰府古文化論叢』下。
渡辺　誠　一九八二年　「松本城二の丸出土の焼塩壺」『信濃』三四巻一号、七二～七八頁。
一九八三年　「焼塩壺」『平安京土御門烏丸流内裏跡』、七五～九〇頁。
一九八四年　「焼塩壺について」『江戸のやきものシンポジウム発表要旨』五島美術館、Ⅱ一～一一頁。
一九八五年　a「焼塩」『講座・日本技術の社会史』二巻、日本評論社、三一二～三二九頁。
b「物資の流れ―江戸の焼塩壺」『季刊考古学』一三号、四二～四九頁。

〔付記〕

本文中にも記したが、本稿は発表原稿と当日の記録をもとに、発表後時を経ずして執筆されながら、ここにようやく上木の運びとなったものである。以前「補注」の形で幾分かの補綴補足を行なっておいたものの、それからまたかなりの時間が経過しており、新たな出土資料や研究の進展もあって、このままの形で発表することには躊躇逡巡を覚える。しかし当時の研究の状況に関するひとつの記録として、今回印行に同意した次第である。以下、関連する新たに報告された資料を付け加えて、本稿で論じたことのいささかの塡補を行なっておく。

◎身と蓋の対応関係について

まず、本稿の表1に掲げたような焼塩壺の身と蓋の対応関係に関する新たな資料が、東京大学構内遺跡法学部4号館・文学部3号館地点（以下法文地点と略称する）から報告されている。U4―3号土坑からは鉢形3類の焼塩壺とエ類の蓋とがセットで出土した例が報じられており（東京大学遺跡調査室一九九〇b）、従来口径や胎土の呈色などから言われてきた対応関係を強く示唆する資料となっている。

この鉢形の焼塩壺は最近では中央区八丁堀2丁目遺跡からも出土が報告されており（中央区教育委員会一九八九）、さらに類例の増加が期待されるが、鉢形1類とした製品の蓋がどれであるかなど、今後明らかにされるべき多くの問題が残されている。

一方土器面上の文字が身と蓋の対応関係を示唆する資料として、中央区京葉線八丁堀遺跡からイ①bに分類される蓋に「上々吉泉州麻生福井備後」の墨書のある資料が報告されているが（中央区教育委員会一九九〇）、ここに見られる「上々吉」の文言はまた「大上々」の刻印のあるⅡ類の身（鈴木一九八五b）や、東京大学構内遺跡理学部7号館地点の3号井戸出土のイ①cに分類される蓋に見られる「天下一　焼□（塩カ）」の釘書き（東京大学遺跡調査室一九八九）とともに注目されるものである。

◎「花塩屋」と「泉州麻生」

東京大学構内遺跡御殿下記念館地点（以下御殿下地点と略称する）からは、本稿三章で論じた刻印観察における四つの観点からの検討の有効性を論じる上でもきわめて重要な資料の出土が報告されている（東京大学埋蔵文化財調査室一九九〇b）。すなわち、これまでに類例の知られていない「い津ミつた　花塩屋」という刻印を持つ身（⑴：617号遺構、802号遺構）、やはり類例の知られていない「いつミや宗左衛門」という刻印を持つ蓋（⑵：802号遺構）、それに港区増上寺子院群からも報告のある（港区教育委員会一九八八）「イツミ　花焼塩　ツタ」の刻印を持つ蓋（(3)：255a号遺構）の三者である。これらは「イツミ」を印文に持ち、陽刻で表現されているという共通点があるが、渡辺誠氏による言及（渡辺一九八五a）の見られる花塩《はなじお》と呼ばれる種類の焼塩のと関連の上で特に注目されるものである。

この花塩に関する焼塩壺については別稿にて論じたのでここでは詳論しないが（小川一九九一）、本稿で述べたような観点からの刻印の観察を行ない、これに出土に関する属性や、成整形技法の観察などを併せ検討することによって、これらの製品（特に(1)、(3)）や、本稿の分類ではエ類とされる形態を持ち、(3)と同一の印文の刻印を持つ蓋(4)が、「泉州麻生」の刻印を持つ焼塩壺を生み出した壺塩屋（泉州麻生系と仮称する）と系譜的に強い関連を持つことが推定されるのである。

特に(1)の「い津ミつた　花塩屋」の刻印を持つ製品は、全体の器形から見る限りではずん胴であって藤左衛門の系統に属する壺塩屋（藤左衛門系と仮称する）の手になるⅠ類③に似るが、成形技法から見るとⅡ類の板作り成形によるものである。一方共伴する藤左衛門系の製品の刻印から見ると、枠線二重の「泉州麻生」よりもさらに古い位置に置かれることがわかる。こうしたことから、この製品は泉州麻生系の焼塩屋が壺焼塩を販売しはじめた当初にⅠ類③の製品を器形として模倣して作られたものであり、類例の希少なことから見て、おそらくはごく短い期間作られた、いわば「泉州麻生」のプロトタイプとでも言うべきものであると考えられるのである。

したがって、当初壺焼塩製造に関しては先行していた藤左衛門系の製品を、花塩製造を業としていた泉州麻生系が模倣して壺焼塩製造を始めるが、ヒット商品である内側二段角の「泉州麻生」の刻印を持った製品を生み出すに及んで、今度は逆に藤左衛門系ないしその分家である難波屋の系統に属するものによって模倣の対象となるという逆転現象が起きたと言えそうである。

このように、御殿下地点出土資料(1)(2)(3)は、「泉州麻生」の刻印を持つ製品を生み出した壺塩屋の系統を花塩生産者として位置付け、その製品の変遷や年代を解明する重要な鍵を握るものであるばかりでなく、刻印の詳細な観察がその他のデータとともに有効に活用されることによって、きわめて豊かな情報源となりうることを示す好例である。

このほか土器面上の文字が製品の産地を示唆する資料として、本稿ではd類に分類した無刻印のロクロ成形の製品の胴部に「赤穂塩」と墨書のある資料が御殿下地点から出土している（鈴木裕子氏のご教示による）。また法文地点からは、このロクロ成形の焼塩壺に関する良好な資料が報じられているなど、ロクロ成形の製品についても補うべき点が多くあるが、それは近々刊行される予定の論考（小川印刷中）に譲ることとしたい。

（平成三年五月六日）

〈参考文献・補遺〉

大塚　達朗　一九九〇年「焼塩壺の考古学的視点からの基礎的研究」『東京大学遺跡調査室発掘調査報告書2　法学部4号館・文学部3号館建設地遺跡』九〇一～九一六頁。

小川　望　一九九一年「焼塩壺考（一）―東京大学本郷構内遺跡資料より―」『東京の遺跡』三一、四～五。

一九九一年「「泉州麻生」を生み出した「花塩屋」について」『江戸在地系土器研究会通信』二二。

印刷中「ロクロ成形の焼塩壺に関する一考察」『江戸在地系土器の研究』Ⅰ江戸在地系土器研究会。

中央区教育委員会　一九八九年『八丁堀2丁目遺跡』。

一九九〇年『京葉線八丁堀遺跡』。

東京大学遺跡調査室　一九九〇年b『東京大学遺跡調査室発掘調査報告書2　法学部4号館・文学部3号館建設地遺跡』。

東京大学埋蔵文化財調査室　一九九〇年『東京大学埋蔵文化財調査室発掘調査報告書4　山上会館・御殿下記念館地点』。

漆椀の製作と民俗

須藤　護

はじめに

出土品や出土状況を研究対象にして、そこから当時の時代背景、自然環境、生活技術、生産技術、精神文化等を探っていく学問が、考古学であると私は認識している。とすれば民俗学の分野、とくに有形文化を扱っている分野と考古学は、大変近い関係にあるように思う。

民俗学でいう有形のものは、集落、民家、民具などが中心になる。なかでも民具は、民具学といった独自の分野を開拓しつつある。しかも民具を使っていた当時の生活体験をもった人が、少なくなったとはいえ、まだ御健在である。そのような人から直接話を聞いたり、実際にものを作ってもらったり、使ったりすることができる。これが出土品の分析や出土状況を中心にして、調査・研究をすすめていく考古学との大きな違いであろう。

したがって、民俗学や民具学がもっている利点を考古学に生かしていく、また考古学が開発してきた科学的な分析方法を、民俗学に応用するというように、たがいに補い合う作業があってもいいのではないかと思われる。とくに近世考古学は民俗の分野と重なり合う部分が多いわけで、そのような試みの第一歩として、今回の研究会に参加させていただいたことを、大変感謝している。

一　漆器の産地

近世の出土品、とくに出土漆器をみていく一つの方法として、漆器の産地が問題になるだろう。出土漆器から産地を比定することは、大変難しいと予想されるが、産地の形成年代、製品の特徴、技術の伝播等を基礎知識として知っておく必要があると思う。現在わかっている範囲で漆器の産地をあげていくと、すでに生産していない所を含めて、六八カ所ほどが確認できている。しかしまだ未確認の産地もあるだろうし、産地形成まで至らなかった所が出てくるはずである。

たとえば宮城県白石のあたりでは、漆器の木地をつくる木地屋と、漆を塗る塗師が一緒になって山を移動していたという報告がある。また新潟県糸魚川から南の山地帯に入った大所というところでは、木地屋が木地椀の製作から漆塗りまでやっていたし、長野県の伊那地方の木地屋も、また同じような動きをしていたという。このような産地は地図にはのっていないが、その周辺に住んでいる人々にとっては、大変大きな意味をもっていたように思う。

さて六八カ所の漆器の産地のうち、西暦でいうと一五〇〇年代後半から一六〇〇年代後半位までの約百年間の間に、半数近くの三三カ所の産地が成立している。もしくはそれ以前に基盤があったけれども、近世に入ってから、それを整備して産地化していった所である。

たとえば福島県会津地方の場合は、豊臣秀吉の家来である蒲生氏郷という人が天正十八年に会津に入り、城下町の整備にとりかかるのであるが、このとき出身地の近江から木地屋と塗師屋を連れてきて産業の振興をはかったと伝えられている。現在会津に定着している木地屋のなかで、その伝承や系図書を持っている家がある。ところがそれ以前の会津では、当時黒川とよばれていた会津若松とその北にある喜多方で、漆器の製作をしていたという記録が残っている。それは近世以前から漆器製作の基盤があって、その上に城下町における産業振興の一環として蒲生氏が漆器の産業化をはかった、と考えてよいと思う。

このように近世に入ってから漆器産地の基盤を整えていった産地が多く、北からみていくと津軽塗（青森）、浄法寺塗（岩手）、鳴子漆器・仙台漆器（宮城）、川連漆器・能代春慶塗（秋田）、山形漆器・米沢漆器・鶴岡漆器（山形）、会津塗（福島）、日光塗（栃木）、江戸漆器（東京）、新潟漆器・村上堆朱・長岡漆器（新潟）、富山漆器・高岡漆器（富山）、金沢漆器・輪島塗・山中漆器（石川）、若狭塗・河和田漆器（福井）、平沢漆器・八沢春慶塗・飯田漆器（長野）、飛騨春慶塗（岐阜）、静岡漆器（静岡）、名古屋漆器（愛知）、竹田椀（兵庫）、紀州漆器（和歌山）、八雲塗（島根）、半田漆器（徳島）、長崎漆器（長崎）など三二カ所にのぼっている。このほかに近世末期までに七カ所、明治以降に十カ所の新しい産地が生まれている。

とくに津軽、仙台、会津、江戸、名古屋、金沢、松江などの城下町にその例が顕著にみられる。また人が大勢集まる宿場町、港町、門前町、湯治場などに産地が成立していることがわかる。また後に述べるようにそれぞれの産地が特色ある技法を伝えており、その特色を出土品から分析していくことは大変難しいことではある。しかしながら、近世における町の成立のありかたと漆器産地の形成とが、重なりあっている例が多いことを注目しておく必要があるように思う。

二　木地椀の製作

① アラガタ取り

木地椀の製作工程の中でアラガタ取りは二通りの方法がある。その一つは一本の原木からマガリヨキという特殊なヨキで、ちょうど椀を伏せたような形にアラガタを掘り起こし、剝がしていく方法である。これを会津ではムキドリとよんでいる。ムキドリは木屑をたくさん出すことになるので、原木を有効に利用するには効率のよい方法ではないが、マガリヨキ一丁でアラガタを掘り出すことができる。豊かな樹木に恵まれた山から山へ、短期間で移動していく木地屋にとって、道具が少ないほうがむしろ効率がよく、一方では少ない道具である形を作っていくことは、技術的には高度なものが要求される。

もう一つは原木を椀の高さにあわせて玉ぎりして、ワリナタで割って木片を作り、それをナタで削りながらアラガタを作っていく方法である。これをブンギリとよんでいるが、ブンギリはある程度訓練を積めば製作可能であり、しかもムキドリほど木屑を出すことなく、材料面では効率はすこぶるよい。

近江から会津若松に移ってきた木地屋の集団は、主にこの方法を使っていたようである。移住当初は会津若松の町中に居住地を与えられて住んでおり、定住することを前提にしていたことがうかがえる。しかしながら、まもなく原木の不足をきたし、次第に周辺の山々に移住していくことになったが、居住年数は二十五年から五十年と比較的長い。

つまり、ムキドリは移住を前提として磨きをかけられた技術であり、ブンギリは定住を前提として改良された技術ではないかと考える。定住が前提となれば、道具の数が増えても問題はおこらない。むしろ作業工程を細分化し、その工程にあわせて道具を増やしていくことで、特別な技術者以外でも習得可能な技術に改良していくことができる。特殊な技術が一般化していく一つの例ではなかろうか。

定住の方向にむかった木地屋の技術は、一方では専門化していった。道具を改良し、それを使いこなすことで、より精巧な、そしてより見事な装飾をほどこしたものを作り出していったのである。椀、盆、鉢などが刳物や挽物の基本形であれば、この方は茶櫃、茶たく、煙草入れ、キセルのケース、新しくは花瓶、テーブルや椅子の足などが中心になり、刳物や挽物の応用形であるといえる。このような挽物は町場の人々によって愛好されたものが多い。

② アラガタの整形とナカギリ

原則としてアラガタ取りの作業は原木の生えているところで行ない、取ったアラガタをスカリ（ブドウのツル、ワラ等で編んだ袋）の中に入れて、住居でもあり、作業場でもある木地小屋まで背負ってくる。アラガタ取りは男の仕事、運搬は主に女の仕事であった。山から運ばれたアラガタは木地小屋の中の作業場で、カタブチとナカギリが行なわれる。カタブチは荒取りしたアラガタを杭のようなものに押し付けて、ヒラチョーナで椀形の外側を亀甲型に整形する作業である。ヒラチョーナは刃先が水平についているチョーナで、この作業は男がすることが多いが、片手でアラガタをおさえ、片手で打っていくために軽めに作られている。

ナカギリは、カタブチの終わった木地ガタの中を掘る作業で、ナカホリともいう。主に女がこの作業にあたる。ナカギリ台という台の上に木地ガタをのせ、両足ではさんでくるくる廻しながら、ナカギリチョーナを振り降ろし、均等な厚みになるよう中を掘っていく。大変熟練を要するとともに危険な作業である。ナカギリチョーナは刃先が椀のアールのように湾曲しているチョーナで、一・二キログラムほどの重さがある。女の仕事ではあるが両手で用いること、それに重くないと効率よく中を掘ることができないからであろう。

木地屋という技術者集団は、集団のなかで婚姻関係を結ぶことが一般に行なわれてきた。木地椀作りの工程が機械化されるまでは、一般の人が木地屋になることは少なかったし、農家の娘が木地屋に嫁いでくることもなかった。それはムキドリやナカギリのような、小さな頃から親について刃物に慣れ、仕事に慣れていないと、できない特殊な作業をしなければならないことが、その一因であると思っている。

③　ロクロ挽き

ナカギリの終わった木地ガタの、高台《コウダイ》の部分をロクロの爪に打ち付けてしっかりと固定し、ロクロの心棒に巻きつけた綱を交互に引っ張って、ロクロを回転させる。これを手引きロクロといい、綱を引く人とカンナボウを持って木地椀を挽く人と二人がかりになる。カンナボウは刃先が鋭く曲がった柄の長いカンナである。木地椀を挽く人は、まずロクロの横に座り木地ガタの外側を荒挽きして、今度はロクロの正面に座をかえて、内側を挽く。そしてもう一度ロクロの横に座をかえて外側の仕上げ、ついで高台の外側と内側の仕上げをする。

高台の中心部にはロクロの爪がささっているので、高台の中は爪の部分を残して溝を切るようにして、カンナを入れていく。そして爪跡の残った部分を小型のチョーナで削り落とすと、ちょうど高台の形にできあがる。ロクロ挽きの場合、木地ガタの固定のしかたは何通りかあるが、爪で直接固定するのが効率がよく、また残った爪跡は削り取ってしまわなければならないために、高台は必然的にできた形なのである。これが椀の形を決定していった要因の一つであろう。

ロクロ挽きについては、まだいくつか面白い問題がある。普通の人は右手が利き腕になるから、右手で綱を引いたときにロクロの心棒はいきおいよく回転する。このときカンナを入れて椀を挽き、つぎに心棒が逆回転するとき、つまり左手で綱を引くときは、カンナを椀から離す。ロクロ挽きはこの作業の繰り返しになる。したがって椀の表面には細い線状の溝ができ、漆を塗る前にもう一度仕上げをするのであるが、その溝は残ることが多い。ところが大正時代に入ると水車が、昭和に入ると電力を動力にしたロクロが現われ、ロクロの回転が速くなるとともに、一方方向の回転となる。したがってカンナを椀から離すことなく挽くことができるので、椀の表面はなめらかに仕上がる。そこでカンナの跡がついているかいないかによって、手引きと動力ロクロの差が表われ、製作年代の判定が可能になる。

④ 蓋付きの椀

出土品との関係でもう一つ注意してみたいことは、蓋付きの椀がどの位出ているかということである。私の数少ない見聞では蓋付きの椀は少なく、今回の報告でも少ないように思う。それは出土品の椀は横木取りが多いことと、関係が深いのではないかというのが私の考えである。

横木取りの場合、蓋付きにすると都合の悪いことがおこってくる。横木取りは立っている木に対して、椀の吸い口にあたる面を木の芯に向け、高台の面を樹皮の側に向けて木取りをする方法で、吸い口の面が柾目になって出てくる。柾目の縦方向をタテッキといい、横の方向をヨコッキというが、このヨコッキが縮みやすいのである。木の年輪は春から夏にかけて成長した軟らかい部分と、冬の間にできる硬い部分とで成っており、春から夏にかけて成長した部分が乾燥すると縮み、木地ガタの段階で正円につくっても楕円形に歪んでしまう。そこで木地ガタをつくるときはあらかじめ縮むことを予測して、タテッキよりもヨコッキを広めにとっておき、一度乾燥させて正円にしてからロクロにかける。

ヨコッキの縮みかたを直径三八㌢ほどの木鉢で観察してみた結果、仕上げてから二週間で二㌢ほど縮み、タテはまったく縮んでいなかった。椀の場合はこれほどの差はないが、乾燥してからもさらに縮み、また中に熱いものを入れたりすると、少しずつではあるが歪み、椀と蓋があわなくなってくるのである。

これに対して竪木取りの場合は、椀の吸い口に年輪が出てくるような木取りであるために、収縮率がほぼ一定しており、蓋付きの椀に適した木取りということがいえる。

出土漆器の中に横木取りのものが多い理由ははっきりしないが、横木の性格として同じ大きさの木からは、竪木よりも大きなものが取れること、そして逆目がたちにくいために、カタブチやナカギリが容易であることがあげられる。だからアラガタおこしからナカギリまでの工程を経てつくるかぎりは、横木のほうが有利なのである。

日本の漆器の産地のなかで、今日なお横木地の椀を使っているところが圧倒的に多いのは、その伝統を受け継いだものと考えられるが、私が知っているかぎりでは、石川県山中と和歌山県黒江の二カ所が、竪木地を使っている。山中の漆器木地をつくっている木地屋は、早い時期から足踏みロクロを用いており、ナカギリの作業はロクロで行なっていた。また黒江の場合は吉野地方の芯持ちの檜を用いた竪木取りの椀を見たことがあるが、これも足踏みロクロを使っていた。

足踏みロクロは明治時代になってから普及していったものであるから大変新しいものである。このようにして木地椀の木取り、整形のしかた、ロクロの使い方から見ていくと、蓋付きの椀が出てくるのは新しいと考えた方が自然なのであるが、この問題は出土品や絵巻物を丹念にあたり、食習慣の変化等とからめながら、追っていく必要を感じている。

三　木地椀の流通

近世の特色として漆器の産地化が進んだことは先に述べた。産地を中心にして、木地椀の供給者としての木地屋が周辺の山々に住み、原木の材積量に応じて移動を繰り返していたとみられる。それは個々の漆器の産地と木地屋との関係を追っていくと明らかであり、全国的にその傾向を強めていったと思われることは、近世前期から明治初期までの約二百二十年間にわたって行なわれてきた氏子狩りである。氏子狩りは木地屋の根源の地といわれている滋賀県永源寺町君ヶ畑と蛭谷から、全国の木地屋をまわり、奉納金を集めた記録であるが、延べ人数で約六万人の木地屋の名が記録されている。その分布は全国に広くまたがっており、漆器の産地と重なりあう地方が少なくない。

ということは、この時期になると山々を移動する木地屋と漆器産地との間に、流通の体系ができあがっていたと考えていい。会津の場合は木地屋に山を貸している里村に、元締とよばれる人が現われる。多くは田畑をたくさん持った階級であり、自分の家に蓄積している米を木地屋に送り込むことが、元締稼業の基盤になっていた。

木地屋は山の七合目、もしくは八合目以上は自由に入ってもいいという言い伝えをもっている。ところが近世文書のなかに里村と木地屋との間に、山の利用について交わされた契約書が何通か出ているので、必ずしもそうではなかったようである。契約書には山に入るときは木代金、山の利用範囲、伐ってはならない木、焼畑をしていい場所等が細かに決められている。その中には木地椀をはじめとした物資の輸送は、里村で行なうという取り決めがなされた文書もある。木地屋が村の持山に入ってくることで、里村も木地屋も、潤うことを考えていたのである。

このような里村から元締や運送業者が出てくる。運送業者といっても農業や山仕事との兼業の場合が多かった。元締は村人を頼んで米、味噌、酒、塩魚、反物などの日常の生活用品や、木地挽きに使う道具類を山にあげ、帰りには出来上がった木地椀を降ろしてくる。馬が入れるところまでは馬の背で、馬も入れない深山へは人の背で運ぶ。里村まで降りてきた木地椀は、会津若松の塗師屋まで運ばれる。当時の物資輸送において、空荷で歩くことはほとんどなかった。会津若松からの帰りは里村の中ではまかなえないものを購入してくるのである。それがまた山の木地屋のもとに運ばれるばかりでなく、里村の人々の生活にも潤いをもたらしたのである。木地屋や元締の存在は自給自足をたてまえにしていた里村に、商品をもたらす窓口にもなっていた。

四　漆器の製作

①　漆塗りの工程

塗師屋まで運ばれた木地椀は塗師屋のもとで再度仕上げがなされ、漆を塗ることになる。よく知られているように、漆器は数多くの工程を経て作られるのであるが、その作業は産地によって異なり、また塗師によっても異なることがある。その方法は一定していないのである。しかしながら漆器を仕上げていくための、通らなければならない基本的な工程がある。それが下地塗り、中塗り、上塗りであろう。

新潟県糸魚川市の奥に大所という木地屋の集落があるが、ここでは木地椀を作るとともに漆器の製作まで行なっていた。木地屋と塗師が分業していなかった地帯の一つであり、その製作工程は大変素朴なものであった。大所の漆器はジョウモン（上物）とゲモン（下物）とに分けており、ジョウモンはキセ、サビジ、シタヌリ、ウワヌリという工程を経て作られていた。キセは木地の一番弱い部分である口縁部と内底に麻布を張り、漆とご飯糊とをまぜて固めたもので、椀を長持ちさせるための工夫であった。サビジは下地塗りのことである。大所の下地塗りは砥粉を漆で練って塗り込んだもので、乾いたら砥石で研いで表面をなめらかにして、これを二回繰り返す。シタヌリはその上に生漆を塗り、下地塗りのときよりもさらにきめの細かい砥石でていねいに研ぐ。またウワヌリはやはり生漆に赤色、もしくは黒色をまぜて塗るのであるが、これが仕上げになる。

一方ゲモンはシタジとウワヌリの二工程ですませており、ジョウモンよりも作業が単純化されている。シタジは柳の木を炭に焼いて粉状に細かく砕き、さらに絹の篩で振ったものを柿渋に溶いて用いた。これをやはり二回ほど繰り返し、つぎに柳炭よりも粒子の細かい松煙を柿渋に溶いて塗る。ウワヌリはジョウモンと同じ作業になるが、この間に何度か柿渋を塗り重ねている。工程は二工程であるが、細かくみていくと塗りと研ぎを八回ほど繰り返す勘定になる。このように何度も塗り、塗っては研ぐことで頑丈な漆器を作りあげていく。

越前漆器の生産地として知られている福井県河和田や片山は、塗師と木地屋との分業がとられてきたところであるが、古い椀の製作工程をみていくと大所のゲモノと同じ渋下地である。下地塗りは三回行ない、一回目は柿渋に柳炭をまぜたもの、二回目は柿渋に松煙をまぜて塗る。そしてそれぞれ塗ったあとは砥石で研いで、表面をなめらかにする。最後に柿渋だけで下塗りして、再び砥石で研ぎ上げて渋下地が完了する。その上に漆を一、二回かけて漆椀の仕上がりである。よい品物は中塗りと上塗りの二回、ふつうの品物は上塗り一回で仕上げたという。

下地塗りで柳炭や松煙を用いるのは、木地の木目の凹凸を埋めるためであり、また柿渋にまぜると固くかたまるために、木部の表面を保護するという役目をはたしてきた。

大所の椀は丈夫であり、しかも値段が安かったので評判が高く、主に新潟県西頸城郡や長野県北安曇郡地方に売られ、農家の人々から喜ばれていたようである。また河和田や片山の椀は越前地方の農村や町場で行なわれていた人寄せの行事に多用されてきた。つまり漆塗りの基本的な工程をきちんと踏んでおれば、日常生活に支障をきたさない漆器ができたのである。この工程を基本にしてより丈夫なもの、より美しいものに仕上げていくために、様々な工夫が凝らされてきたように思う。それが各産地の特色になってあらわれている。

たとえば石川県輪島漆器の場合は、各工程を思いきって単純化してみても刻苧（5）、木地固め（1）、布着せ（5）、下地塗り（6）、中塗り（3）、小中塗り（3）、上塗り（4）の七工程をかぞえ、その一つ一つを細かにみていくと、三〇近くの作業の積み重ねを経て、ようやく仕上がることになっている。これに加飾の工程が加わるともっと工程が増えることになる。カッコ内は漆漉し、漆塗り、研ぎなどの作業回数を示したもので、木地の修正、補強、下地塗りにとくに気を配っていることがわかる。なお刻苧は木地の傷になった部分を小刀で掘り、そこに生漆にご飯糊と木粉をまぜた刻苧漆を埋め込み、表面を磨く作業である。また木地固めは木地に生漆をしごくようにして塗り込み、文字通り木地を固める作業で、同時に木地の吸水性を止める役割を果たしている。

② 漆下地と渋下地

漆塗りの工程で布着せを行なっていない産地があるが、その他の工程は他の産地でも共通してみられる。その中で技術的な特色としてあらわれるのは、下地素材の違いによる作業の内容の違いであろう。中でも下地塗りに特色がみられ、とくに手数をかけているのが木地の修正、補強と下地であった。下地塗りには漆下地、膠下地、渋下地、その他豚血、松脂などを用いた特殊な下地がある。漆下地は最も堅牢に仕上がるために古くから高級品として扱われてきた。その伝統を受け継いでいるのが京漆器、輪島漆器、木曾平沢漆器などである。大所のジョウモンも漆下地である。

なお次に述べる下地塗りの工程はすべての産地がこれにしたがっているのではなく、各産地の特色をみていくための目安を示したものである。

京漆器は砥粉と生漆を練り合わせたものを下地に用いる。

輪島漆器の下地はこの地方から産出する地の粉（珪藻土の一種）を練り合わせてから、直径四～五センチほどの厚目の煎餅状に作り、よく乾燥させて焼き、粉状にしたものを生漆と練り合わせて用いる。

長野県木曽平沢では粒子の細かい山土を漆にまぜて用いる。地肌が露出している山麓に溝を通し、その中に適当な間隔で穴を掘っておき、雨の日に泥水を流して、穴の中に粒子の細かい砂を沈殿させる。その砂を取り出して蛇行させた樋の中に水とともに流し、荒い砂を取り除く。

一方渋下地は柿渋を使った下地で、安価であり比較的堅牢であることから日常用の漆器として、各地で生産され広く普及していた。その製法は先に大所の項で述べたので省略するが、大所と同じ柳の炭を使っていたのが福井県の河和田、片山であり、秋田県川連では朴の木の炭を用いていた。いずれもきめの細かな柔らかい木である。また和歌山県黒江や吉野地方では苧殻を焼き炭にしたものを用いていた。このような渋下地を用いていた産地はその他に浄法寺（岩手）、鳴子（宮城）、会津若松（福島）、魚津（富山）、山中（石川）などがあり、共通していることは、庶民の生活と密着したところで漆器を作ってきた産地が多いことである。

日本では柿渋は庶民のもの、漆は貴族や武士のものという伝統が長く続いてきたように思う。柿渋が作業着、紙、漁網、木器などより庶民の生活と深く関わってきたのに対して、漆は武具、馬具、家具調度品、高級漆器など、上流者社会のものであったからであろう。

③　仕上げの漆塗り

このようにして漆器をみていくと、目に見える部分よりも見えない下地工程に多くの労力をかけていることがわかるのであるが、漆器を堅牢なものにしていくと同時に、長持ちさせるという意識が強くはたらいていたからであろう。それは美しく仕上げることにもつながっている。ここで述べる漆塗りは、こつこつと作りあげてきた椀の仕上げの工程であり、出土品でも伝世品でも一番目立つ部分である。沢口悟一著『日本漆工の研究』(美術出版社、一九六六年刊)と職人さんからの聞き書きを参考にして、その要点を述べる。

漆塗りの工程は一般に下塗り、中塗り、上塗り(輪島や河和田では中塗り、小中塗り、上塗りとなっている)があり、下塗りと中塗りは上塗りの効果をあげるための工程で、下塗りはふつう黒色の下塗り漆、中塗りは上塗りと同じ色、もしくは同系統の色の漆をかける。中塗りの色は仕上げに大きく影響するからである。上塗りは漆塗りの最後の工程で、埃がたたないよう作業場をきれいに掃除して、必要な道具の準備をすまして仕事にとりかかると、家の人でも中に入れることはしないという。それほど埃を嫌い、集中力を要求される仕事であった。

上塗りは大きく花塗りと蠟色塗りに分けられる。花塗りには色彩や塗り方により黒塗り、朱塗り、赤塗り、石黄塗り、青光塗り、潤朱塗り、溜塗り、春慶塗り、梨地塗り、銀鉄塗り等の種類があり、一般に使われている漆器の大部分はこの方法で作られているという。また蠟色塗りは上塗りした後に、再度炭で研ぎ、摺漆をして磨き、光沢を出す方法である。摺漆は布や刷毛で漆を摺り付けるようにして塗り、適度に拭き取って仕上げとなる。花塗りが柔らかな光沢の漆面であるのに対して、蠟色塗りは堅くて強い漆面になる。

下地塗りと漆塗りとで大きく違う点は、漆の処理の仕方である。下地塗りまでは生漆を使い、その後はくろめ漆を使う。くろめ漆は直径が一㍍もある大きな木鉢に生漆を入れ、太陽の光をあてながら約八時間ほど、櫂のような長いヘラでゆっくりと攪拌する作業である。漆くろめをする理由は漆の中に含まれている水分を抜き取り、練り込んでいくことによって、柔らかみがあって腰の強い漆を作るためである。

五　漆器の二つの流れ

大変大まかではあるが、漆器の製作工程を述べた。漆器の製作工程は複雑であり多彩でもある。それは漆という優れた塗料がもっている特性によるところが大きい。と同時に漆器の産地化、及び普及との関係が深いのではないだろうか。私自身まだ漆について理解できていない部分が多いのであるが、この複雑さ多彩さが、近世漆器を探っていく上で重要な意味をもっているように思える。

器としての漆器を考えてみると、木地椀のままでも充分とはいえないがその用をはたす。しかし歪みが早くくるし、汚れもひどくなる。そこで塗料をかけることで歪みを止め、汚れがしみ込まないように、そして長持ちするような工夫がこらされるようになった。その完成品が漆器であった。実用漆器の基本的なものとして、新潟県大所と福井県河和田の椀を例にあげてみたわけだが、実に合理的な作り方であった。

この二つの産地で興味深いことは、なぜ漆を塗るかを明確に答えてくれていること、そして上物には漆下地が使われ、下物に渋下地が使われていることである。つまり高級漆器と庶民用の漆器が作り分けられており、漆器に二つの流れがあったことを教えられる。

一方漆器の産地化が進むにつれ木地椀作り、輸送、漆器作り、そしてここでは述べなかったが、木地や漆器製作用道具、漆掻き、販売等の、生産・流通の体系が出来上がっていった。漆塗りの基本的な技術は各産地で共通している部分が多い。それは近世以前にすでに確立していたと考えていいが、それを土台にしてそれぞれの産地で調達できる材料を用い、塗り方を工夫して特色を出していったものと思う。産地間の技術交流もある程度認められている。つまり中世以前の技術を引き継ぎつつ、産地の条件を生かし、多彩な漆器を生み出していったのが近世の特色であると考えられるのである。

難しいことであろうが、近世の出土漆器を科学的に分析していく過程で、木地椀の材質と木取り、下地の材料、処理、塗り方、上塗りの方法、種類等が明らかになってくると、産地の比定はできないまでも、漆器製作技術の流れの中での位置づけや、漆器流通の跡づけができてくるように思う。幸い近世に入ると文書や図絵、各家で保存している漆器などの資料が出ているので、歴史、民俗の分野からのアプローチも可能である。

たとえば各家で保存されている漆器は、箱の中に収められていることが比較的多い。その箱に購入者、購入年月日等が書かれている例があり、きわめてまれなことであるが、生産者のパンフレットが出てくることがある。購入者や購入年月日からだけでも、いくつかのことがわかってくる。その一つは一般民衆が儀礼用の漆器を持つようになるのは比較的新しいのではないか、ということである。調査事例はさほど多くないが、山形県鶴岡、福島県会津、広島県生口島、山口県周防大島での事例をみていくと、一番古いもので寛政年間（一七八九〜一八〇一）であった。以後文化、文政年間になると少しずつ増えはじめ、幕末から明治に入ると漆器を持つ家が一般的になっていたようである。それも豪商、豪農クラスにおいてである。一般の家で漆器を持てるようになるのは、さらに遅れることになる。したがって近世中期までに出土した漆器の中には、庶民クラスが使用していたものはきわめて少ないと思われる。

それでは庶民は日常生活にどのような器を使っていたのだろうか。私は庶民用の漆器の中にも二つの流れがあったと想定している。行事用と日常用の器が作り分けられていたと考えるのである。日常用の椀は漆塗りではなく柿渋が主流であったと思われるのであるが、調査例が少なすぎてはっきりしたことが言える段階ではない。

一方では焼物の製品が庶民生活の中にどれほど入りこんでいたかということも、興味深い問題である。焼物と漆器を対比させながら、また当時の食文化、食習慣ともあわせて見ていくことも大事なことであろう。

日本人の長い生活の歴史の中で、木器や漆器が果たしてきた役割は大きかった。しかしながら素材が木であるがために出土量が少なく、また残念ながら、日常生活用品として使われてきたものの多くは残っていない。僅かな資料をもとにして組み立てていかなければならないのが現状である。そのような状況の中で、中世、及び近世を対象とした発掘がさかんに行なわれるようになり、少しずつ具体的なことがわかりはじめてきたことは大変意味のあることである。それは中世、及び近世考古学だけの問題ではなく、日本人の生活の学として問題にしていかなければならないように思う。

近世の漆椀について

——その器種と組み合わせを考える——

中井さやか

はじめに

日常の器としての漆椀は、中世絵巻などの絵画資料のなかにも頻繁にあらわれる。また鎌倉をはじめとする中世遺跡からの出土資料は何れも質量共に高いレベルにあり、当時の漆器椀の製作技術がすでに安定したものであったことをうかがわせる。

しかし中世後期以降の漆器椀については考古資料はもちろん、伝世資料についても不明の点が多い。これは何よりも資料の蓄積が十分ではなく、さらに食器としての性格付けが行われてこなかったことに原因があると言えよう。このため漆器に関する研究は大きく遅れてしまっているのが現状である。

近世考古学の歴史はまだ浅く、とかく資料の豊富な陶磁器類が研究の中心となりがちである。が、食生活の分野でもなるべく偏りのない文化像を得るためには、陶磁器と組み合わせて、あるいは使い分けて用いられた漆器の理解は欠かせないものである。幸い最近の中近世遺跡の調査の増加により出土資料はかなりの蓄積を見ており、遺物についてもかなりの考察が試みられている(1)。もちろんその数はまだごく少数であるし、遺跡の分布や出土遺構の性格にも偏りが見られるが、ある程度の見通しを立てることは可能であり、現時点でこうした作業を行っておくのも意義のあることであると思われる。

ここで椀と呼ぶのはろくろ引きの木胎に漆を施した深めの食器である。ろくろで挽かれた椀木地は乾燥後下地加工を行い、漆を塗り、完成される。木地のままの使用は当然考えられるところだが、出土資料では漆を塗ったものが圧倒的であるのは各地で指摘されているとおりである。

漆自体は無色透明であり、色は顔料を混入してつけられる。このうち最も一般的なのが赤、黒、茶の三色である。赤は朱漆(水銀朱により着色)または弁柄漆(酸化第二鉄により着色)で、黒漆も煤により着色されるものと、鉄漿により着色されるものがあるが、これらは二つとも化学分析を行わない限り区別は難しい(2)。このため本論では弁柄漆を含めて赤を朱漆、黒は黒漆と呼ぶことにする。また茶はこの朱漆と黒漆を混ぜ合わしたもので潤漆と呼ばれるが、色調の度合いも様々であり、朱漆、黒漆との区別も難しいため各報告書の記載に従った。この他に黄漆(石黄により着色)、緑色の青漆(石黄+藍)も加飾用として用いられる(3)。

一　近世初頭の椀とその様相

近世のもっとも一般的な椀の形態は飯、汁、平、壺の四椀からなる椀揃えであると言われる。伝世品のうち最も古いと言われる椀揃えには、北条氏政、織田有楽斎など戦国時代末期ごろの人物ゆかりと伝えられるものが多い。このため椀揃えの成立時期はこの頃と考えられてきた。(4)そこでまずこの時期の遺跡から出土する椀を見て行きたい。なお大会発表時には近世の出土椀の資料が十分ではなかったため、この時期の椀を中心に述べたが、その後相次いで良好な近世の資料が発表された。そこで本論では大会の主旨に沿い、近世全体の椀を概観することに比重を置くこととし、この時期の椀については子細は別稿に譲り、(5)概観を述べるのみとした。ご了承いただきたい。

二　遺跡と年代

各地の遺跡のうち十六世紀末から十七世紀初頭の椀の出土が報告されているものには以下のようなものがある。(6)

(1)　一乗谷朝倉館跡

朝倉氏の館跡で文明三年（一四七一）から朝倉氏滅亡の天正元年（一五七三）までの間朝倉氏の本拠地であった。

(2)　葛西城址遺跡（以下葛西城址）

城の創設は十五世紀に遡ると考えられており、この時代の陶磁器も出土している。しかし十六世紀前半には小田原北条氏の関東進出に伴いおそらく数度の落城を挿み大幅な増改築が行われており、椀の多くはこのころから小田原落城（天正十八年〈一五九〇〉）までの十六世紀中に属すると思われる。（なお葛西城址には江戸開府後十七世紀半ばまで鷹狩り用の御殿が設けられており、これに属する遺物も量は多くはないが出土している）。

(3) 清洲城下町遺跡

織田信長により大規模な造成が行われた町である。城下町出土の漆椀について分析を行った梅村は遺構の年代を二期に分けている。天正十四年（一五八六）を境に1期は文明十年（一四七八）から、2期は慶長十五年（一六一〇）までである。これは上記の二遺跡とほぼ重なる年代である。

(4) 大坂城三の丸跡

大坂城三の丸は慶長三年（一五九八）大坂の陣に供えて建設されたとされる廓だが、発掘調査では大坂城以前、三の丸建設以前の城下町、三の丸時代、江戸期の各時期の層位が確認されている。このうち椀の出土が見られるのは三の丸時代（慶長三年〜元和元年〈一六一五〉）の遺構からである。

(5) 堺環濠都市

ここでは二箇所の遺構から椀の出土が報告されている。一つは大規模な濠で天正十三年（一五八五）銘の木簡が伴出しており、上限は元和元年（一六一五）頃と考えられている。もう一つは元和から正保年間（一六一五〜一六四七）に比定される濠である。ここでは天正から慶長の濠出土の椀を取り上げる。

三　出土椀の様相

ここで取り上げた遺跡は城か城下町が多くを占める。これは城の発掘が歴史の浅い中近世考古学のなかでは比較的早い時期から行われてきたためであるが、また木製品の遺存状況が良い地下水位が高い低地に立地し、なかでも濠、井戸、大規模な土坑など木製遺物の豊富な遺構を持つ遺跡となると城や館などが多くを占めることになってしまうためでもある。何れにしろこれらの資料はかなり高い共通性を持っていると言ってよいだろう。

このためか出土椀もかなりの共通性を持つように見うけられる（図1）。基本的には浅めで高台の低いものと、深めで腰が張り高台の高いものが多数を占め、高台の高い椀には高台内の刳りに深いものと浅いものがある。

塗は内外とも黒塗のものと、内側のみ朱塗のものが一般的である。内外とも朱漆塗のものも見られるが数は少なく、外朱内黒はごく例外的に存在するのみである。

文様は黒漆の面に施されるのが普通である。内外とも黒塗の椀では両面に施文されることが多いが、外黒内朱の椀の場合、文様は外面に限られ、内面の朱地に施文した例はない。内外とも朱塗の椀はほとんどが無文だが、黒の漆絵を施したものが数例ある。

文様は鶴亀、松、洲浜等からなる蓬萊文の他、紋章文、器物文、草花文が多い。文様の種類やモチーフには全遺跡に共通した傾向が見られるが、文様の形態や描き方には各遺跡それぞれの特徴が現れるようである（図2）。

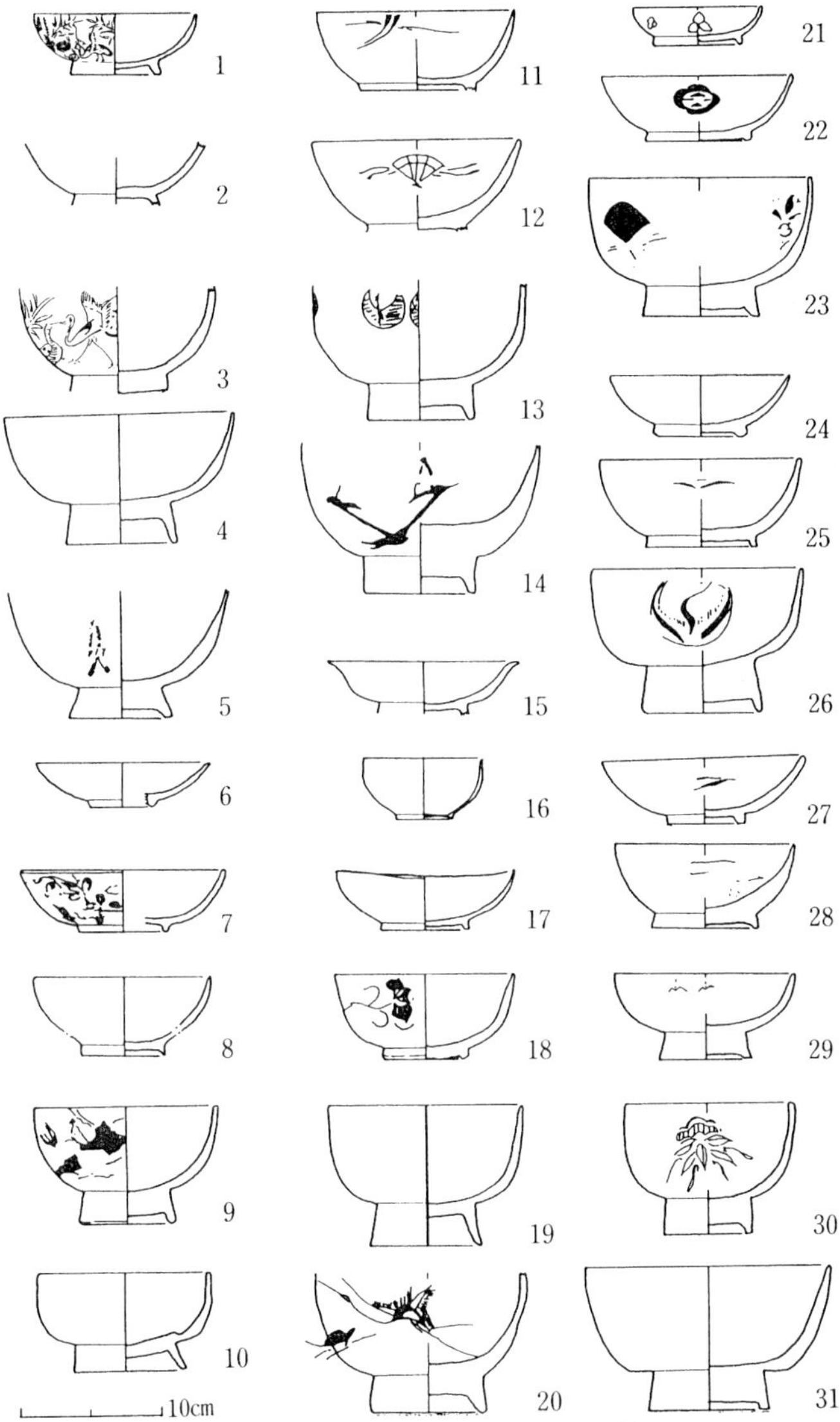

図1　16 世 紀 の 出 土 椀

1～5．大坂城三の丸遺跡出土，6～10．堺環濠都市遺跡出土，11～18，20．清洲城下町遺跡出土，19．森下遺跡出土〔11～14．16世紀後期・15～20．16世紀末～17世紀初頭，梅本より転載〕，21～23．一乗谷朝倉館跡遺跡出土，24～31．葛西城址遺跡出土．

四　分析と結果

以上の観察を客観的にみるため計測値を用いて比較分析を行った。

各遺跡での分類法を参考にした上で、試みに胴部外側の口縁から高台のつけねまでの価を身高とし、口縁、身高、高台高の三箇所の計測値を用いた[7]。

まず口径／身高比を縦軸に、高台高を横軸にとり椀の計測値をグラフに表した（図3）。グラフの上方の椀ほど口径／身高比が大きい、つまり浅い椀であり、右方に行く程高台が高い椀であるということになる。計測値は法量が示されていない場合は実測図から起こした。各遺跡の分布域がほぼ重なっている点が注目される。

次に高台高に代わって口径を横軸にとった（図4）。前図と比較すると様相がやや複雑で遺跡ごとに分布に

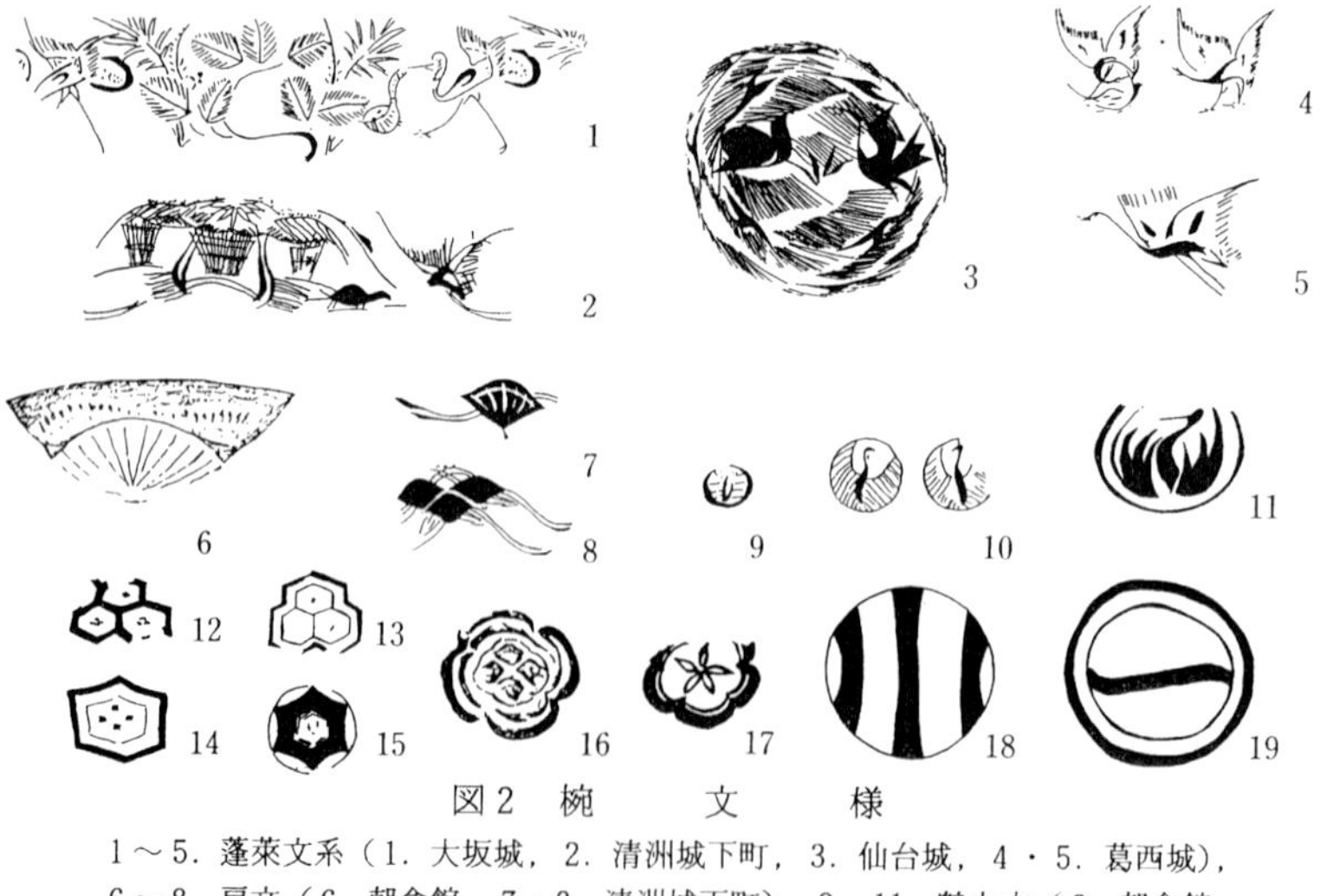

図2　椀　文　様

1～5．蓬萊文系（1．大坂城，2．清洲城下町，3．仙台城，4・5．葛西城），6～8．扇文（6．朝倉館，7・8．清洲城下町），9～11．鶴丸文（9．朝倉館，10．清洲城下町，11．葛西城址），12～19．紋章文（12・14・17．清洲城下町，13・15・19．葛西城址，16．朝倉館，18．仙台城）．

特徴が見られる。

これらからみて十六世紀の漆椀は以下のような形態を持つと言ってよいだろう。

器型は高台が高く腰の張った大型の椀と、高台が低くこれよりやや小型の椀の二種に大別される。

高台が高い椀は口径一一センチ〜一七センチ、高台高一・五センチ〜三・

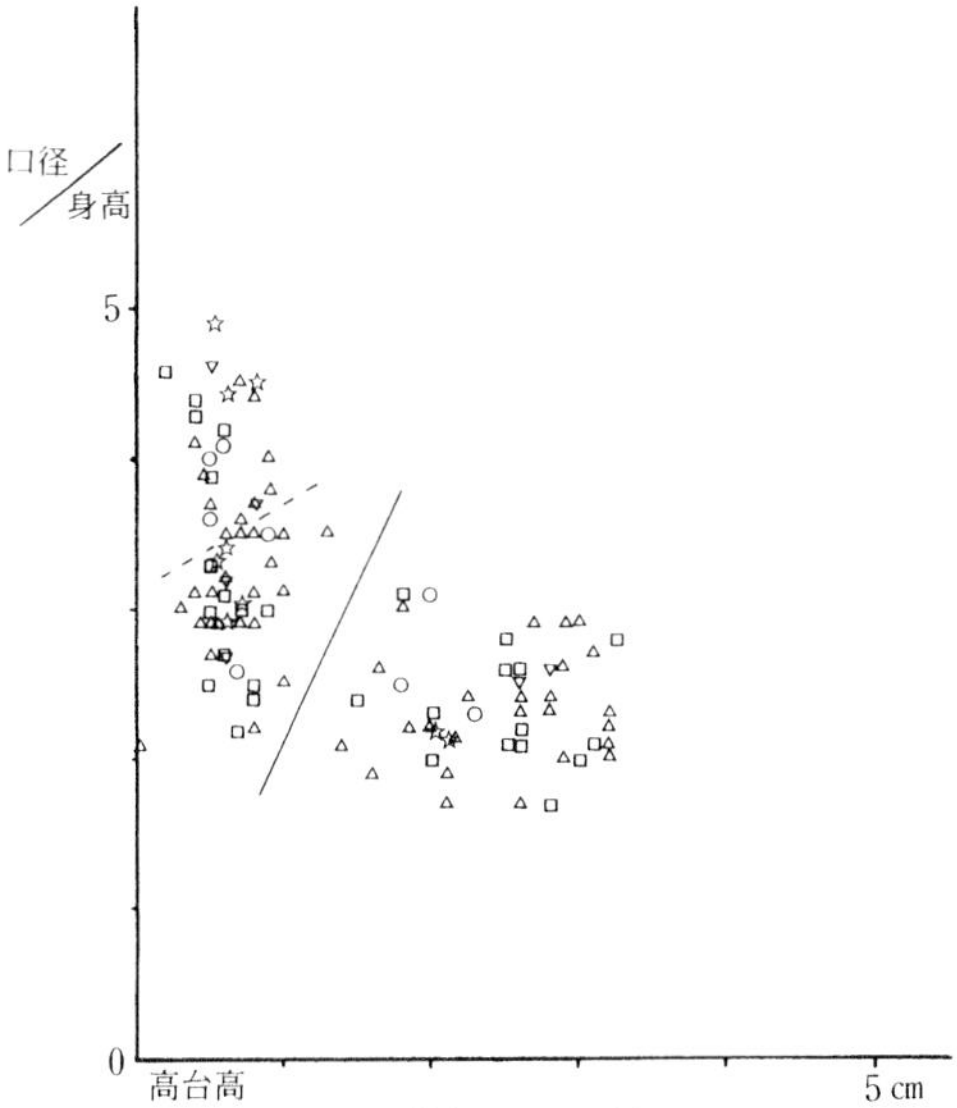

図３　16世紀の出土椀
（△葛西城址　□清洲城下町　○堺環濠都市
▽大坂城三の丸　☆朝倉館）

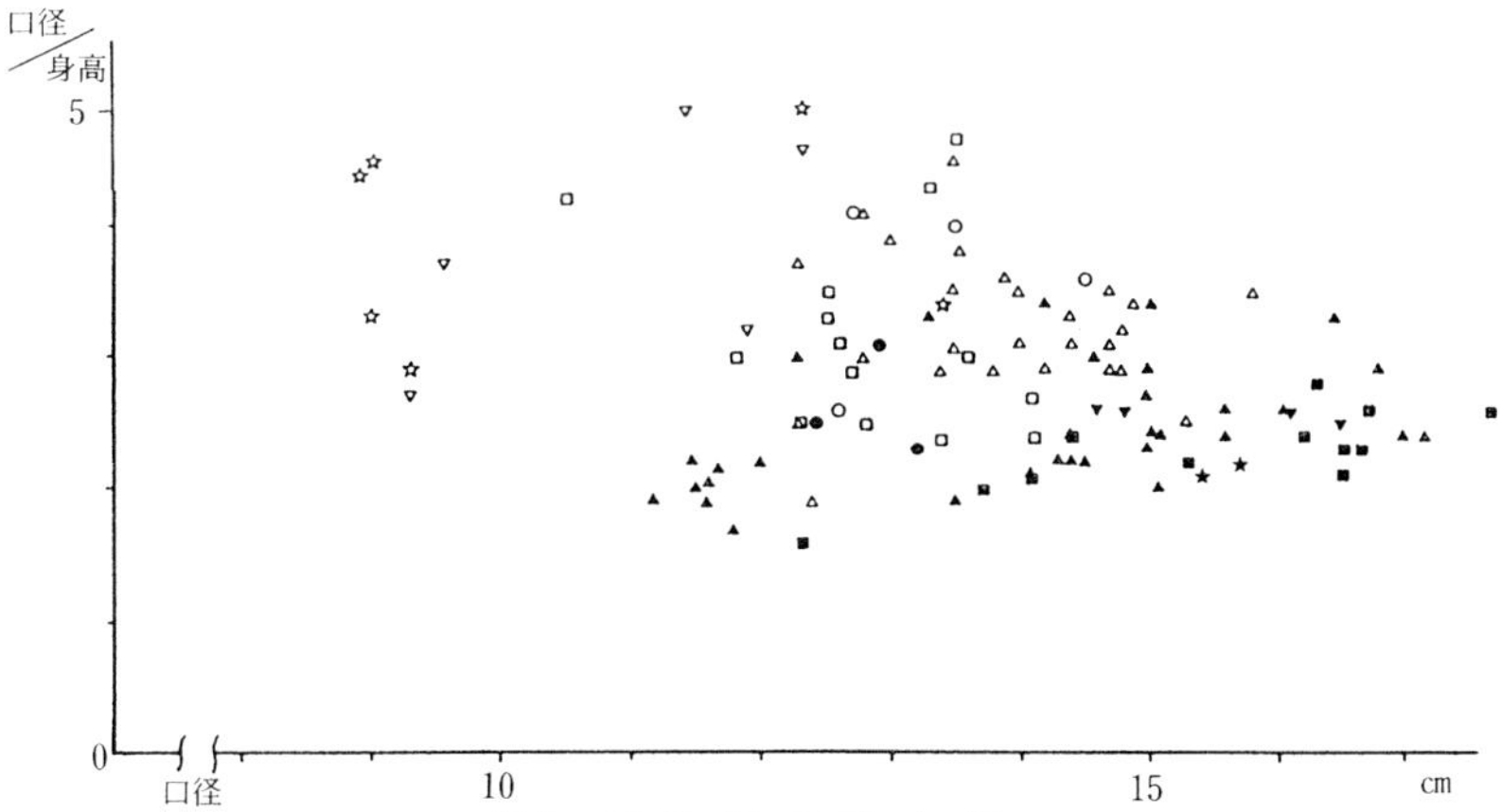

図４　16 世 紀 の 出 土 椀
（▲葛西城址　■清洲城下町　●堺環濠都市　▼大坂城三の丸　★朝倉館
白ヌキは高台の低いもの）

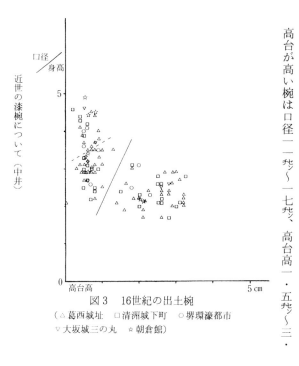

五㌢、口径／身高比が一・五〜三と深めである。これは口径により大中小の三つに分けられる。ただし一般的なのは口径一四㌢〜一七㌢の大で、一三㌢から一四㌢の中、一一㌢〜一三・五㌢の小は限られた遺跡で見られるだけである。高台が一㌢以下と低い椀は口径／身高比は三〜五と浅く、口径も一〇㌢〜一六㌢とばらつきが大きい。口径／身高比三・五付近を境に大きくて深いものと小ぶりで浅いものに二分または三分できる可能性がある。

これらの椀には形態上特殊なものはほとんど見られない。口縁部が外反するものや、稜線のあるものが各遺跡に数例ずつある程度である。また高台部の形態としては高低の他に無高台のものがみられるが、その多くが二次的な加工によるものと思われる。無高台を形態の特徴とすると考えられる椀は数例だけである。

扱った遺跡が広い地域に点状に分布するにもかかわらず、器型とその構成に強い共通性が見られるのは注目すべきことである。ところが口径を見ると、相対的な関係は同じでも各遺跡によって器の大きさにやや差が出てくる。さらに器の塗分けと文様の描き方には各遺跡ごとの特徴が最も強くあらわれる(8)。これは椀の製作と流通を考える上で重要な事実であり、今後詳しく検討されるべき問題であろう。

五　椀の組み合わせ

以上明らかになったような椀はどのように用いられて来たのだろうか。発掘資料から椀の組み合わせを設定することは非常に難しい。そこで伝世品中に類例を探してみた。

伝世品の集成研究もまた非常に少ないが、ここでは荒川の集成による漆椀百選中から次のような基準で四九組を抽出した。

1　一の椀の高台高が一・五ｾﾝ以上で、高台内の刳りがあまり深くないこと。

2　出土椀と類似した器型であること。

3　平椀、壺椀を伴わないこと。

4　文様が主として漆絵で施されていること。ただし切箔、箔絵は可とした。

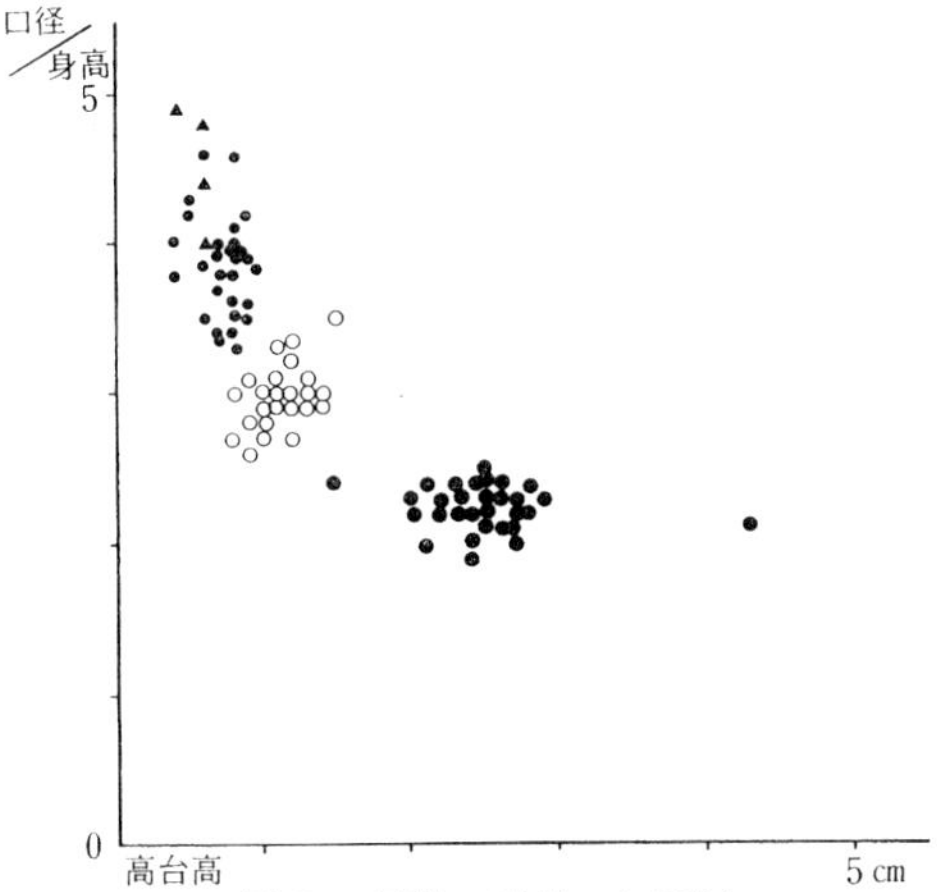

図5　伝世三重椀・四重椀

（●一の椀　○二の椀　•三の椀　▲四の椀）

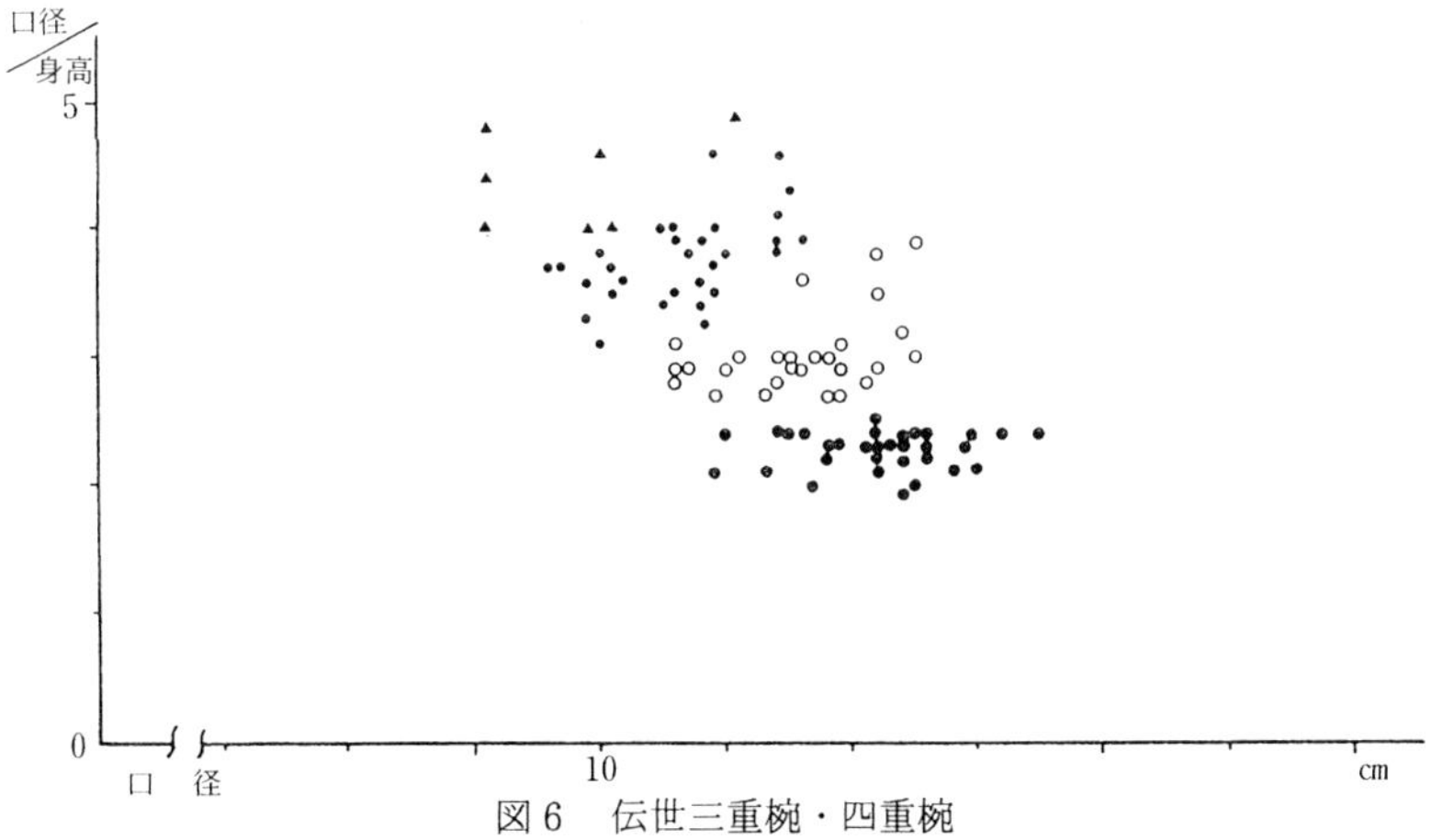

図6　伝世三重椀・四重椀

（●一の椀　○二の椀　•三の椀　▲四の椀）

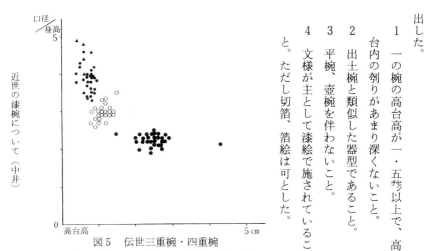

この結果抽出された椀は注目すべき共通性を持っていた。ほとんどが高い高台を持つ一の椀と低い高台を持つ二の椀、三の椀を入れ子状に組み合わせた三重椀であるのである。(9)

これら伝世椀の計測値を処理し、発掘資料と同様にグラフ上に表してみた（図5・6）。出土資料と較べ、口径は全般に小さくばらつきも小さいが、分布の状況は発掘資料ときわめて類似している。形態上から見る限り、十六世紀の椀がこれらと同じく三重椀であった可能性は非常に高いと言えよう。ただし日常用いられた椀がすべて組になった重椀であったはずもなく、単独で用いられたものも存在するはずである。出土椀の器型や大きさのばらつきの大きさはこれを反映したものであると思われる。この点についてはさらに検討が必要だが、例えば伝世品の重椀は口径の差が一センチ内外とぴったりしたものがほとんどであることから考えて、葛西城址の小型の高い高台の椀や（図1―30）、直径一七センチ以上の大型の椀などは単独で用いられた可能性が高いものである。

六　近世の遺跡と漆椀

近世江戸の出土椀としては長らく都立一橋高校地点遺跡出土の資料が知られているだけだったが、最近相次いで良好な資料が発表され、その様相が明らかになってきた。なかでも増上寺子院群遺跡における分類と編年は大きな成果であると言えよう。

七　増上寺子院群遺跡にみる椀の変遷

増上寺子院群遺跡（以下子院群）は江戸開府と同時に造営が開始された増上寺の子院及びその墓地を中心とした遺跡である。出土漆器は椀が一三類二七種、杯三類四種、蓋五類七種、高杯、器台、盥、その他三類の計二七類四四種に細分されており、また、副葬品から六期に亙る子細な年代が明らかにされている。(10)

分析を行った安藤広道によれば、子院群における椀の変遷は次のようなものである(11)（図7）。

Ⅰ期（十七世紀初頭～寛永十三年〈一六三六〉頃）

高台の高い椀、高台の低い深めの椀と浅めの椀、天目型の椀、口縁部が鍔状に開いた椀、端反りの蓋、高杯型の椀の七類がこの時期に比定されている。高台が高い椀では刳りのごく浅いものと深いものの二種が認められるが、浅いものは次のⅡ期では見られなくなる。天目型の椀、端反りの蓋も同様にこの時期特有のものである。

Ⅱ・Ⅲ期（～元禄十年〈一六九七〉頃）

遺物数が少なく不明の点が多い時期である。Ⅰ期と共通した器種がほとんどを占めるが、高台の高い椀は高台内の刳りの深いものだけになり、Ⅲ期には胴部の立ち上がりが直線的なものがあらわれる。口縁部が鍔状の椀はⅡ期までみられる。

Ⅳ期（十八世紀前半）

この時期には椀の形態に大きな変化が起こる。腰部に稜線を一本持つもの、二本持つものが出現し、大きな比率を

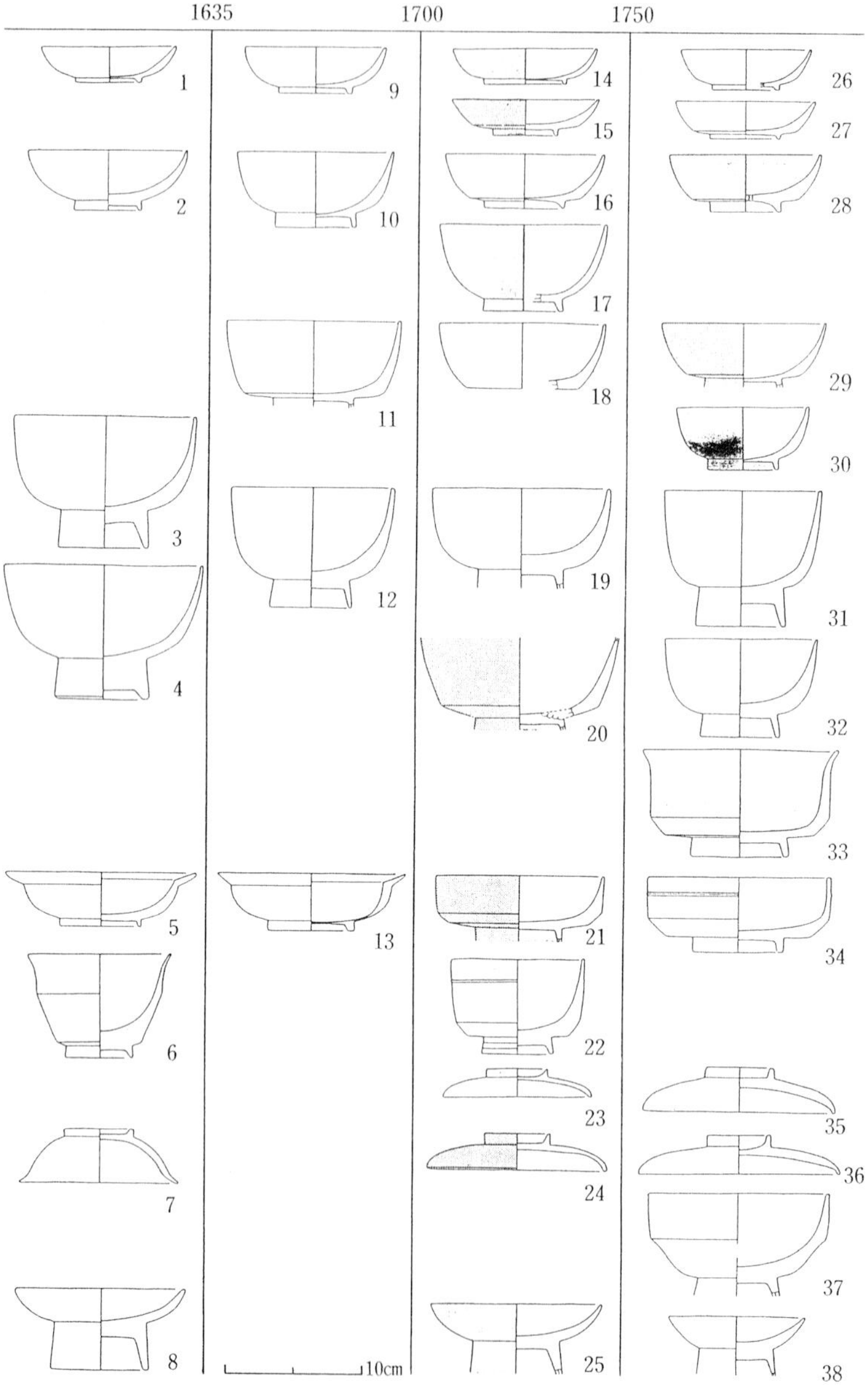

図7　増上寺子院群遺跡出土の椀と編年

占めるようになり、また蓋類にもかぶせ蓋と見られる形態のものが出現する。前期に見られる器種も引き続き行われるため、非常に多くの器種がみられるようになる。

Ⅴ・Ⅵ期（十八世紀後半～十九世紀）

引き続き稜線を持つものが多く見られる。高台の高い椀は減少する傾向にあり、新しい器種もみられる。

安藤広道は以上の変遷を述べたあとで遺跡内の二地区の椀の様相にかなりの差が見られる例を引き、この編年を安易に一般化することに危惧を表している。

江戸は複雑な社会構成を持った封建時代の都市である。使用する道具に対しても個人や集団ごとの個性が強く現れるのは十分考えられることである。また増上寺は将軍家の菩提寺であり、その子院も大名家との関連が深いと考えられており、したがってその遺物もやや特殊な性格を持っている可能性が高い。

一方、比較的資料が豊富な陶磁器では遺跡の性格にかかわらず一定の時期的な特色がみられることが知られている。椀に関しても、細部には集団ごとの好みの差が強くあらわれたとしても、大枠では同じような傾向が見られると考えられる。

前記のように増上寺の椀には十七世紀初頭と十八世紀初頭の二回、大きな変化が起きているようである。そこで他遺跡と比較検討を行うことで、いくらかでも椀の変遷を明らかにすることはできないだろうかと考えた。

十六世紀の椀の場合、最も強い共通性がみられるのは器型である。そこで器型について比較を行ってみることにした。取り上げた遺跡は以下の四遺跡である。

(1)　堺環濠都市

前述した堺環濠都市出土の十七世紀前半の椀を取り上げる。

(2) 仙台城三の丸遺跡（以下仙台城）

仙台城は慶長六年（一六〇一）に築城を開始、三の丸出土の椀は茶室と関連すると考えられている土坑からの一括遺物を中心とする。この土坑は十七世紀初頭（一六〇一〜一六二〇）の年代を与えられている。椀の状態はあまり良くなく転用品もある。

(3) 都立一橋高校地点遺跡（以下一橋）

江戸の下町地域に立地する遺跡で、町屋、武家屋敷、墓地、長屋などが時代により混在している。椀は高台高と形態により十類に分類されており、また年代は明暦の大火によると思われる焼土層を中心にⅠ期（十七世紀前半）Ⅱ期（十七世紀後半）Ⅲ期（十八世紀前半）Ⅳ期（十八世紀後半）の四期に分けられている。

(4) 旧芝離宮庭園遺跡（以下芝離宮）

十七世紀前半に埋め立て造成された屋敷地跡で、大名屋敷の一角にあたる。出土椀は屋敷地を囲む濠の埋め立てが天明二年（一七八二）であることからこの層を挿み、大きく二期に分けられている。

① 十七世紀の椀

子院群の十七世紀前半の椀のうち高台の高い椀と高台の低い椀二種の組み合わせは十六世紀の重椀系の椀の系列に連なるものだろう。特に高台内の刳りの浅いものは十六世紀の椀に広くみられるものである。一方、天目型の椀や鍔状口縁の椀は伝世椀ではそれぞれ壺椀、平椀として用いられている例があるものだが、十六世紀中の椀には類例がない。

同時期の堺環濠都市出土の椀は高台の低い椀がほとんどを占める（図8—7〜10）。高台の高い椀と見られるものが一点あるが、口縁部を大きく破損しており、高台内の刳りが非常に深いことがわかるだけである。ここでは椀の形態は十六世紀と大きな変化はないようである。

仙台城の椀も高台の高い椀と低い椀の組み合わせからなり、基本的には十六世紀の重椀の系統を引くものである（図8―1～6）。しかしここで注目されるのは一括して出土した椀のなかに同じ文様を施した幾つかの椀が存在することである。破損が激しく器型がはっきりしないのが残念だが、高台の高い椀や皿を含むこれを一組とすれば、重椀とは考えにくい。

十七世紀前半の椀の様相を明らかにするためにはまだ資料の蓄積が必要である。しかし、一方では十六世紀以来の重椀の伝統を強く残しながらも、新しい器型と組み合わせがこの時期に現れたのは確実であると思われる。

② 十八世紀の椀

子院群で次に大きな変化が現れるのは十八世紀初頭である。この時期に出現する椀は次のような特徴を持ったものである。

㋑ 一文字腰（腰部に一本の稜線）(12)

子院群では最も古い例は十七世紀後半に見られるが、一般的とな

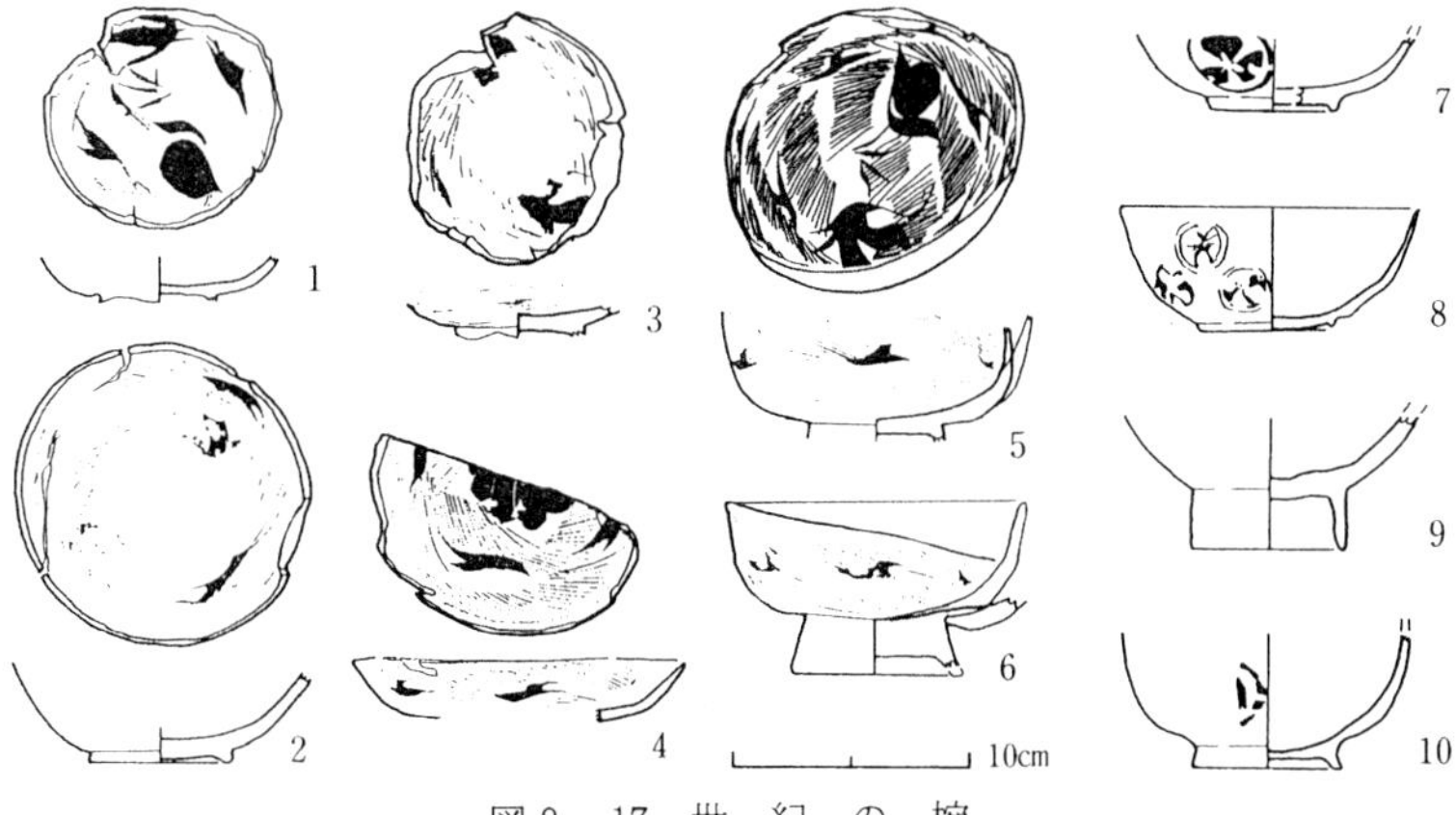

図8 17 世 紀 の 椀

（1～6．仙台城三の丸出土の一括資料，7～10．堺環濠都市出土）

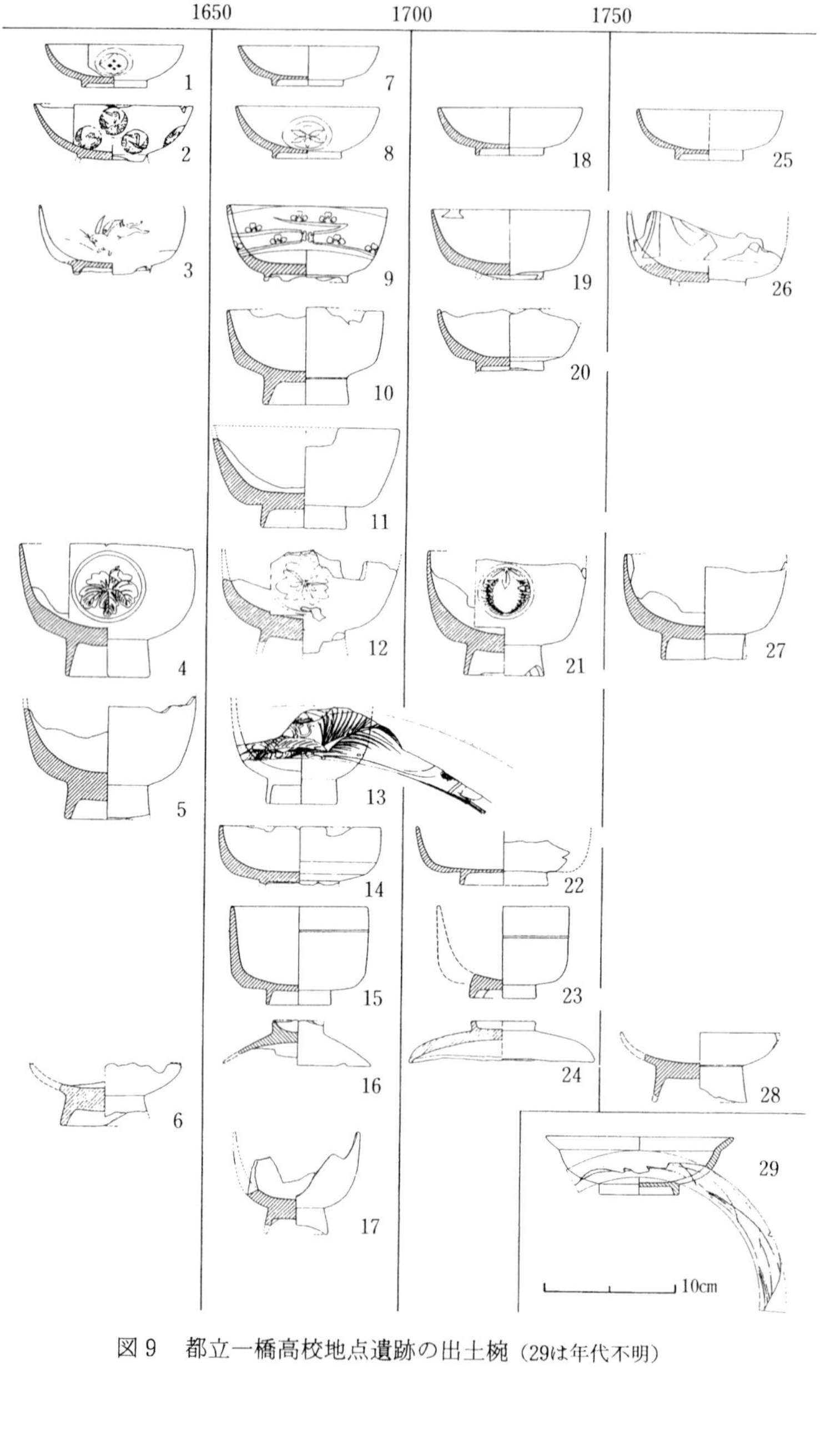

図 9　都立一橋高校地点遺跡の出土椀（29は年代不明）

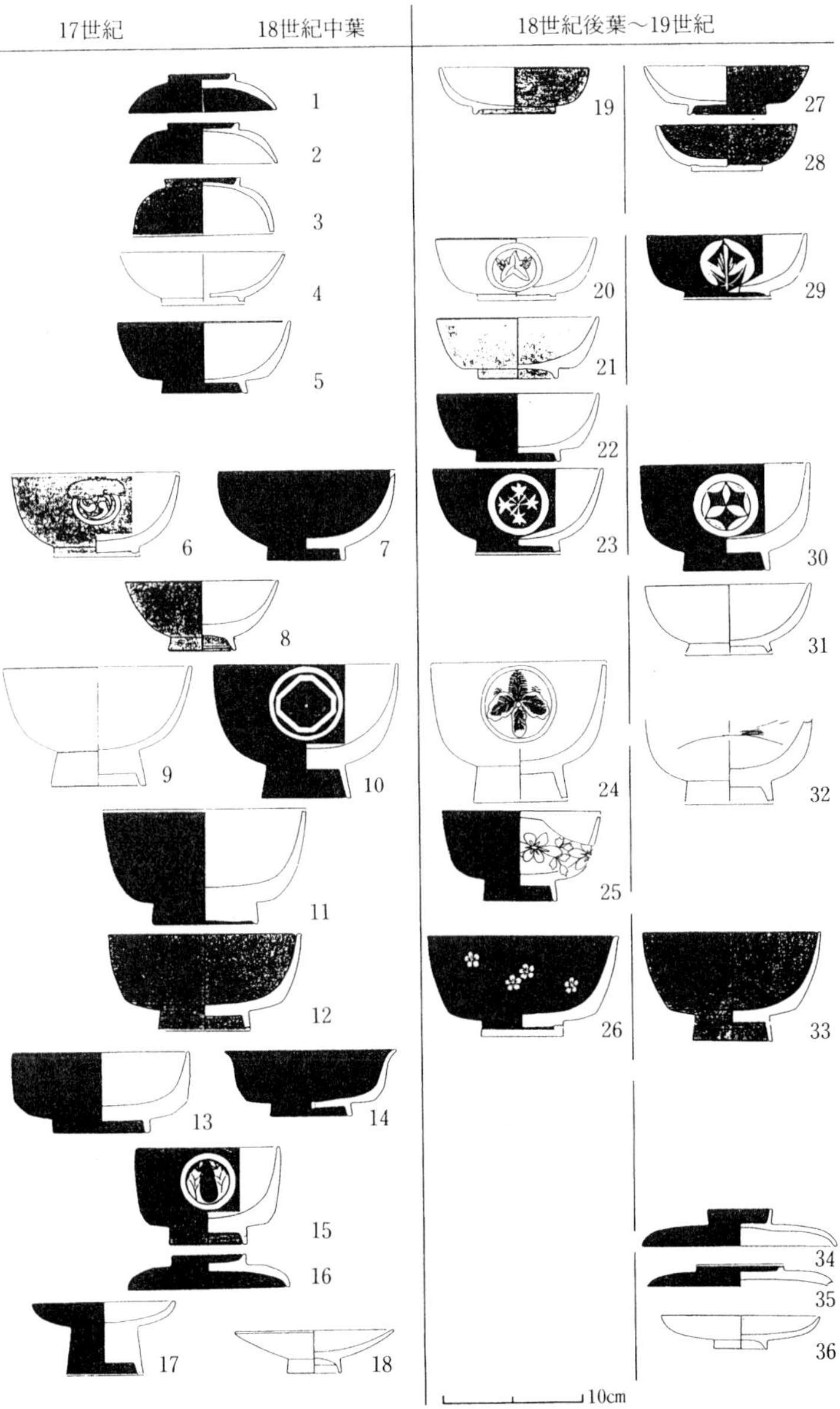

図10　旧芝離宮庭園遺跡の出土椀

るのは十八世紀に入ってからであり十九世紀においても一般的な形態である（図7—11・15・16・20・27・28・29）。

一橋では明暦の大火（一六五七）以前には見られず、大火以後十八世紀中ごろまでの層から出土している。器種は高台の低い椀が中心である（図9—10・11・20）。

芝離宮では高台の低い浅めの椀を中心に十七世紀後半から十八世紀後半までに多くみられる。天明二年（一七八二）前後とされる層から出土しているものが他の器型に較べて多いのが注目される（図10—12・13・20・22・25・28・33）。

以上からみて一文字腰の出現は十七世紀後半以降で、十八世紀中にはごく一般的な形態であったとしてよいだろう。

㈺　面取り（腰部に二本の稜線）

伝統的に面取りと呼ばれる形態である。

子院群では十七世紀末期からみられ、十八、十九世紀を通じて隆盛となる（図7—21・22・34）。

一橋では一文字腰と同じく大火以前の層からは出土していないが、十七世紀中期以後は多く見られるようになる（図9—14・15・22・23）。

芝離宮でも十七世紀後半から十八世紀前中期の層から出土しているが、十八世紀後期以降の出土例はない。また口径の大きな浅いものが数点出土しているのに、小型の深い椀が一点しか出土していないのは注目される（図10—13・15）。

これらの椀はいずれも筒型の胴部に稜（かつら）を巡らすことが多く、定形化された形態を持っている。口径が小さく深いものと、口径が大きく浅いものの二種類がみられ、伝世椀ではそれぞれ壺椀、平椀として用いられている。

よく似た形態だが別に端反りの椀も出土している。子院群と芝離宮に一点ずつあり、それぞれ十八世紀前半、十七世紀後半から十八世紀前中期のものとされている（図7—33・図10—16）。

㈻　高台内の刳り

子院群では椀、蓋の高台内を半球状に刳ったものが十八世紀前半から見られる（図7―16・23・28）。一橋では十七世紀後半の蓋、杯に数例あるが、椀の高台には見られない（図9―16）。芝離宮では十八世紀中後期の一文字腰の椀や杯によく見られるが、蓋とされている浅い椀型の器種にはほとんど見られない。この内比較的古いものは十七世紀末から十八世紀前半に位置付けられている（図10―8・16・18・20・36）。これらから考えて、高台内を半球状に刳るのも十七世紀末以降の形態と考えてもよさそうである。しかし、これがどの器種と関連があるのかについてはまだ今後の検討が必要である。

以上から考えて椀の形態に大きな変化がおこる時期を十七世紀末から十八世紀前期においてもよいだろうと思われる。この変化は、従来の器形に一文字腰や面取りといった部分的な形態の変化を加えることで新しい器形が産み出されていること、椀の定形化が顕著になることなどが特徴的である。

八　椀揃えの成立について

近世の椀の様相についてその概観を追ってきた。最後に椀揃えについて簡単にふれておきたい。近世の椀は飯・汁・平・壺の四椀ないしはこれに腰高または杯を加えた椀揃えが一般的な形態だといわれている。これは一汁三菜などと言われるような定形化した献立に呼応する組み合わせであると言ってよい(13)。そこで十六世紀の椀に用いたのと同じ方法で伝世の椀揃えをグラフ上に表してみた（図11・12）。

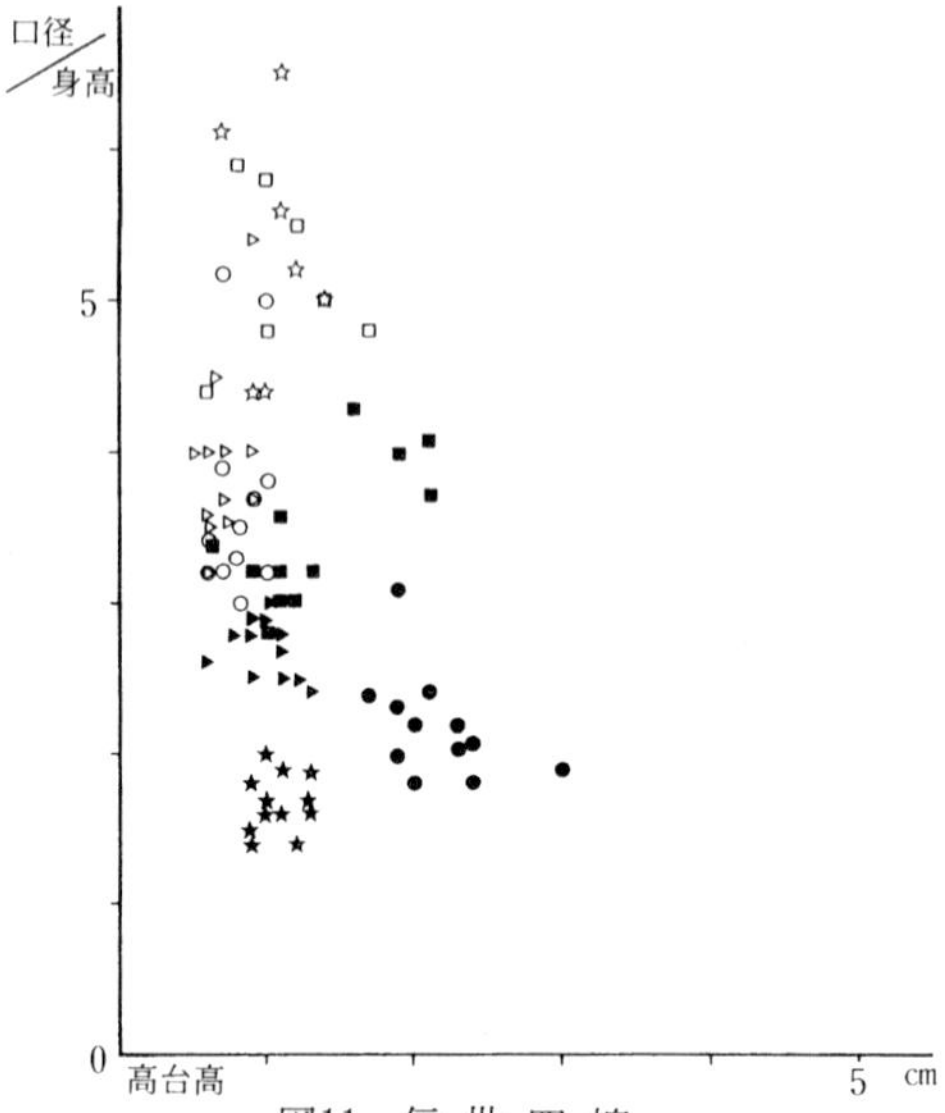

図11　伝 世 四 椀
（●飯椀　▶汁椀　■平椀　★壺椀
白ヌキはそれぞれのフタ）

　重椀のグラフと比較すると椀揃えの分布状態を特徴づけているのは壺椀と平椀であり、飯椀・汁椀と一の椀・二の椀は数値的にはかなり類似していることがわかる。

　伝世品のなかには飯・汁の両椀とそれぞれの蓋を四重椀と同じように入れ子にして収納しているものも存在するから、これから考えて逆に重椀の一の椀・二の椀はそれぞれ飯椀汁椀に比定できる可能性が高い。

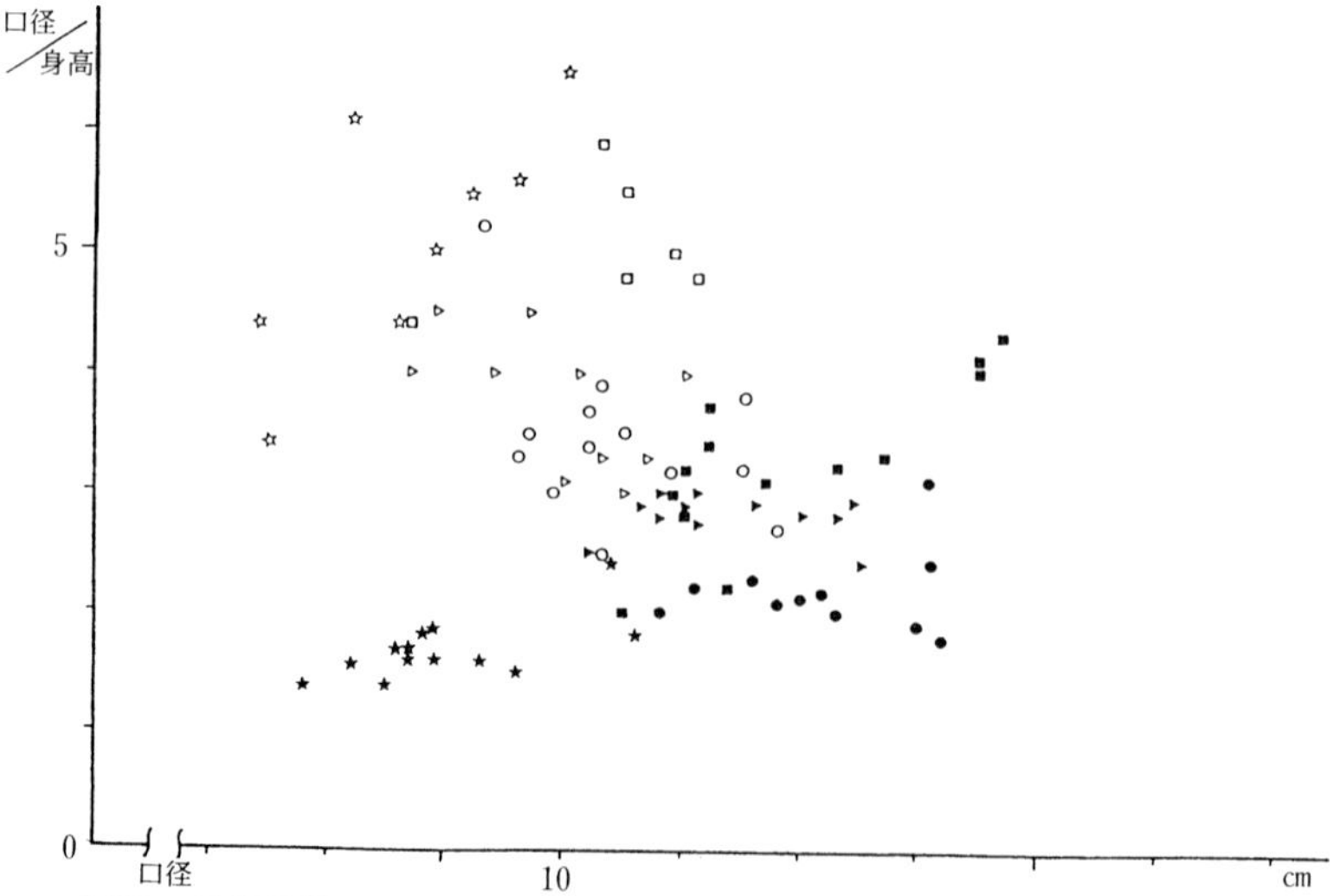

図12　伝世四椀（●飯椀　▶汁椀　■平椀　★壺椀　白ヌキはそれぞれのフタ）

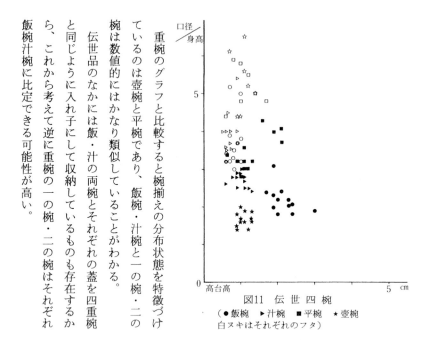

予想以上に強いまとまりを見せたのは壺椀で、この分布域にはこれ以外の器種は存在しない。これに対し平椀は浅めの椀や蓋類と重なる部分が多く、また口径のばらつきが大きいが、全体としてみれば独自の分布域を形成していると言えよう。出土資料から椀揃えか重椀かを判断する基準はまず壺椀及び平椀の有無と言うことになりそうである。

これを踏まえて前出の出土資料を検討してみよう。

定形化した面取りのある平壺が表れるのは十七世紀末から十八世紀初頭にかけてである。従ってこの時期には椀揃えはまず完全に成立していたと考えてよいだろう。問題はこれがいつごろまで遡れるかである。子院群では十七世紀初頭に平椀、壺椀に比定できる器種が存在しているが、同時期とされる堺環濠都市では平壺に比定できる器種はみられない。[14]

子院群の初期の平椀、壺椀はそれぞれ伝世の椀揃え中に類例が見られる。鍔状口縁の椀を含む椀揃えの一つは大内家ゆかりの伝承をもち、現在毛利博物館が所蔵している。[15]

この他の伝世の椀揃えでも十六世紀から十七世紀初頭の伝承を持つものはいずれもやや特殊な器型を持ち、他に類例を見ないことが多い。北条氏政寄進と伝えられる芹椀や織田有楽斎考案と伝えられる明月椀などは伝世椀にも出土椀にも類例がない。

これは十六世紀の重椀が強い共通性を持っていたことと対象的である。

椀揃えが十七世紀初頭に成立していた可能性はかなり高い。しかし成立後まもない椀揃えは、おそらく定形化はなされておらず、普及の範囲も狭かったのではないだろうか。

子院群の初期の椀や、芹椀、明月椀等の器形はこのような状況を反映したものではないかと考えられる。

この問題は献立の変遷とも深く係わってくるだけに、重椀との関係を含めて、今後さらに詳しい検討が必要である。

おわりに

十六世紀末から十九世紀に至る椀の様相を概観してきた。資料も分析もまだ十分と言えず、推測、独断に終わった部分も多い。また近世の文様、加飾についてはさらに十分な検討が必要であり、また機会をみて報告させていただきたいと思う。

ハレとケ、陶磁器との使い分け、身分的な差など椀を取り巻く状況は複雑であり、また発掘の難しさ、復元と保存の問題など研究上の障害も多い。しかし漆椀は他の物質文化とはやや異なった領域に係わっており、この方面から近世を考えることは大きな意味を持つと思われる。多くの御批判を戴くことで、本論が今後の漆椀研究の一助となれば幸いである。

注

(1) 永島正春　一九八六年、梅村清春　一九八七年、四柳嘉章　一九八七年等。
(2) 永島正春　一九八六年。
(3) 全面青漆塗りの椀は茶会用として文献上に見える（荒川浩和　一九七五年）。
(4) 荒川浩和　一九七五年。
(5) 中井さやか　一九八九年。
(6) 朝倉一乗谷、清洲城下町の全資料と、大坂城三の丸の一部の資料は今回新たに加えたものである。
(7) 身の深さではなく身高を用いたのは身高＋高台高＝器高となる整合性と、製作時、ろくろ引きは外側から行われ、器型もここで決められることが民俗例から知られているからである。

（8）木地の樹種にも同様の傾向が見られる可能性がある。葛西城址の椀はケヤキ、ハンノキ、サワフタギ、クリ、ブナ等非常に多種の木が用いられている。これに対し仙台地域では仙台城でも、やや時代の上った今泉城でもそのほとんどがブナである。

（9）これらは荒川浩和が浄法寺椀系、秀衡椀系としてまとめたものとほぼ一致する。前者は一般に四重椀であり、後者は三重椀であるのが特徴の一つとされている。

（10）安藤広道　一九八八年。

（11）図7は安藤広道　一九八八年より中井が作製した。

（12）伝統的な名称では高台の付け根から水平に広がる底部の形を一文字腰と呼ぶが、やや拡大して腰部に一本の稜線を持つものにこの名称を用いても差し支えないと思われる。

（13）この点については陶磁器の普及の問題とともに文献上に表れる献立例を検討する必要がある。

（14）一橋では表採品に鍔状口縁の平椀に類似した器種が一例ある（図9―29）。

（15）荒川浩和　一九七五年。

大内家まで遡らなくても萩転封以前の毛利と関係している可能性はあるのではないだろうか。

〈参考文献〉

荒川　浩和　一九七五年　『漆椀百選』光琳社。
安藤　広道　一九八八年　「漆器椀」『増上寺子院群』港区教育委員会。
梅村　清春　一九八七年　「清洲城下町遺跡出土の木製挽物漆器について―漆器椀を中心として」『年報』愛知県埋蔵文化財センター。
小林　　敬　一九七六～一九七八年　『青戸・葛西城址調査報告』Ⅱ～Ⅴ、葛西城址調査会。
古泉　　弘　一九八七年　『江戸―都立一橋高校地点発掘調査報告』都立一橋高校内遺跡調査団。

中井さやか　一九八九年　「一六世紀の漆椀」『考古学の世界』慶応義塾大学民俗考古学研究室編、新人物往来社。
永島　正春　一九八七年　『西川島』穴水町教育委員会。
四柳　嘉章　一九八七年　『西川島』穴水町教育委員会。
松田権六・羽野幀三　一九七二年　『時代椀大観』Ⅰ。
松田　権六　一九六四年　『うるしの話』岩波新書。
仙台市教育委員会　一九八五年　『仙台城三の丸跡発掘調査報告書』。
港区教育委員会　一九八八年　『芝5丁目増上寺子院群　光学院・貞松院　源興院跡　―港区役所新庁舎建設に伴う発掘調査報告書―』。
福井県立朝倉氏遺跡資料館　一九八二～一九八六年　『特別史跡一乗谷朝倉氏遺跡』XIV～XVIII。
穴水町教育委員会　一九八七年　『西川島―能登における中世村落の発掘調査―』。
大坂城三の丸跡遺跡調査研究会・大手前女子大学史学研究所・大手前女子学園考古資料室　一九八二～一九八六年　『大坂城三の丸跡』Ⅰ～Ⅲ。
堺市教育委員会　一九八三年　『堺』。
〃　一九八四年　『堺市文化財調査報告』第20集。

江戸時代初期の宴会の食器類

――東京大学医学部付属病院中央診療棟建設予定地点「池」出土の木製品――

萩尾昌枝

はじめに

本地点は、本郷台から上野にゆるやかに下る台地の縁に位置する。江戸時代初めに加賀藩の江戸下屋敷となり、その後寛永十六年（一六三九）支藩として成立した大聖寺藩の上屋敷となった。屋敷として使われるようになってから、数回にわたり盛り土がなされ、その厚さが八㍍ほどにおよんでいるところもある。盛り土がされる以前は、幅二〇㍍ほどの沢が調査区域の南から入り、不忍池の方向に向かって流れていたらしい。

調査によって、この沢のなかから東西七・二㍍×南北九・一㍍、深さ二・八㍍の「池」と思われる遺構が発見され、その覆土中から多量の木製品と「かわらけ」（素焼の皿形の土器）などが出土した。木製品の大部分は、食事の際使用したと思われる遺物で占められており、そのなかでも特に数量の多かったのが白木の箸と折敷である。折敷とは、食事の際料理をのせた膳のことで、本来は足は付かないものを指したが、後に足付のものも折敷と呼ぶようになり、今回の出土遺物もすべてに足があったかどうかが確認されたわけではないが、その目的が食事であることなどから折敷という名称で統一した。

今回は、主にこの二種類の遺物をとりあげ、他の遺物や文献史料等も参考にして、江戸時代初期の大名屋敷内での「食」の有り方を検討してみたい。

一 分 析

箸と折敷を、まずその形態から数種類に分類してみた。

(1) 箸

多くが折れた状態で発掘されたが、そのうち長さが約一四㌢以上あるものを一本の箸として数える対象にした。総数は一四八〇本で単純に計算すれば七四〇膳分である。折れずに全体の長さが測れたのは四三三本で、それらを形態から両口箸、片口箸、寸胴箸の三通りに分類し、さらに寸胴箸を成形の良不良によって二つにわけた。

両口箸（図1―8・12・13）中央部が太く、両端を細く削ってあるもので、比較的ていねいに調整されている。長さは八寸（二四・二㌢、これ以降一寸＝三・〇三㌢で計算する）より短いものが多く、完形の状態（折れておらず、完全な長さが測定できる状態）で五六本（完形の箸の全体四三三本のうち一二・九㌫）が確認できた。

片口箸（図1―5・7・9・11）片方の端を細くしてあるもので、現在一般的に使われている箸の形に近い。長さは

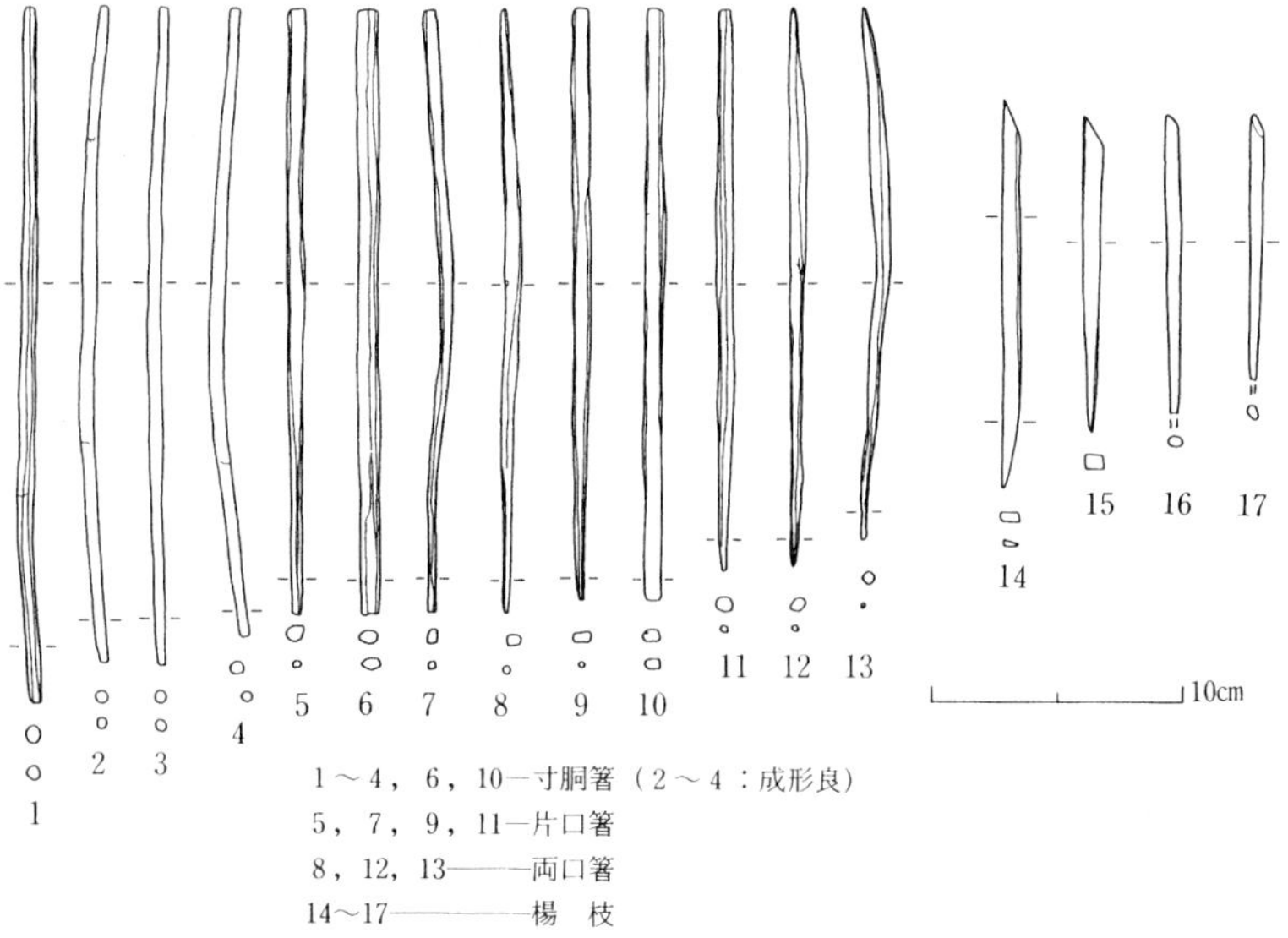
1
2
3
4
5
6
7
8
9
10
11
12
13
14
15
16
17
10cm
1～4，6，10―寸胴箸（2～4：成形良）
5，7，9，11―片口箸
8，12，13――両口箸
14～17――楊　枝

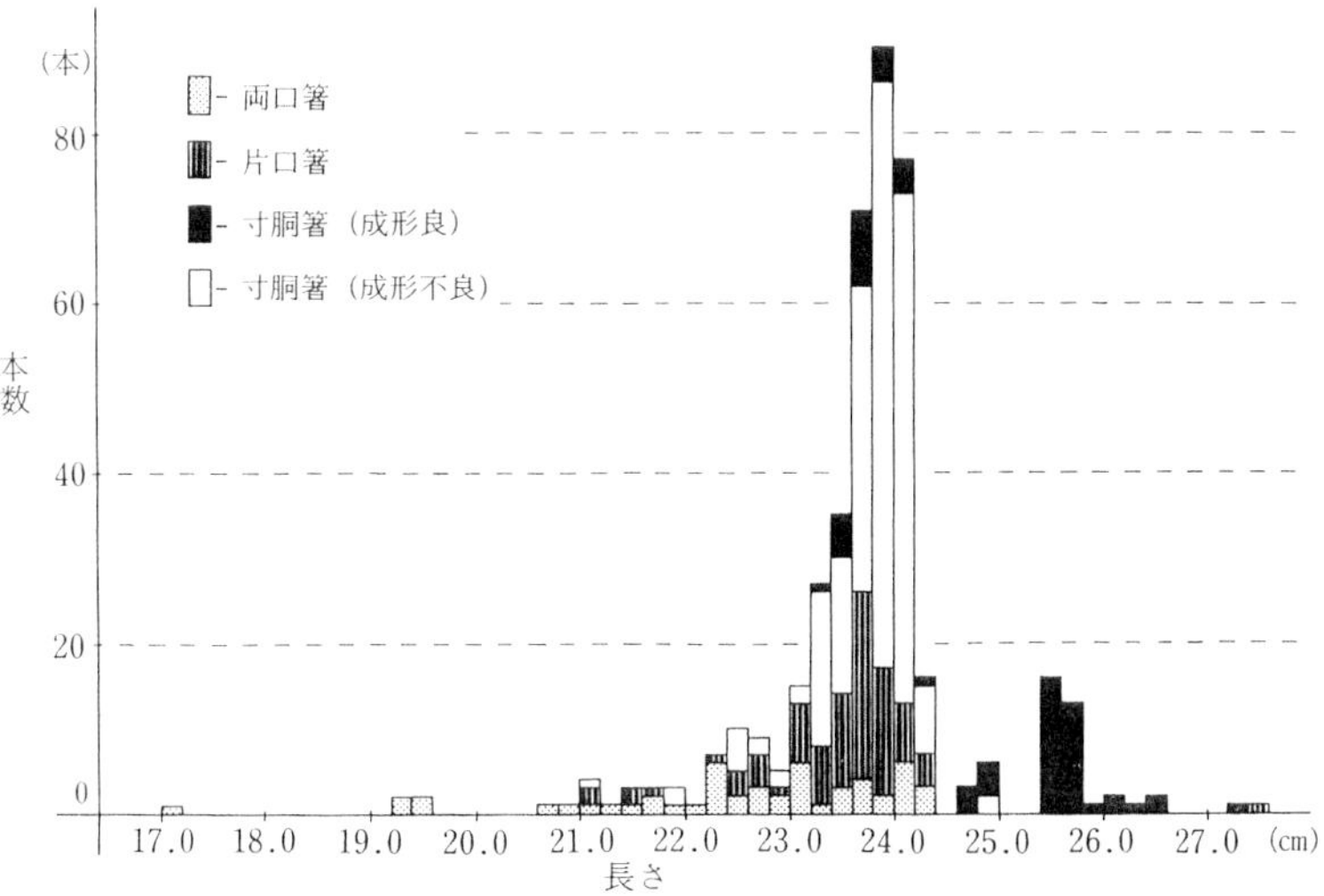
（本）
両口箸
片口箸
寸胴箸（成形良）
寸胴箸（成形不良）
本数
80
60
40
20
0
17.0
18.0
19.0
20.0
21.0
22.0
23.0
24.0
25.0
26.0
27.0
（cm）
長さ

図1　箸の長さと形態

七寸半（二二・七㌢）から八寸（二四・二㌢）前後のものが多く、完形で九二本（二一・二㌫）数えられた。

寸胴箸（成形良）（図1―2～4）　基本的に全体が同じ太さだが、両端がやや細めでとてもていねいに作られている。断面の形はきれいな円である。長さは八寸（二四・二㌢）より長いものが多く、完形では六七本（一五・五㌫）数えられた。なお、このタイプは成形の良さと断面の形が特徴的であったので、折れた箸でもここに分類することが可能で、全部で三三八本（破片数を含む全体の約二三㌫）が確認された。

寸胴箸（成形不良）（図1―1・6・10）　全体が同じ太さに作られているが、削り方はそれほどていねいではない。長さは七寸半（二二・七㌢）から八寸（二四・二㌢）前後に集中している。数量的にはこのタイプが一番多く、完形で二一八本（五〇・三㌫）を数えた。

完形の箸の形態と長さの関係をグラフにしてみると、その分布の様子がよくわかる。

全体的には二四・〇㌢前後に長さが集中している。形態別の割合をみてみると、二二・五㌢より短いものでは両口箸が五六㌫を占める。また、二二・五㌢から二四・三㌢のあいだでは、寸胴箸の成形の良いものと良くないものを合わせた数が六四㌫を占め、さらに二四・四㌢以上の長い箸では寸胴箸の成形の良いものだけで九三㌫を占める。

これら形態による長さの偏りは、なにを意味しているのだろうか。

本田總一郎氏によれば儀式や祭礼など非日常的なハレの席では、長さが八寸以上の中太両細の箸を用い、日常的なケの食事には、男性七寸半、女性七寸の長さの片太片細の箸を用いたという。

だとすると、今回出土した箸はその大部分がハレの席で用いられた可能性が高いのではないだろうか。

(2)　折　敷

接合部は木釘を用いたか、もしくは水溶性の接着材と思われるものなど、いずれも簡単な方法で止められていただ

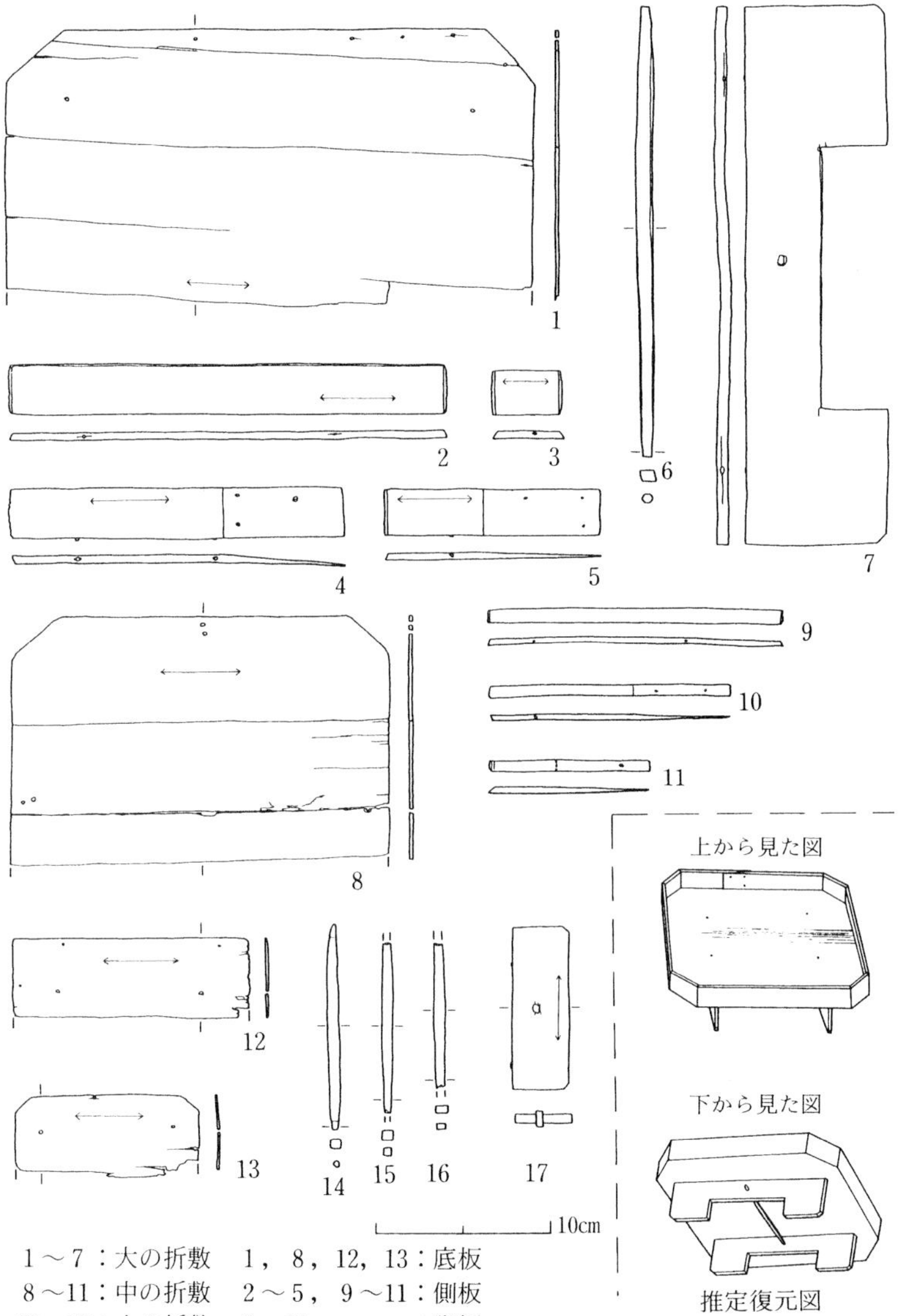

1〜7：大の折敷　1，8，12，13：底板
8〜11：中の折敷　2〜5，9〜11：側板
12〜17：小の折敷　7，17　　　：脚板
6，14〜16　：脚板の支え棒

図2　足　打　折　敷

けであったので、すべてが底板、側板、脚板、脚板の支え棒という各部分に分かれた状態で発掘された。

ほとんどが柾目どりをされており、樹種は杉、檜等の針葉樹である。

底板はさらに木目に沿って割れており、一枚分の完全な面積を測ることはできなかったので、残った辺の長さの計測を行った。

その結果、折敷を三つの型に分けることができた。それぞれの特徴と数を大きい型から説明する。

なお、折敷は底板の木目が横に平行になるような向きで用いられていたと考えられ、また、その木釘の跡や文献史料等から底板の辺は、縦横ともほぼおなじ長さであったと推定した。（図2、推定復元図）

大の折敷（図2―1～7）　底板一辺が一尺二寸（三六・三㌢）から一尺（三〇・三㌢）の長さをもち、四隅の角が一手切り（辺に対して四五度になるような角度で角を切り落とすこと）された足打折敷（脚の付いた膳）である。測定可能な七〇点中三〇点の一辺の長さが三一・六～三二・〇㌢の間に集中している。長さ約八寸、幅約九分（二・七㌢）の側板を一辺当たり三カ所の木釘で打ち付け、角の部分にも長さ約一寸五分（四・五㌢）の同じ幅の板を一カ所の木釘で打ち付けている。ただ、折敷に向かって座った際に奥側になる側板は、二枚の長さの違う板を木釘でつないで、他の三枚の側板とおなじ形になるようにつくられている。その二枚の接合部分は共に斜めに削られており、長い方の板には端から約一二㌢のところに釘状のもので線がひかれ、その線に短い方の板を合わせるとちょうど八寸の長さになる。折敷の向かい側からみると、側板の真ん中に合わせ目がくるようにつくられている。これは、本来の折敷の側板が、一枚のごく薄く割った幅の狭い板を折り曲げ、折敷の向こうで樹皮で接ぎ合わせて枠を作っているところから、その部分を模倣し、この場合は板を合わせた側板であるにもかかわらず、その合わせ目を重視し、製作したものではないだろうか。

さらに、底板の縁から内側五㌢程の所に、二枚の対になる脚板を打ち付けている。脚板は長さ九寸（二七・二㌢）から一尺（三〇・三㌢）、高さ二寸五分（七・五㌢）程であり、中央部に高さ約一寸三分（四・〇㌢）のくりかた（切れ込み）が入り、コの字状になっている。また、その二枚の脚板の間を長さ六、七寸（一八・一〜二一・二㌢）の箸状の棒が支えている。

側板の数から、大の折敷は一一三膳を数えることができた。

中の折敷（図2―8〜11） 底板の釘穴の状態等でさらに二種類に分類した。片方は一辺が八寸のもので、小型だが木釘の跡からみて大の折敷と全く同じ形で作られている。もう片方は一辺が八寸より短く、角の釘穴がなく底板の辺の中央に穴が縦に二つ並んでいるところから、側板をひも状のものでくくりつけていたらしい（図2―8）。木釘の跡や脚板をつけた跡もなかった。角は一度斜めに切った後、さらにできた二つの角を小さく斜めに切り丸みをだしている（三手切り）。

確認された数量は、前者が二四、後者が一三である。

加えて、中の折敷には対応すると思われる側板も二通りある。前者の折敷には、長さ一八・九㌢、幅一・四七㌢（平均）の側板が対応するとみられるのだが、もう一種類長さ一六・九㌢、幅〇・六六㌢（平均）の幅の狭くやや短い側板がある（図2―9〜11）。一辺が八寸の折敷の側板とするには短く、また木釘のあとがみられることから、同じく一辺が八寸より短めの折敷の側板とすることもできない。どう考えるかは今後の課題である。

小の折敷（図2―12〜17） この折敷も、一辺の長さが約三寸半（一〇・六㌢）のものと約四寸半（一三・六㌢）のものとの二つに分類した。

前者の場合、角は切られていなかったらしい。底板を一七点確認した。後者は五点のみである。しかし、これらに伴うと思われるくりかた（切れ込み）のない、幅約三寸（九・〇㌢）、高さ約一寸（三・〇㌢）の脚板が六九点（三五膳分）と多量に確認されている。底板は薄く細かく割れてしまったものが多かったため、判別することが難しかった。以上に説明した折敷が、食事の際、かわらけ、箸を並べて使用されたのであろう。

中の折敷は、大の折敷に添えるかたちで、また小の折敷は大の折敷の上に乗せたりして使われたと思われる。

二　その他の遺物

箸・折敷のほか、食関係の木製品は楊枝一五〇本、曲物（薄く割った板を曲げ桜などの樹皮でとじ合わせて、容器等に用いたもの）十数点、曲物の蓋や底に使ったと思われる丸い板三八点、へら一二本、蒲鉾の板一四枚、栓七点、木簡一四点などが出土している。

楊枝は、いわゆるつま楊枝と、食物に差したとめ串の可能性のあるものとがあるが、箸の中央部を鋭い刃物で切断したように作られているものも多かった（図1―14～17）。

曲物にともなう丸い板で残りが良く計測できたもののうち、直径が七・七㌢前後のものが一三点、そのうち、大きさはおなじくらいで中央部よりやや端によったところに樹皮がとおしてあり周囲が斜めに切り落とされているものが八点分類できた（図3―5～7）。前者は容器の底、後者は蓋に用いられたと思われる。また、直径は平均六・五㌢とやや小さめで中央部に孔があき、周囲を斜めに切り落とされているものが五点分類できた。これらは杓として使われた可能性は少ない。

へらは、その形から味噌などを扱うのに使った可能性が高い（図3―1）。

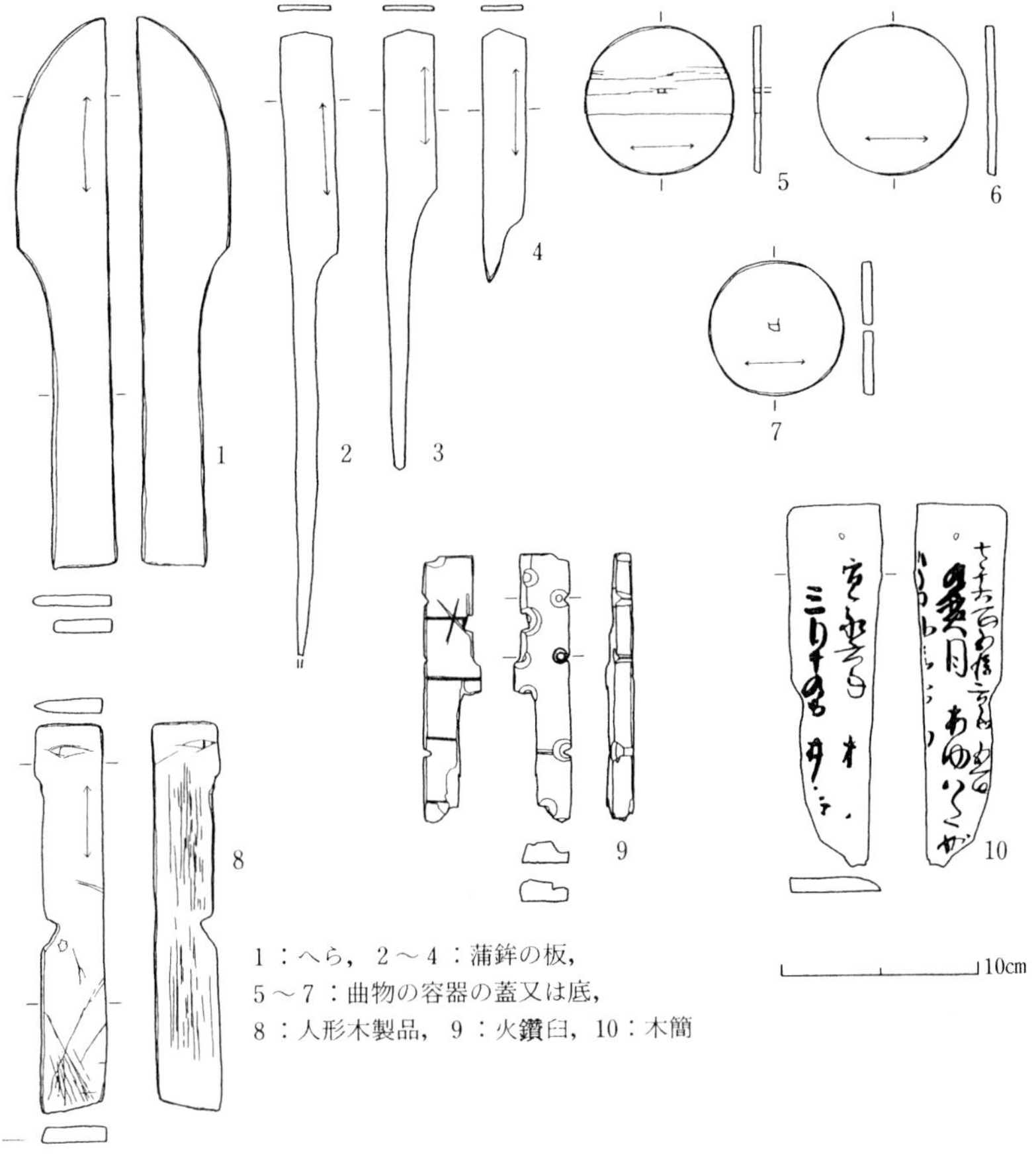

1：へら，2～4：蒲鉾の板，
5～7：曲物の容器の蓋又は底，
8：人形木製品，9：火鑽臼，10：木簡

図3　その他の木製品

図3―2～4は、料理史的面からも興味深い遺物である。蒲鉾というと、江戸時代中頃までは図のような蒲の穂状の薄い板に魚のすり身をのせ、いろりなどであぶって食べることがひろく行われており、現在のようないわゆるかまぼこ型をしてはいなかった。また、後述するが当時の宴会の献立に「小かまぼこ」という記載がよくみられることなどから、これらは蒲鉾の板と考えてよいと思われる。一四枚検出された（大会での発表の時点では、これらを用途不明品としていたが、そ

の後女子栄養大学の島崎とみ子氏より御教示を得た)。

木簡には「寛永六年　三月十九日」(一六二九)の年記や「高岡」などの地名がある。遺構の発見された層位を考えると、これらの遺物の捨てられた時期がかなり限定されてくる。また「雁」、「かん」、「ます」の魚鳥名があるものなど、荷札として使用されたと考えられる木簡が多い(図3—10)。

特徴的な遺物として火鑽臼が出土している(図3—9)。裏面に一寸刻みの目盛りがあることから定規を二次利用したと思われ、計九個の火鑽痕がある。火鑽臼は江戸時代にはすでに一般的な火起こしの道具ではなく、現在伊勢神宮の祭礼の際に使用されるように、火を神聖なものと考え、新しい火を起こす必要があるときに用いられたと考えられる(火鑽臼については、北海道教育大学釧路分校の高嶋幸男氏の御教示を得た)。

古い時期の焼塩壺(粗塩を二度焼きして精製する為の小型の壺、素焼で蓋が付いている)と多量の「かわらけ」(素焼の皿型の土器)も出土した。「かわらけ」のほとんどが型作りされたものらしく、総数は六五〇点にのぼる。口径、作りなどから四種類に大別されるが、受皿的用途があったのではないかと思われる作りのものもある。また、他にマダイなどの魚骨や鳥骨、ウリ科の植物の種子も多量に検出された。

なお、食生活関係以外の遺物としては、下駄、舟型木製品、鳥型木製品、人形木製品等も検出された(図3—8)。

三　考　察

以上の「池」から出土した遺物、とくに多量の箸、折敷、「かわらけ」という食事に関係するものたちは何を意味しているのであろうか。

出土した状態から、これらは一括して、もしくはかなり短い期間に一緒に捨てられたものと考えられる。

『茶湯献立指南』（元禄九年〈一六九六〉刊）に次のような記載がある。

一　御成之時は木具なるべし　其モぬり木具にすることもあり首尾次第也

（略）

足打御膳

一　表壱尺壱寸四方縁の高サ壱寸五歩足の高サ四寸五歩本膳也
（三十三・三センチ）（四・五センチ）（十三・六センチ）

一　表壱尺五歩四方縁の高サ壱寸弐歩足の高サ四寸二の膳也
（三十一・八センチ）（三・六センチ）（十二・一センチ）

一　表壱尺四方縁の高サ九歩足の高サ三寸六歩三の膳也
（三十・三センチ）（二・七センチ）（十・九センチ）

何も足にくりかた有べし

御成りとは、この場合将軍が大名屋敷など家来の屋敷を訪れることを指しており、将軍に差し上げる膳に関するきまりを述べている文書である。このあと家来に出される膳のきまりについて述べているが、位が下がる程膳の一辺の長さが短く、脚の高さが低くなることが読み取れる。

「池」から出土した折敷の大きさをみると、わりあい高い位の人、あるいは格式の高い席に用いた膳ではないかと推定される。

加えて時代は下るが、『貞丈雑記』（天保十四年〈一八四三〉刊）には、

一〔木具の事〕木具と云うは、すべて檜の木の白木にて作りたるなり。台も皆木具なり。三方・四方・供饗も木具なり。しかるに今は「足付」の事ばかりを木具と云う。

一〔足付〕足付を「足打」とも云う。折敷に足を打付けたる故なり。足付の折敷という事を略して、足付・足打などと云うなり。

一〔折敷〕折敷と云うは、足なきを云なり。足付の事を折敷という事もあり。足付の折敷なる故、折敷とも云うなり。

（略）

一〔角〕角の折敷とも、又角とばかりも云うは、四すみの角を切りたる折敷の事なり。

（略）

一〔側折敷〕そば折敷と云うは、角切らずにて、足にはくりかたなきを云う。

（略）

一〔白木膳の事〕規式の膳部には白木を用い、何をも土器に盛る事は、これ一度切に用いて、用い終りて後打こわし捨て、それを二度用ゆまじき故なり。これは神国の風俗にて、清浄を貴ぶ故なり。

と記載されている。

儀礼的な食事の場合、一度使った膳やかわらけをこわして捨てるということである。

出土した箸や折敷、かわらけをみると、箸、折敷はすべて白木であり、塗りの施されているものは一つもなく、それらが複数回の使用を目的に作られたものではないことが想像される。

箸はいわゆるハレの箸が半数以上を占め、そのうち寸胴箸で成形が良かったものは破片を合わせると約一七〇膳分が出土している。

また、火鑽臼については、先にも述べたように格式の高い宴席や、特別の意味を持つ食事をつくるときに使用されたと考えられる。江戸時代の遺跡からの出土例はとても少ないが、仙台城三ノ丸跡の発掘調査では、伊達政宗の時代に造られた茶室及び台所と思われる場所に隣接していたゴミ穴から一点出土している。二ヵ所の火鑽跡があり、これと一緒には元和銘（一六一五～一六二三）のある木簡が出土している。茶席での料理のために特別に火を起こしたのではないだろうか。史料からこのゴミ穴が埋めたてられた時期がおおよそ寛永十四年（一六三七）であることがわかっており、本遺構とほぼ同じ時期に捨てられたとみてよいと思われる。

さらに推測すると、寛永六年（一六二九）には四月二十六日に将軍家光が、続く二十九日には前将軍秀忠が相次いで加賀藩下屋敷を訪れている（御成り）。『三壺記』によれば、加賀藩ではこれに先立ち御成書院（御成りの際の御殿）の新築を始めとした準備のために、全国から大量の物資を買い集めたという。

以下は、元禄十五年（一七〇二）に加賀藩当主前田綱紀が将軍綱吉の御成りの際に用意した献立である。

本膳　汁つミ入、丸うど、焼とうふ、松たけ　鱠たい、きす、くり、しそ、きんかん、葉せうが　小角香物塩山桝　坪皿煮物細かまほこ、つからめ、生しいたけ、　式ハ坪皿　いり物

すゝき、すりみ共、抜さけ

二　汁塩煮鯛山桝のめ　杉焼なまりめちか、わさびみそ、くしこ、川ちさ　鮨ます、あゆ、たて　浜焼かけ汁、すりせうが

三　汁もそくのり　指躬かきたい、くらけ、わさび、くり、せうが、いり酒、南天の葉

向詰　小鯛　肴丸はべん山桝たまり　吸物ひれ品川のり

式向詰小たい　引て　味噌漬の鱒木具足打敷紙　同肴かまほこ　吸物ひれ、はなゆ山桝共

附後段　うきふ　小皿香物　砂糖　再懸碗　縁高茶菓子　水くり　川たけ　小麦やき　縁高後菓子　りやうかんにく　胡せうあめ　ありへいとう　えだがき
葛まきやき　大ちょくいちご　同砂糖

寛永年間より五十年ほど後の記述だが、儀式の作法などはすでに確立されており、宴会の献立も大差なかったと思われる。

これを見ると、本膳、二の膳、たい、かまぼこなどの文字を読みとれる。宴会には必ずといっていいほどのせられたメニューであったようだ。

以上のことをすべて結びつけてしまうことは、やや無謀の感がある。寛永六年（一六二九）の時点では、「池」の付近は後に大聖寺藩初代藩主となった利治が居住していたが、加賀藩下屋敷の中でもはずれの方であった。また出土した量だけから宴会の規模を押し測ることはむずかしい。他に鳥類の骨も確認されており、鷹狩りが行われた可能性もあるからだ。だが、少なくともこの「池」の遺物がかなり大規模で儀礼的な宴会で使用された後、一括もしくはかなり短期間に捨てられたものであるとはいえよう。

四　これからの課題

以上「池」出土の遺物を食関係という面から述べてきたが、上記以外にも建築材や性格不明の木製品も幾つかある。絵図面、文献史料等考古学以外の分野からの研究も必要とされるところである。

しかし、これまで文献に記録はされていても、具体的にはどのようなものであるかは明らかではないものが多かった。このような生の資料が得られたことによって、より具体的な考察ができることになろう。新しい視点が生まれる可能性があり、そうした意味で「池」出土の遺物のもつ意義は大きい。

〈参考文献〉


寺島孝一「東京　東京大学構内遺跡」(『日本考古学年報』三八・四、一九八七年)。

東京大学遺跡調査室病院班・山崎一雄「大聖寺藩上屋敷と『古九谷』」(『考古学雑誌』七三―一、一九八七年)。

日置謙編『加賀藩史料』第弐編(一九三〇年)。

藤本強・宮崎勝美・萩尾昌枝「東京・東京大学構内遺跡」(『木簡研究』第九号、一九八七年)。

江戸の動物質食料

——江戸の街から出土した動物遺体からみた——

金子浩昌

はじめに

最近調査されている中・近世の遺跡からは、かなり多くの動物質の遺存体が出土している。時代的に新しいこともあって貝や骨の保存もよく、またその種類も多い。その多くは当時の人々の食用となったもので、今日の私たちにも身近な動物であるが、なかにはすでに姿を消した種類、あるいはあまり見かけなくなった種類もあって、中・近世以後の動物の移り変りを知るうえでも貴重な資料になる。

また、動物遺体の発掘にあたり、それらの廃棄した単位を復原したり、あるいは調理の前後を区別できるような細かい調査を行うことができれば、その資料的な価値をさらに高めることができよう。

江戸の話にはいる前に、最近鎌倉の中世遺跡から知られる動物について述べておきたい。ここからは十三〜十四世紀に属する多くの貝や魚、鳥、獣類の骨が出土して、近世遺跡との違いを示している。中世から近世への移り変りをみることにも意義があると思われるので、中世のことにまずふれておきたいと思う。

一 中世遺跡出土の動物質食料

千葉地東遺跡と動物遺体

中世の動物質食料を知る資料として、関東地方では鎌倉における遺跡出土の動物遺体がある。鎌倉における中世遺跡は、最近多くの調査例があり、多量の資料が出土している。その代表的な遺跡の一つである千葉地東遺跡を例にして述べてみたい。この遺跡はここから千葉氏が出たということが伝えられている場所であるが、何回かの調査があり、最近もまた大部な報告書が刊行されている。千葉地東遺跡は沢山の動物の骨を出土した代表的な遺跡の一つではないかと思う。

神奈川県の埋蔵文化財センターが行なったときの発掘(1)では、調査区の中心から、幅四〜五㍍、長さが三〇㍍ほどの古い川の跡が検出された。ちょうどビルを建設する中心にその地点が入り込み、その川の中から、多くの動物骨の出土をみたのである。もちろん川以外の所でも、さまざまな遺構に伴って出土したのであるが、川の中の方がはるかに保存が良く、多くの動物骨が出土した。

貝　類　出土した貝類は、二枚貝と巻貝を合わせて、五〇種類ぐらいになる。これはこのような遺跡からの出土例としては、かなり多い方である。このように多くの種類が出土した理由には、まず鎌倉の市街地が外海に近いところに位置を占めていたことが考えられる。また当時、入江がなおのこり、そこでは内湾性の貝が比較的容易に採れたのである。外海棲の貝、内湾の貝、それからわずかであるが、淡水の貝もあり、いろいろな条件下の貝が集められていたようで、そのために沢山の種類が出土した。

そのうちやはり採りやすいのは内湾の貝で、特にハマグリが多く採れた。次に多いのはアカニシであった。アカニシという貝は巻貝で大きくなり、殻の内側や身が赤いので、赤いニシつまりアカニシと呼んでいる。ニシというのは巻貝のことである。

鎌倉の遺跡ではこのアカニシとハマグリが主体となって出土している。採りやすかったこと、味のよかったこと、肉量が多かったことによると思われる。この組み合わせは、実は江戸時代の遺跡にもみることができる。また、中世鎌倉の人たちの好んだアカニシとハマグリは古代の人も同様に好んだ貝であった。

それからアワビ・サザエといった岩礁性の貝が、やはりかなり出土している。これは鎌倉が外海に面し、近くの岩礁の海岸でこれらの貝が採れたからであろう。アワビやサザエが最も良く取引されたことはいうまでもない。

魚　類　　魚もいろいろな種類が知られている。そしてやはり外海の魚、内湾の魚、岩礁性の魚のいずれもが検出されている。ブダイやコブダイのような岩場にいる魚のあるのは、鎌倉の遺跡の特徴である。それらに加えてマダイ・マグロ・カツオも出土している。こういった魚がこの頃には、どれくらいの漁獲があったのか、漁業史のうえからでもなかなか直接的には判明しない。しかし、少なくともこうした資料を見るかぎり、そして狭いわずかな発掘面積の中から少なからずそれらの魚が出土しているところをみると、漁獲もかなりあったことを推定することができる。

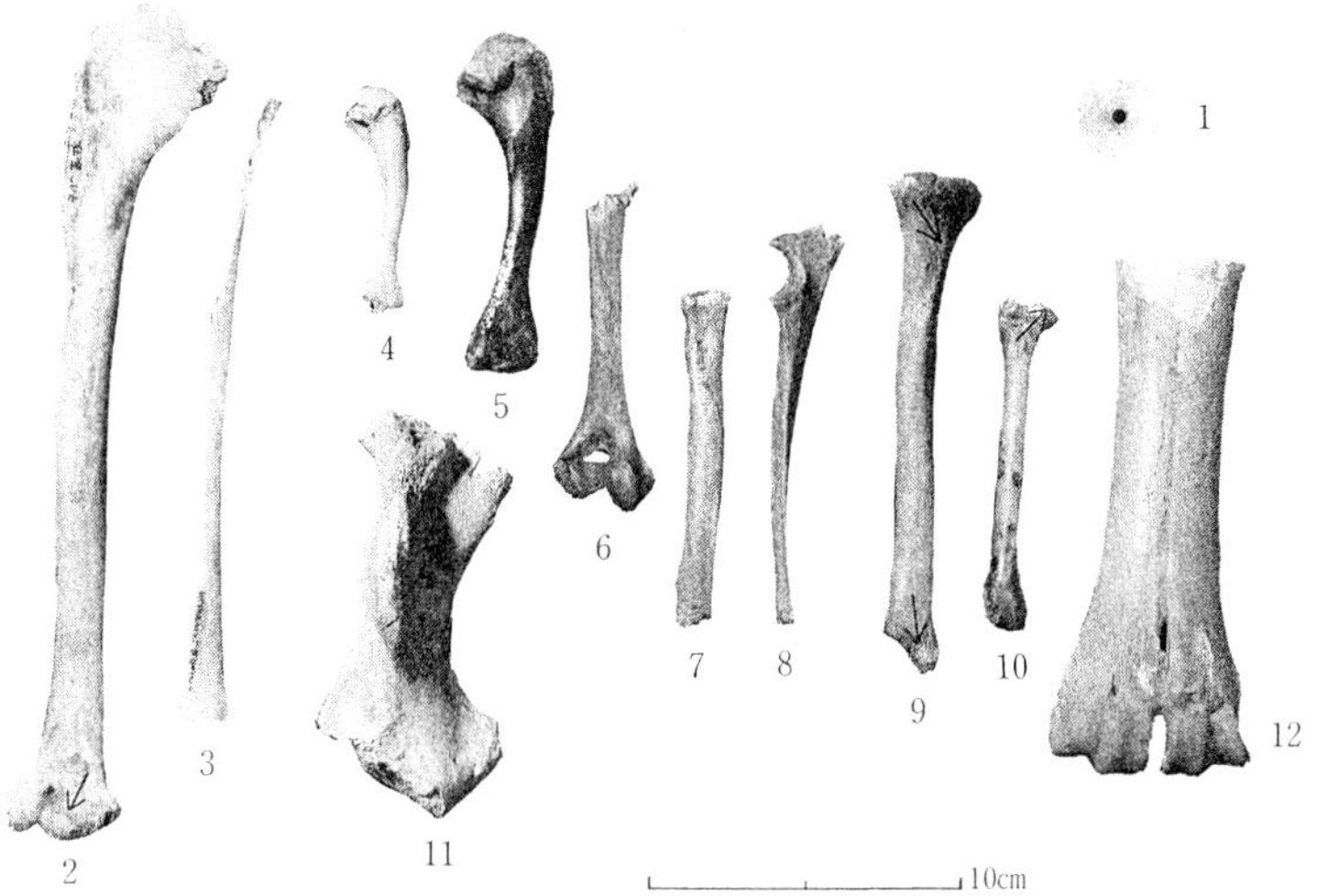

図１　鎌倉市千葉地東遺跡出土の魚・鳥・獣骨

1.ネズミザメ科，サメ類の椎体（中央に穿孔がある）．2.ハクチョウ，右上腕骨（下端の矢印部分に解体の切痕）．3.ハクチョウの上腕骨を縦に切り割ったもの．針やへらのようなものをつくったのであろう．4.5.ニワトリ，右上腕骨（大きさにかなり違うものがある．大きい方はシャモのような闘鶏用のものであったろう）．6〜9.イヌ（6.右上腕骨　7.同橈骨　8.同尺骨　9.左脛骨上下いずれかの骨端がないのは，骨をかじられているからである．おそらくイヌが咬んだのであろう．またその他にも，解体時の切痕がつく），（矢印）．10.ネコ，右大腿骨．11.ニホンアシカ，右上腕骨．12.ウシ，中手骨（上端の平らなのは、鋸で引いて切った面，この切断は，上端の関節面直下で切っており，これも骨器の素材としたもの）

アオザメの歯や大型のメジロザメの椎体も出土している。サメの椎骨は一五〇個、マグロの椎骨は約二百個程検出された。椎体は一個体で多数あるわけだから、数を一つ一つ数えただけで個体数を復元することは難しい。しかし普通の遺跡に比べて大変目立ったことは確かである。マダイは、近世になると飛躍的に漁獲量があがるといわれている。しかし中世の鎌倉近海でも、かなりの漁獲があっただろうということが、このような骨から考えられるのである。

鳥　類　鳥の骨もまた多量に出土している。とりわけガン・カモ類の骨が多い。個体数に復元して、ガン・カモの出土量が魚より多くなるというのが、鎌倉の遺跡の特徴といえる。

ニワトリもこの頃はいたと考えられるが、明らかにニワトリというのは少ない。ガン・カモ類の半分にも充たない数である。ニワトリは、古墳時代から飼われていたことが、埴輪などから知られているが、いつ頃から飼われていたかということになると、古墳時代以前の資料はほとんどない。縄文時代からニワトリはいたという意見も、ないわけではないが、少なくとも骨を見ているかぎりは、ニワトリが飼育されたのは古墳時代頃からであっただろうと思われる。

ニワトリの出土が確認され、量的に多くなるのは、中・近世になってからであろうと思われる。それでもまだカモに及ばないのは、ニワトリに対しては呪術的な扱い方が強かったからなのであろう。鎌倉の遺跡の場合は、入江に飛来するガン・カモ類を狙う猟師たちがいたのであろう。

獣類　次に獣について述べておきたい。これも非常に独特なありかたを示している。鎌倉という、武家を中心とするような市街の性格上、ウマの骨が沢山出土している。先に述べた溝の中から、下顎骨だけでも四五個、ほとんど完形の頭骨も数個出土している。したがって四肢骨は、整理用のコンテナに二〇杯近くもあり、しかもほとんど壊れていない状態の骨が幾つも出土している。千葉地東遺跡出土のウマは、鹿児島大学の西中川駿氏によると現在宮崎県都井岬に生息する在来馬〝御崎馬〟と同じ位の大きさで、体高推定一三〇㌢という。

いっぽう、ウシの下顎骨は五個を数えたにすぎなかった。静岡県静岡市郊外の大谷川遺跡も古墳時代から中近世に至る遺跡であるが、ウマが多く、ウシが少なかった。これが草戸千軒町遺跡では、ウシの方が多くてウマの方が少なくなる。(2) 遺跡立地の違い、東・西日本の違いがウマとウシの比率の違いとしてみられるようである。

なお、野性の獣としてはイノシシ・ニホンシカが出土している。イノシシはウシと同じ位、シカはその倍位の数になる。後述する近世の遺跡に比べてイノシシ・シカの多いのは武士たちの狩の獲物であったのであろう。他に、オオカミ・タヌキ・アナグマなども少ないがある。近世の遺跡では、普通にはこのような獣の骨はごく少ないのである。

イヌ　イヌは前述の溝の中からだけでも、下顎骨が一〇八個という数が出土した。これらはおそらく、いろいろな遺跡のなかでも、もっとも多い出土ではないかと思われる。

イヌの骨を多量に出土する遺跡に、オホーツク文化の遺跡がある。北海道の礼文島から、オホーツク海に面した網走、そして根室にかけてこの文化の遺跡がみられる。これも実は、本土の平安時代から中世にかかる時期に当たる頃の遺跡で、ここではあきらかにイヌを食べている。それは出土の状況が、解体した痕をよく残しているからである。例えば頭から胴体部の胴骨つまり脊椎骨だけがつながった状態であるとか、肩から前肢の先までだけとか、腰から下の骨だけがつながって出土するのである。これは四肢を解体した状態を示している。礼文島は海産の資源の豊富なところであるが、季節によっては食物が不足してイヌを食べたり、儀礼が行われたりしたのである。

鎌倉の遺跡の場合、四肢骨についてはここに述べたような出土の状況があったかどうかわからない。私は発掘時に遺跡を見る機会がなかったので、そういうことを確認することができなかったのである。今後の調査で確かめなくてはならない点である。ところが出土したイヌの肢骨を丁寧に見ていくと、非常に少数ながら、切痕のあるのが確認できた。脛骨の下の方であるとか、あるいは大腿骨の中心あたりが切られている。下の方であるならば、次の骨をつないでいる靱帯を切る、中心あたりだったならば、おそらく筋肉を切断するときについた傷であったわけである。

確認できたのはわずか三、四点程度であったが、それだけでもあるということは、イヌを、やはり解体したに違いない。解体したとすれば、皮をはいだり肉を食べたものと考えられる。またイヌの前頭部から頭頂部が黒く焼けこげている例もあるが、どのような扱い方があったのかまだよく判らない。

ところで、出土するイヌはいずれも中型犬タイプのイヌである。かつて縄文時代に多かった小型の犬は姿を消して、みな中型犬になっている。ただ顔付きには縄文犬の面影がのこされていることが多い。この頃のイヌは、狩猟に使うだけでなく、番犬のように使うこともあったのであろう。その場合にはからだが大きいほうが、より有効であるから大きい犬が好まれたと思う。(3) このイヌが江戸時代にひきつがれて、飼われるようになっていくわけである。江戸の町から出土するイヌにも小型犬をみることは稀である。以上が中世遺跡の動物遺骸についての概要で、次に近世遺跡特に江戸遺跡の動物についてのべる。

二　葛西城址出土の動物質食料

近世の資料としてまず、私が最初に扱った東京都葛飾区葛西城址の動物骨を取り上げてみたい。葛西城址は、中世末から近世（十七世紀前半期）に至る時期の遺跡として、注目すべきものであったが、特にこの発掘が濠の部分を中心に行われたために保存の良好な沢山の動物遺体が検出するのである。

貝類と魚類　　まず貝類では、ハマグリとアカニシが多い。ハマグリは殻長六〇～七〇ミリのよく成育したものが、ブロックで出土することがあった。

図2　葛西城址出土の魚骨

1〜5.マダイ，6.クロダイ，7.コチ

1・2.前頭骨，3.上後頭骨，4.右前上顎骨，5.左角骨，6.左前上顎骨，7.右角骨

葛西城址から出土するマダイの前頭骨には切痕をみることがない．17世紀前半期のもので，この頃のマダイの解体・調理法に，18世紀以降とは違った方法で行われていたかも知れない．

魚では、クロダイとマダイが検出されているが、葛西城址の場合はクロダイの方が多数を占めている。これより新しい時期の江戸の遺跡では、クロダイはごく僅かでマダイが主体になっている。古い時期ではマダイの入手が限られたためか、あるいはまた葛西城が現東京湾からさらにまた内湾の奥に位置しているから、もしその近くでタイを獲るとすればクロダイが多かったであろう。いずれにしても江戸の遺跡としては特殊な様相を示している。

スッポン　爬虫類ではスッポンが出土している。スッポンは元来西日本の動物であり、琵琶湖とその水系を中心に多く棲息する淡水産カメである。石器時代の遺跡からもスッポンの骨は出土するが、東海以東の遺跡では稀である。特に関東地方では多くの貝塚が形成されたが、スッポンの骨を見ることはほとんどない。スッポンは淡水の動物であるから、関東地方に貝塚ができる頃の縄文時代の海進期は、スッポンの棲息条件に不向きだったのであろう。しかし、その後の古墳時代やそれ以降の骨を出土する遺跡や貝塚からも、スッポンは検出されていない。それが葛西城の堀からは出土する。葛西城の周りにかなり広い堀があるから、そこに棲息していたのである。

最近の調査では、この濠の中世のヘドロ層の中から、僅かな量ではあるがスッポンの骨が出土している。とすると、スッポンも中世ぐらいには、関東にまで分布を広めていた可能性もあるが、その辺のところはこれからもう少し探っていく必要がある。スッポンはこれ以後、江戸時代の遺跡の中からときどき検出されるようになる。

イヌ・ネコ　　葛西城址の動物で興味を惹かれることの一つに、多数のイヌの骨の出土がある。近世の他

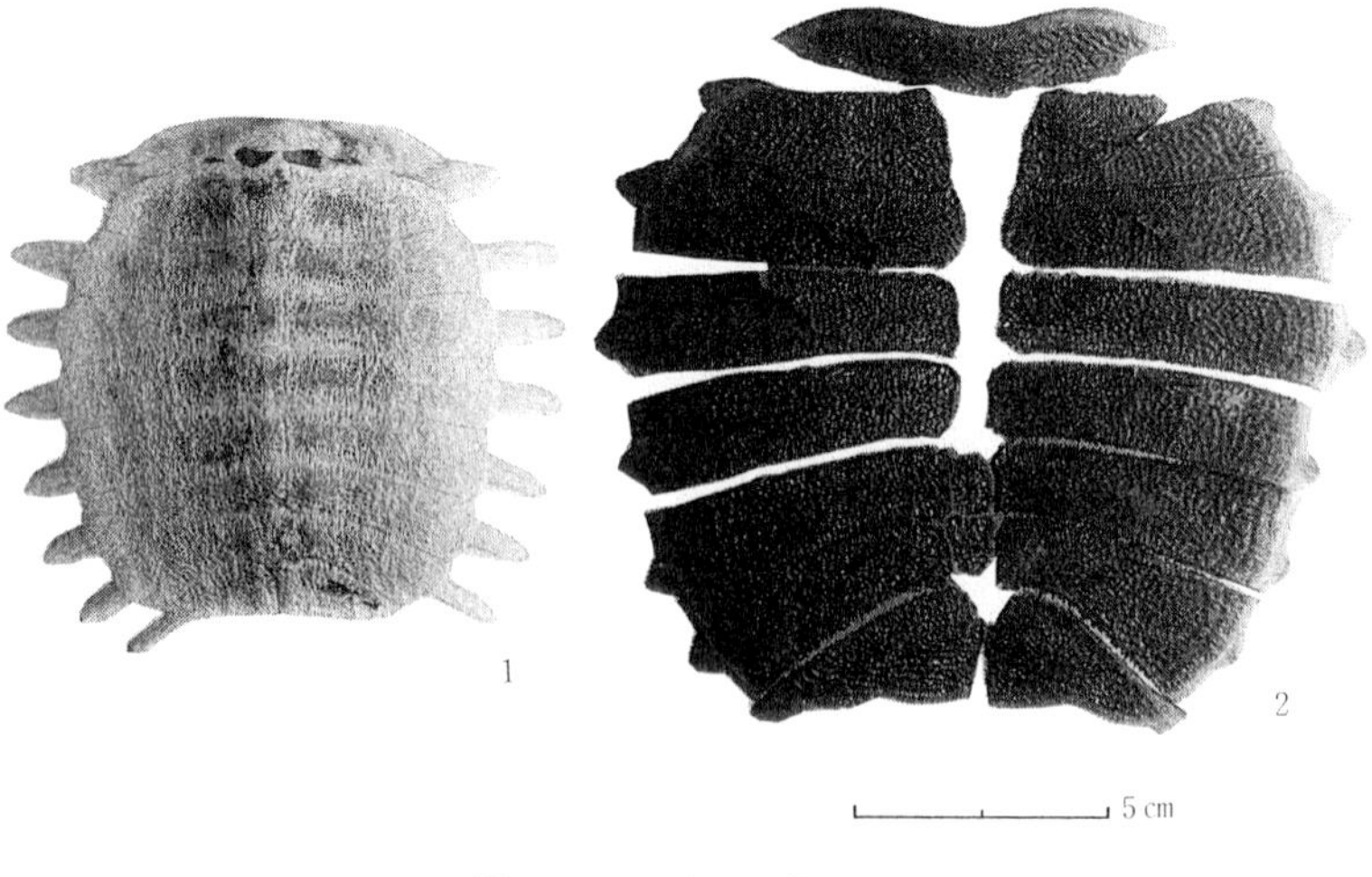

図3　スッポンの背甲板
1.現生の標本，2.葛西城址出土（この程度の大きさのものが普通，1は現在スッポン料理屋で食べさせる普通の大きさのスッポン）

の遺跡と比較しても格段に多い。それらのイヌは、先述したように、関東地方の石器時代犬よりも大きい中型犬であり、そのイヌは、濠の中へ投げ捨てられたような状態で出土している。そしてその骨の中には、あきらかに刃物で傷をつけたものが含まれていた。肩甲骨などに深く切りこんだ傷のあるもの、あるいは肋骨の脇に切り込みのあるもの、そういった骨があるため、これはイヌを何らかのかたちで解体しているということが考えられる。(4)

イヌと並んでネコも多く出土したが、ネコの骨にも切り込みのある骨が見いだされた。イヌについてはヒトが食べた可能性も考えられたがネコの骨にもあり、さらに同じような切り込みはカラスの骨にも相当数認められた。そうすると人間が食べたにしてはあまりにも不自然である。そこで葛西城址の性格を考える必要がある。

この城址は徳川三代までの将軍の鷹狩りの拠点になったところとして知られている。このことを考え合わせると、今述べたイヌやネコ・カラスはおそらく前もって捕獲され、解体されて鷹狩り用の鷹の餌になったものではないかと考えられる。調教の時の餌であったのである。葛西城址の動物骨は、近世の遺跡としては特殊な骨のありかたを示す例として注目されるのである。

三　都立一橋高校地点出土の動物質食料

葛西城址のような武士の生活と関わる遺跡に対し、江戸の町の中での遺跡として、たいへん興味深く思われるのは、千代田区東神田の一橋高校地点である。この調査も報告書が刊行されており、私がその中で、動物の骨のことについて一応の報告をまとめているが、以下特徴となる点について述べておきたい。

貝　類　まず貝類では、これまで述べた中・近世（前半期）の遺跡のものと違った様相がみられる。古い時期に多かったハマグリ・アカニシに対して、アサリとハマグリが多くなる。ヤマトシジミなどもあるが、それはごく僅かである。アカニシが減少し、それに替ってサザエやアワビが珍重され、より多く供給されるようになった。一方、アカニシ自体も手近に採りにくくなっていったのではないかと思われる。

またアサリが増えてくることは、これまでより泥の多い海が、江戸の町の近くにも広がり始めたため、とも考えられる。しかし、ハマグリもまだ沢山とれているらしいので、きれいな砂浜もひろがっていたのであろう。しかしそういった海岸の変化が、すでに見られるようになっていたのである。

サザエやアワビは東京湾内で獲ることはできないので、これは湾口の外海域から運ばれてきたもので

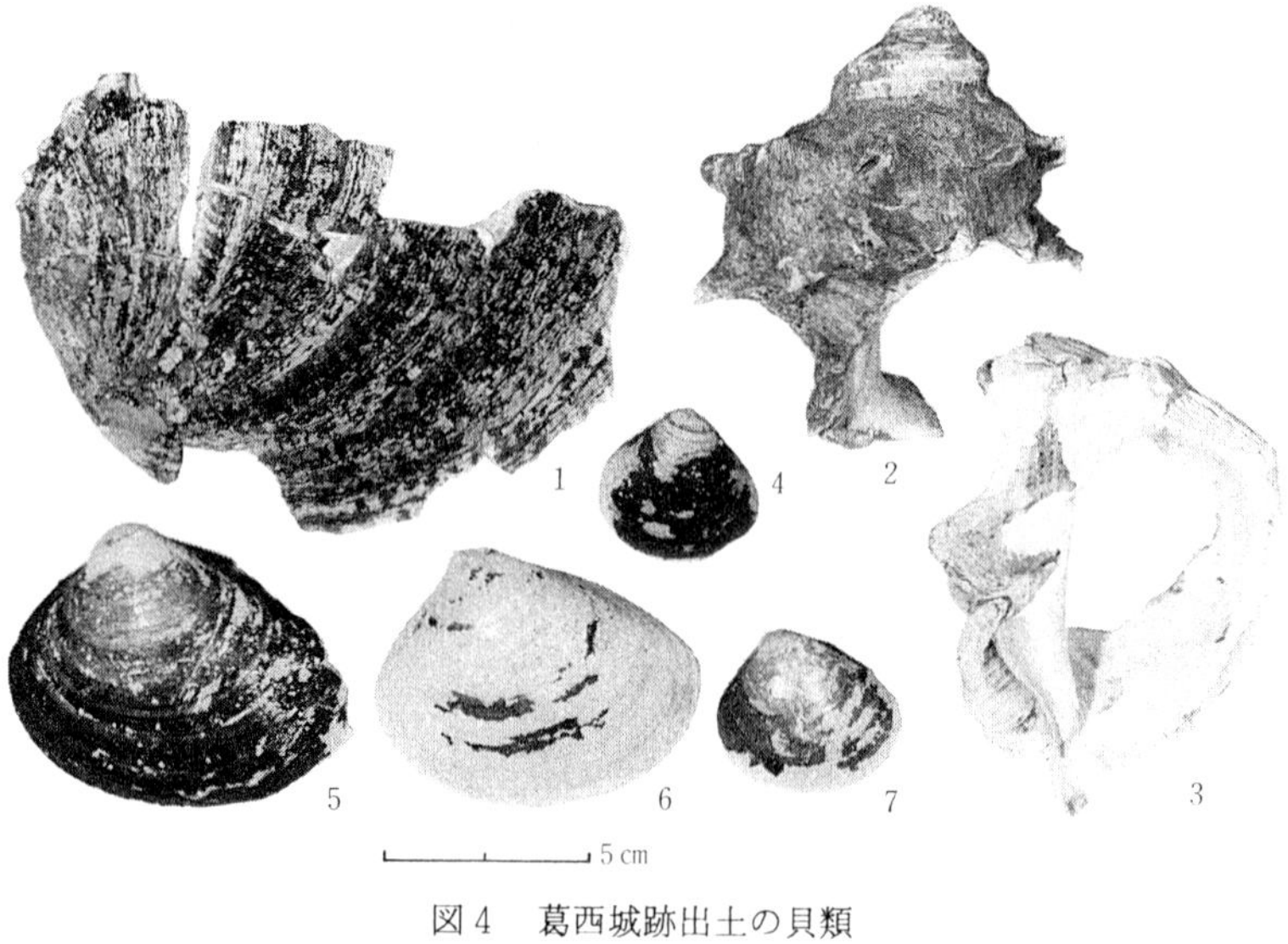

図4　葛西城跡出土の貝類
1.クロアワビ，2.サザエ，3.アカニシ，4.ヤマトシジミ，5～7.ハマグリ（大きさの違いを示す）

である。一橋高校ではかなり大きなサザエやアワビが出土している。こうした貝類が魚河岸を経て盛んに市中に出廻っていたのである。

魚類　マダイとかカツオ・マグロ・ヒラメ・コチなどが出土している。しかしそれほど多くはない。例えばマダイは、二七〇〇平米になる広さの発掘区から前上顎骨は二個しか出土していない。カツオ・マグロの類も、顎骨や椎骨の数は十個とか十数個という数が出土しているものの、発掘の面積の割りには少ない。やはりこういう魚類は、あまり多くないという気がする。他に知られる大名屋敷のゴミ穴のように一括して棄てられている遺構がないので検出される量も少ないのかも知れない。

鳥類　魚骨に比べるとガン・カモ類の骨が多く出土している。ガン・カモ類は、おそらく隅

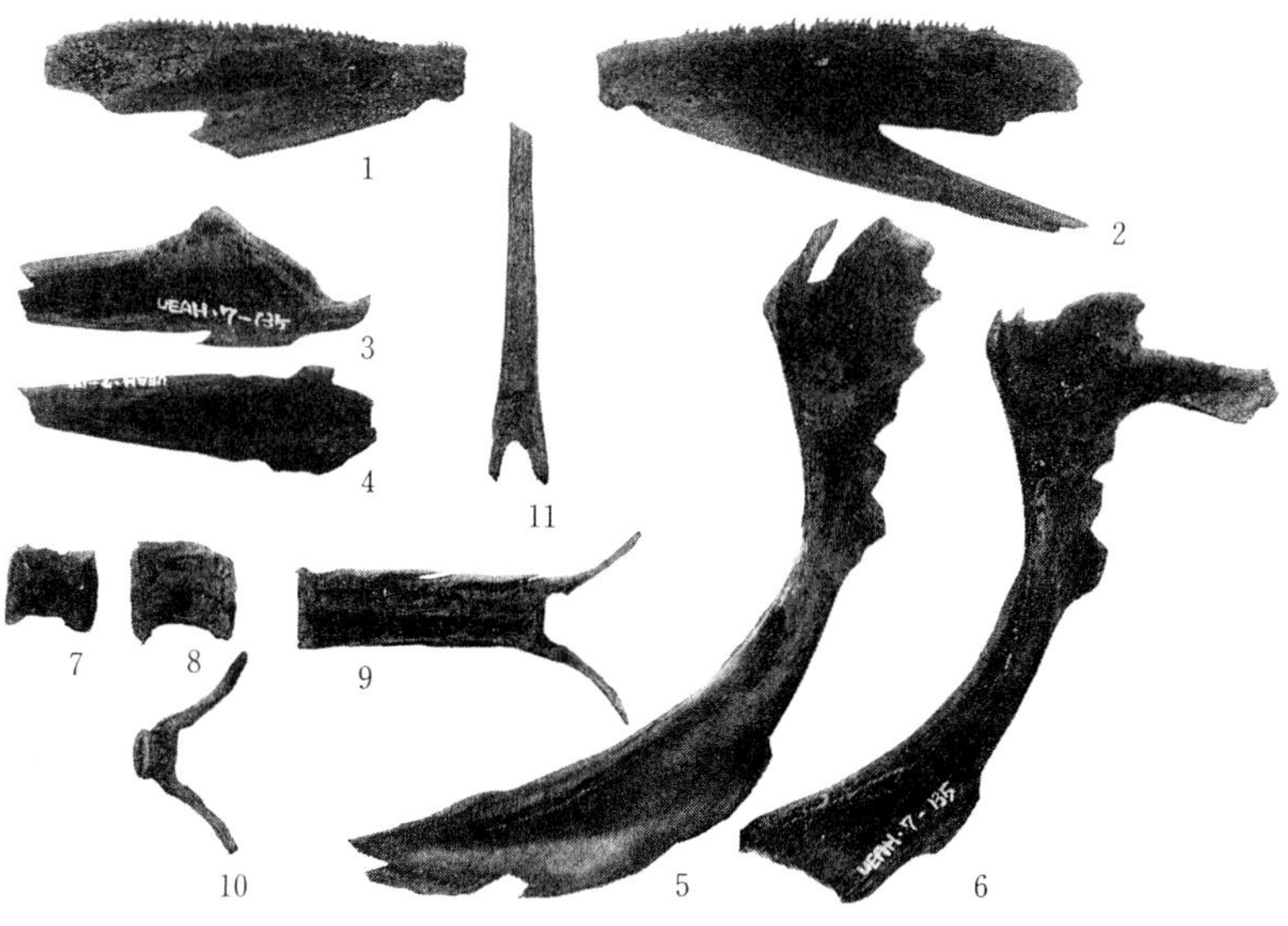

図5　カ　ツ　オ　（×1.4）
1・2.右左歯骨，3・4.左右角骨，5・6.左擬鎖骨，7～9.尾椎骨，10.尾部棒状骨，11.鰭棘

田川の河口などで網を使って捕る猟師がいて、捕獲していたと考えられる。江戸の人々の食生活のなかで鳥料理は栄養上からも意義があったのであろう。

ニワトリは相変わらず少量である。ガン・カモ類が最小個体数で一四個体分あったのに対して、ニワトリの骨は六個体分であった。他にウの類、サギの類、カラス類も検出されている。

図6　ニホンザルとノウサギ（×1.5）
1.ニホンザル，右上腕骨，2・3.ノウサギ，右と左の脛骨

獣　類　獣骨では、まずイヌやネコの骨が目につき、イヌよりもネコの方が多く出土している。個体数にしてイヌが四でネコが二〇という数であった。浮世絵や本の挿し絵にネコがよくかかれているのをみる。ネコの骨には若い個体のもの、年とった個体のものが含まれていた。この時代には「いぬ猫・諸鳥」の死骸を捨てないようにという禁令がたびたび出されていたというが（伊藤好一『江戸の夢の島』昭和五十七年）、一ツ橋遺跡のイヌやネコの骨の出土は、正にこれを裏付ける。

ウマとかウシは非常に少量であった。シカは、骨が二点出土しただけであった。注目される獣にサルとクマがある。

サル（ニホンザル）は上腕骨が一点出土したのみであったが、クマ（ツキノワグマ）は一個体分の脊柱がつながっており、かなりの老成した個体であることが下顎骨の歯牙の様子からわかる。クマはちょうど出土したところが発掘調査区の外れに当り、フェンスに引っ掛かってしまって、十分に掘りだすことができなかったということであった。しかし左右の顎が揃っており、背骨も揃っていたから、一個体分があったのかも知れない。このクマとサル・ノウサギの骨は、近接したグリッドの中での出土であるが、同じ条件で棄てられたものか問題がのこる。しかし、クマの骨には切り傷のみられることからすると解体されたのであろう。

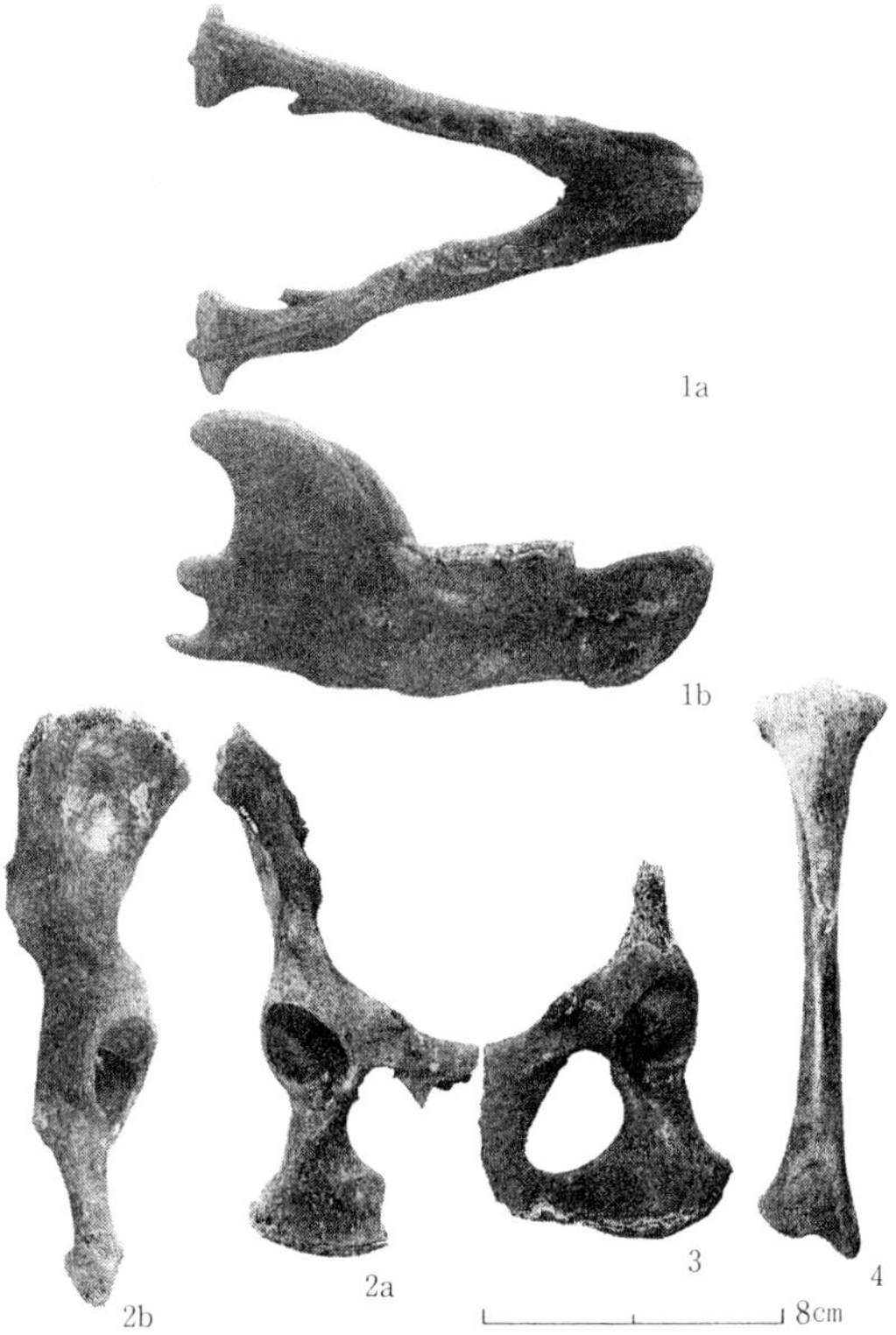

図７　ツキノワグマ
1a・b. 下顎骨，2a・b. 右寛骨（縮尺率が異なる．bは後面で多数の切痕がつく），4.右脛骨

四　御鷹匠同心組屋敷と動物遺体

この遺跡は、一橋高校地点の調査にやや遅れて一九七四～七五年に発掘された遺跡であるが、私は一橋高校とともに、この遺跡の整理を併行して行っていた。動坂遺跡はなかなか興味深い遺跡で、ただの町中の遺跡というのではなく、御鷹匠同心屋敷の跡に当っていることが『府内場末沿革図書』（享保六年、一七二一年）から判明したのである。十八世紀後半から十九世紀前半期の遺物が出土しているが、屋敷もその頃のものと考えられる。

貝　類　　動坂遺跡からは江戸時代の多くのゴミ穴が検出されたが、そのゴミ穴から貝や各種の動物の骨が出土した。まず貝ではハマグリ・アサリがあり、それにヤマトシジミが多かった。江戸の遺跡でも時代が新しくなるとシジミが増えてくることがわかる。さらにサザエとかアカガイも出土したが、あまり多くはなかった。

鳥　類　　本遺跡での鳥骨は特徴的であって、多くのスズメとハトの骨が出土した。スズメとハトは、他の遺跡ではほとんど見ることがない。最近調査された郵政省飯倉分館構内遺跡では、ハトが報告されているが、スズメの骨はなかったらしい。これらの鳥は鷹の餌にされたのではないかと考えている。また発掘した地点が御鷹匠屋敷ということが明らかにされた。直接鷹匠が鷹を飼っていた場所ではないが、しかしこのような鳥骨の出土は、やはり鷹匠との関係を考えさせるのである。

五　三栄町と加賀藩邸内の動物遺体

次に最近の発掘調査で、現在私が報告書をまとめようとしている遺跡で知られた動物遺骸について、若干触れておきたい。これらの遺跡では、貝・魚類の出土が特に多く、江戸の街の人々の食膳にも量や質こそ違えのぼるものであった。

1　新宿区三栄町遺跡の魚・獣類

魚　類　筆者らが動物骨を調査した新宿区三栄町遺跡（伊賀者の屋敷地とその後の下級御家人の屋敷地跡）の動物骨は、十八世紀後葉から十九世紀前半の時期のものであるが、この遺跡の貝・魚・鳥・獣類の多くは、中・下級武士あるいは江戸庶民の生活と関係のある物資の遺存物と考えている。魚類の多かったのは十八世紀後葉であった。マダイ・カツオを主体として、それにマダラ・スズキ・ハタ類・ブリ・マグロ・コチ・フグ類・ヒラメなどが中型から大型の魚で、さらにサバ・アジ・イワシ類・キス・サヨリなどもある。またウナギ・アンコウなどの骨も出土している。マダイがもっとも多いということは、この魚をいろいろな機会に食べていたからであろうが、魚河岸で仕入れた魚屋から買い求めたものであったと思われる。魚の大きさがよく揃っているのもそのためである。

カツオの出土量はマダイの二分の一くらいであった。マダイよりも季節が限られるからであろうが、それにしても

図8　新宿区三栄町遺跡における骨集積

ここに見えているのは骨集積全体の4分の1位である．イノシシ・シカ・カモシカの四肢骨がつながった状態で縦方向に並んでいる．これらの骨のうちイノシシが最も多く，最少個体数で97頭，頭蓋は41個，下顎骨が43．シカは71頭分あり頭蓋は32個，雄の頭蓋の角はすべて鋸で切りとられていた．カモシカは頭蓋が7,11頭分．ツキノワグマが3頭，オオカミが3頭，タヌキ・キツネ・カワウソが数個体ずつ含まれていた．この種類は寺門静軒（1796～1868）が天保2年に出版した『江戸繁昌記』中の「山鯨」にいう「猪・鹿・狐・兎・水狗《カハオソ》・毛狗《オホカミ》・子路《クマ》・九尾羊《カモシカ》」とほとんど一致する．江戸新橋の町人竹村立義は文政10年（1827）の一石山（現日原鐘乳洞）への旅行の途中，このあたりの狩人が猪・鹿をさかんに捕って江戸へ送っているという話を聞くのである（『御嶽山一石山紀行』）．

よく食べられていたようである。初カツオならずとも好きな魚だったと思われる。

マダラの比較的目立つのも興味深い。裏日本の各地に陸上げされたものが、乾燥塩蔵して、江戸に運び込まれたのである。

サバ・アジ・イワシ類・キス・サヨリなども検出されたが、数は多くはない。一つには発掘の時に見逃しているのかも知れない。ウナギも江戸の町ではよく食べられていた魚であるが骨の出土は少ない。おそらく専門店で処理され骨が普通のゴミの中にはあまり入らなかったものと思う。アンコウの少ないのは、どこの屋敷跡の場合も同じであった。

港区麻布台一丁目郵政省飯倉分館構内遺跡（米沢藩・臼杵藩の屋敷跡地）の遺構検出の魚骨についても、十八世紀中ごろのものでは、マダイが主でカツオが次ぐという出土の傾向を同じように示している。

獣骨としては江戸の他の遺跡ではみることのできない大量のシカ・イノシシその他の骨の集積があった。

十九世紀後半期のものであろう。

2　加賀藩邸内の動物遺体

魚類・爬虫類　東京大学本郷構内の加賀前田藩の屋敷跡からも、多量の魚骨が出土している。その一つ法文学部遺跡（法学部四号館、文学部三号館建設地遺跡）のかなりの量の魚骨を調査した。十八世紀前半期に属すると考えられる土坑、ピット内より出土したものである。そのうちマダイとかマダラなどの出土状況は、他の江戸の同じ頃の遺跡の場合とよく類似していた。しかし、違う点もあるようであって、それは高禄の武家の屋敷での特殊性であるように思われた。たとえばカツオやマグロなどが非常に少ないのに対して、スズキとかアマダイ・ハタ類・ホウボウなどが比較的多かったのはその一例である。一方、フグ類やイワシ類もあって、庶民的な面もあるのである。

鳥　類　鳥は、ガンカモ類・タシギ・キジ属・チャボ・ウズラ・モズなどが知られているが、ガンやキジ属、ウズラなどが食用の中心となっていたが、モズのような鳥のはいっているのは今のところここだけである。ここでもガンカモ類の量が多く、種類も多い。

なお、理学部七号館地点ではヒバリ・ウグイス?が知られているが、これも極く断片的な骨があっただけである。

獣　類　この地点で検出された土坑中に、獣骨が混在するということは全くなかった。他の地点のようにイヌの埋葬例などもない。食用とした貝・魚・鳥類の骨のみであった。この状況からみる限り、ここで獣の肉を食べるということはほとんどなかったということなのであろう。しかし、武士たちが全くイノシシやシカを食べなかったとはいえないであろう。ただ、一般の宴会での料理にはならなかったのであり、骨があったとすれば別に処理されていたことも考えられる。

〔追　記〕――文京区真砂遺跡の動物遺体――

貝　類　ハマグリ・ヤマトシジミ・アサリを主体としていた。

魚　類　マダイ最多、マダラが次ぐ、カツオ・スズキなど一三種。

鳥　類　キジ属・オシドリ・マガモ属・ハクチョウ属・ハシブトカラス・キジ属が知られ、マガモ属が多い。

哺乳類　ニホンジカ・イノシシ・タヌキなどがあり、大名屋敷の出土例としては珍しい。イヌ・ネコは多いが、散在的。イヌの成獣個体は大型犬。他にノウサギ・ウマ（下顎切歯一）があった。

文政元年（一八一八）以降肥前唐津藩主小笠原氏の中屋敷、安政四年（一八五七）信濃上田藩主松平氏の屋敷となっていた。

六　江戸小説にみるマダイ・カツオ・フグ

魚・貝・鳥・獣のことが小説の中の言葉の端端にあらわれ、庶民生活との関わりが語られて興味深い。改めて見直していきたいと思っている。

ａ．式亭三馬の「四十八癖」二編〝金をなくす人の癖〟の中で、気前の良い江戸っ子が、コウむじんの当つた祝ひに一盃飲まうじやアねへかオツト奇妙、肴屋の声がするぞ。図星へ持つて来たナ。アリガテヘ。何がある。鯛か。鯛を買ふべい。一枚、拵へてくんな。……ヲイ〳〵鯛はよき所をさし身に取つて、残りは塩焼魚田。……ヲイ〳〵頭。鯛のあらはあら潮煮としべい。……。（魚田…魚の田楽、串にさして味噌をつけ、焼いた料理、潮煮…塩味で仕立てた吸物）。

この話の男は、この時に、鯛一尾とその他に水貝（生貝の肉を薄く切って塩水に浸したもの）、たいらぎなどの代金として壱分弐朱＝二四三八文を支払っている。当時の〝九尺二間〟の〝割り長屋〟の一カ月の家賃は（文化・文政年間＝一八〇四～三〇）一千文ぐらいである。

図9　タイをおろす魚屋
式亭三馬『四十八癖』（新潮日本古典集成，1982）

b．**フグ**は、いろいろいわれながら結構食べられていたことは、骨が少なからず出土することでもわかる。三栄町遺跡では、高級魚スズキよりも多く出土している。

c．多羅福孫左衛門作（匿名であろうが詳細不明）、「無弾砂子」、天明六年（一七八六）一巻一冊に挿図があり、板子の上に並んでいるのが、**タイ**と**カツオ**である。当時の代表的な魚を象徴的に描いた感じがする。

図10　戸板の上に並べられたカツオとタイ
多羅福孫左衛門『むだ砂子』（日本名著全集，滑稽本集 p.166，1927）

式亭三馬の〝浮世床〟初編中に、商人作兵衛―上方者であるらしい—が床屋にやってくる。

びん（鬢五郎のこと、髪結床の主人）「や、おい出なさい。作兵衛さん、きのうは何処へお出なすった」……「きのふはえらう寒かつたによつてな、河豚汁炊いて一盃飲もうという所ちやがな」……。

有毒のフグもそれなりに調理法に気配りされていたので、気軽に一盃ということもあったのであろう。なお、港区麻布台遺跡はフグの骨が報告されていない珍しい例である。

おわりに

江戸時代になると幾つもの料理書が刊行され、それには魚・貝類の名がいろいろとあげられる。当然遺物として発見されるものにもこれらの種類が含まれる。料理の番付表も作られていて、高級なもの、おいしいもの、人気のあったものがわかる。タイなどはそうした番付の首位であり、出土する量も首位とあって人気の程が知られるのであるが、その他の出土する魚骨が番付表の通りに検出されるかというと、そういうわけではない。人気の程度が一概には云えないのであろうか、出土の量とは一致しない。むしろ考古学的な遺物として発見されるものが、その時々の魚・貝の利用の仕方を最も端的に示しているものと思っている。考古学的な資料の中にあるかないか、量的に多いか少ないかは、その骨が処理される条件にもよるであろうが、当時の魚食や鳥獣食の実態をかなりの程度に示すものと思われる。また、こうした事実を明らかにすることによって、文献からの知見をさらに補足していくことができるのであろう。

注

(1) 一九八四年四月から十月にかけて発掘し、一九八六年に報告書が刊行されている。「千葉地東遺跡」神奈川県埋蔵文化財センター。

(2) 広島県福山市西郊、芦田川の中州に残る中世の町の遺構。常福寺(現明王院)の門前町と港町としての性格を兼ねて発達した中世の町といわれている。

(3) この間にも外国から大型のイヌがはいってくることがあった。日本列島での大型犬の出現にどのように関与するか興味ある問題である。

(4) 文京区真砂遺跡では、江戸の街中の遺跡でありながら、同じような解体痕のあるイヌ・ネコ・カラスの骨が知られている。

〈参考文献〉

金子　浩昌「千葉地東遺跡出土の動物遺存体」(『千葉地東遺跡、神奈川県立埋蔵文化財センター調査報告』10、神奈川県埋蔵文化財センター、一九八六年二月)五七九頁。

金子　浩昌「中世遺跡における動物遺体――鎌倉市内遺跡の調査例を中心として――」(『考古学と関連科学』所収、鎌木義昌先生古稀記念論文集、一九八八年十二月)四〇七頁。

河野真知郎「中世鎌倉動物誌――都市遺跡出土の動物遺体と関連遺物からの予報――」(『民史と民俗』3、神奈川大学日本常民文化研究所論集、一九八八年七月、平凡社)六八頁。

秋元智也子、小宮　孟「動物遺存体　東京大学本郷構内の遺跡理学部七号館地点」(『東京大学遺跡調査室発掘調査報告書』1、一九八九年)三八六頁。

金子　浩昌「加賀藩江戸藩邸内出土の動物質食料残滓研究の一例　東京大学本郷構内の遺跡　法学部四号館、文学部三号館建設地遺跡」(『東京大学遺跡調査室発掘調査報告書』2、一九九〇年三月)九一七頁。

金子　浩昌「一橋高校地点出土の脊椎動物遺体」(『「江戸」都立一橋高校地点発掘調査報告』、一九八五年三月)五七五頁。

金子　浩昌「東京都葛飾区青戸葛西城址Ⅳ・Ⅴ区濠出土の動物遺体」(『青戸・葛西城址調査報告』Ⅲ、葛飾区・葛西城址調査会、一九七五年十月）一九七頁。
金子浩昌・秋山祐理子「動坂遺跡出土の動物遺体」（『文京区動坂遺跡』動坂遺跡調査会、一九七八年四月）一七九頁。
桜井　準也「自然遺物」『麻布台一丁目　郵政省飯倉分館構内遺跡』（港区麻布台一丁目遺跡調査会、一九八六年）三一六頁。
野苅家　宏「動物遺体」『東京都文京区真砂遺跡』（真砂遺跡調査会、一九八七年）三三六頁。

加賀藩上屋敷「御貸小屋」における食生活の一端

秋元智也子

はじめに

東京大学は、一九八五年二月から十月にかけて東京大学本郷構内理学部七号館地点（以下、七号館地点）を調査し、約二百基の遺構と大量の遺物を発見した。これらの遺物には陶磁器、金属製品、木製品、石製品などの生活用具のほかに、大量の動植物遺存体も含まれている。今回は、これらのうち出土魚骨についての分析結果を報告し、江戸の大名屋敷における食生活の一端について考察する。

一　七号館地点の沿革

同地点が位置する東京大学本郷構内は、江戸時代、主として加賀藩の江戸屋敷によって占められていた。加賀藩は、元和二〜三年（一六一六〜一六一七）頃にこの地を幕府より賜り、屋敷地として明治維新まで使用していた。当初は下屋敷として使用されたが、天和二年（一六八二）の火災をきっかけとして、翌年以降は上屋敷とされた。明治維新の後は一部を除きこの地は政府の所有となるが、明治十年（一八七七）以降は東京大学の敷地となり今日に至っている。明治の比較的早い時期に、藩邸の大部分が国立大学の敷地となったことは、当地をその後の東京における大規模な開発から守ることになり、遺跡が大きな削平を受けず良好な状態で残存する要因となった。

当地が加賀藩江戸屋敷として機能していた時代のうち、上屋敷の時期の状況については元禄から幕末に至る江戸時代各期に作成された絵図を通してある程度知ることができる。これらの絵図から、七号館地点は当時加賀藩上屋敷の一角を占めていたことが調査前に事前に確認できた。すなわち、この地には元禄から幕末に至るまで、藩士のための「御貸小屋」がおかれていたのである。

「御貸小屋」とは、藩が大名屋敷に勤務する江戸在住藩士に貸し与えた居住施設である。これらは一般に長屋と呼称される形態をもつ。江戸に滞在した加賀藩士は家格や知行高に応じてこれらの「御貸小屋」を貸し与えられ、藩士の従者たちもここに居住した。現代風に言えば、単身赴任者用の公務員住宅に類するものである。絵図を見ると、屋敷内にはこのような長屋が中枢部である藩主の屋敷を取り囲むように配置されていたことが解る。なお、江戸時代における七号館地点周辺の状況のうち、上屋敷が置かれていた時代については絵図の外に文献史料からも同様に推察できるが、下屋敷が置かれていた時代についてはその状況を示す記録が現在のところ得られていないので不明である。

二　魚骨資料の採取法

魚骨が発見された遺構は全二三基におよぶ。今回はここから得られた資料のうち、部位及び魚種が同定された全ての魚骨を分析の対象とした。

これらの魚骨資料は、次に示す二つの異なる方法によって採集されたものからなる。一つは発掘時に採集されたものである。規模の小さな遺構や、魚骨の包含が少量であった遺構についてはこの方法を用いた。もう一つの魚骨資料は、二〇㌢×二〇㌢×五㌢のコラムもしくは一括で採取した土壌試料を、九・五二㍉、四㍉、二㍉、一㍉のふるいを用いて水洗選別した後に採取したもので、規模が大きな遺構や、魚骨の包含が多量に確認された遺構についてはこの方法を用いた。後者の方法が用いられた遺構は、具体的には一二・六三・七五号土坑と、九号地下式土坑である。

三　魚骨資料の同定結果

表1・2及び表3は同定結果を示す。表1は、先に示した二つの採取法で得られた資料のうち発掘時に採取した資

表１－１　発掘時採取資料の同定結果（17世紀代の陶磁器を伴う遺構）

分類群	部位	9号地土一括	2号土坑	70号土坑	89号土坑	129号土坑
ウナギ亜目	腹椎		1			
サケ科	腹椎		10			
	尾椎	1	3			
コイ目	右主鰓蓋骨		1			
ナマズ	鱗棘			1		
タラ科	腹椎		6			
	尾椎		1			
マダラ	右前上顎骨		1			
	左前上顎骨		1			
	腹椎		2			
	尾椎	1	11			
	左方骨	1				
スケトウダラ	左主上顎骨		1			
	右歯骨		3			
	左歯骨		2			
	尾椎		4			
カマス科	右前上顎骨	1	1			
	左前上顎骨		1			
	左歯骨		1			
	尾椎	1				
	口蓋骨		1			
アカカマス	右歯骨	1	2			
	左歯骨		1			
	腹椎		1			
	口蓋骨	1				
ブリ属	右前上顎骨		1			
	左歯骨		1			
	尾椎		2			
マアジ属	腹椎		3			
	尾椎		3			
シイラ	尾椎		3			

分類群	部位	9号地土一括	2号土坑	70号土坑	89号土坑	129号土坑
タイ科	腹椎	1				
	第１間血管棘	1				
キダイ	右前上顎骨	1				
	左前上顎骨		1			
	右主上顎骨	1	1			
	左主上顎骨	1	1			
	右歯骨		2			
	左歯骨		1			
	額骨		3			
	副楔骨		1			
マダイ	右前上顎骨		1			
	額骨	1				
	尾椎		1			
サバ属	右歯骨		1			
	腹椎	1				
	尾椎	1	1			
サワラ	腹椎	7				
マグロ属	尾椎				1*	
コチ	尾椎		1			
	左口蓋骨		1			
カレイ目	腹椎		1			
フグ科	右歯骨	1				1
	右角骨					1
真骨類	右前上顎骨	1				
	右主上顎骨	1				
	左主上顎骨	1				
	右歯骨	1				
	左歯骨	1				
	左角骨		1			
	腹椎	8	3			
	尾椎	9	1		1*	
	合計	45	90	1	2	2

注　＊攪乱出土の可能性あり．

表1－2　発掘時採取資料の同定結果（18世紀以降の陶磁器を伴う遺構）

		3号地下式土坑	7号地下式土坑	13号地下式土坑	12号土坑	14号土坑	18号土坑	27号土坑	43号土坑	53号土坑	54号土坑	63号土坑一括	74号土坑	75号土坑一括	81号土坑	88号土坑	115号土坑	11号遺物集中
軟骨魚綱	腹椎																	
マイワシ	腹椎		6															
サケ科	尾椎					2												
コイ目	左主鰓蓋骨		1															
	咽頭骨										1							
ナマズ	鰭棘														1			
タラ科	腹椎														5			
マダラ	右前上顎骨						1								1			
	左前上顎骨										2							
	右主上顎骨						1											
	左主上顎骨		1															
	右歯骨														1			
	左歯骨										1							
	腹椎		1			1									11			
	尾椎									1					1			
	基後頭骨		1															
スケトウダラ	左前上顎骨		1									1						
	右歯骨					1												
	左歯骨					1					1							
	腹椎											3						
	尾椎		1									4						
ブリ属	左前上顎骨			1														1
	右主右歯骨			1														
	腹水					1												
	尾椎	1																
マアジ属	腹椎		2															
シイラ	尾椎										1							
タイ科	左主上顎骨		1															
	右前鰓蓋骨															1		
	右角骨		1															
	腹椎		2													1		
	尾椎		4													6		
	鰭棘		4															
	第1間血管棘		1															
	担鰭骨		2															
マダイ	右前上顎骨		1										1					1
	右歯骨		1															

(表１－２つづき)

		3号地下式土坑	7号地下式土坑	13号地下式土坑	12号土坑	14号土坑	18号土坑	27号土坑	43号土坑	53号土坑	54号土坑	63号土坑一括	74号土坑	75号土坑一括	81号土坑	88号土坑	115号土坑	11号遺物集中
	左歯骨					1					1							
	左角骨		1															
	額骨		1															
	左主鰓蓋骨										1							
	左前鰓蓋骨		2															
	左舌顎骨		1															
	尾椎		1													2		
	第１間血管棘		1															
クロダイ属	右前上顎骨			1														
	右歯骨															1		
	腹椎		1															
サバ属	右前上顎骨					1												
	左歯骨															1		
	腹椎		1									1				3		
	尾椎		1			2										1		
カツオ	尾椎		3												1			
マグロ属	腹椎		1															
	尾椎											1						
コチ	左主鰓蓋骨		1															
	右前鰓蓋骨		2															
カレイ目	尾椎		1											1				
フグ科	右前上顎骨										1							
	左前上顎骨														1			
真骨類	右前上顎骨					2												
	左前上顎骨					1												
	右歯骨					1		1							1			
	腹椎		5			3			1					5			1	
	尾椎		4		1									7				
	合計	1	58	3	1	17	2	1	1	1	9	10	1	13	23	16	1	2

料の同定結果について示したものである。このうち、表1―1は十七世紀代の陶磁器を伴う遺構について、表1―2は十八世紀代より幕末までの陶磁器を伴う遺構についてそれぞれ示す。また表2と3は、水洗選別によって得られた資料の同定結果について示したものである。このうち、表2―1～3は、一括して採取した土壌試料から水洗選別によって得られた資料の同定結果を示したものである。そして表3―1・2は、コラムで採取した土壌試料から各コラム毎に水洗選別を行い得られた資料の同定結果である。表1・2・3とも同定された魚種の同定部位の個数を示す。

表2－1　9号地下式土坑

		上層2ミリ	上層4ミリ
アカカマス	右前上顎骨	1	
	右歯骨		1
マアジ属	尾椎	1	
	合計	2	1

表2－2　63号土坑

		上層1ミリ	上層4ミリ
ニシン科	尾椎	1	
スケトウダラ	右前上顎骨		2
	左前上顎骨		1
	左歯骨		1
	腹椎		3
	尾椎		6
	合計	1	13

表2－3　72号土坑

		南側床直1ミリ	南側床直2ミリ	南側床直4ミリ	南側床直9.52ミリ	85年10月3日2ミリ	85年10月3日4ミリ	85年10月2日1ミリ
軟骨魚綱	腹椎			1				
カタクチイワシ	尾椎	2						
サケ科	尾椎						1	
スケトウダラ	腹椎				1			
	尾椎			3				
カレイ目	尾椎			1				
真骨類	腹椎		3			1	1	
	尾椎	3	2				1	1
	合計	5	5	5	1	1	3	1

⑭ 1ミリ	⑭ 2ミリ	⑭ 4ミリ	⑮ 1ミリ	⑮ 2ミリ	⑮ 4ミリ	合計
	1	4			2	7
		4				4
						3
						2
						3
						42
						18
						5
						1
				1		1
1*	1*	1*		3		6
						1
1						1
1*						1
						1
						1
						1
2*	2*		1*	4*		23
3*	2*	1	1*	2*		14
						8
8	6	10	2	10	2	143

表3－1　12号土坑

		① 2ミリ	① 4ミリ	② 2ミリ	② 4ミリ	② 9.52ミリ	③ 2ミリ	③ 4ミリ	④ 2ミリ	⑥ 1ミリ	⑧ 4ミリ	合計
マイワシ	腹椎			1								1
マアジ属	稜鱗								1			1
タイ科	腹椎							1			1	2
マダイ	左前上顎骨					1						1
サバ属	尾椎		1		1							2
真骨類	腹椎	1										1
	尾椎	2					1			1		4
	合計	3	1	1	1	1	1	1	1	1	1	12

同定された魚種のなかでその出土量が最も目につくものはタイ科に属する魚種（キダイ・マダイ・クロダイ属・タイ科種不明）と、タラ科に属する魚種（マダラ・スケトウダラ）である。これらの魚種は同定された部位も多い。しかし、タイ科及びタラ科の魚種が魚骨の出土した全ての遺構それぞれのなかで必ず多い出土量を示しているとは限らない。

タイ科に属する魚種の中では、キダイが十七世紀代の陶磁器を伴う遺構から、クロダイ属が十八世紀代から幕末までの陶磁器を伴う遺構からそれぞれ出土している。しかし、マダイには特に時期による出土量の変化は見られない。

残りの魚種の出土量はタイ科・タラ科に較べて少なく、確認された部位も少ない。

表3－2　63号土坑

種名	同定部位	サンプル番号 ①	②	③	④	⑤	⑥	⑦			⑧			⑨	⑩		⑪	⑫		⑬
	メッシュ寸法					1ミリ	1ミリ	1ミリ	2ミリ	4ミリ	1ミリ	2ミリ	4ミリ	1ミリ	1ミリ	4ミリ	1ミリ	2ミリ	4ミリ	4ミリ
マイワシ	腹椎																			
	尾椎																			
ウナギ	尾椎												3							
ドジョウ科	第2脊椎									1			1							
種不明	第4脊椎								3											
ドジョウ型(a)	腹椎					1	1		3	20			12	5						
	尾椎						3		1	9			5							
ドジョウ型(b)	腹椎						1		2	1						1				
	尾椎													1						
サバ属	腹椎																			
	尾椎																			
カツオ	腹椎							1												
クロダイ属	左前上顎骨																			
タイ型	尾椎																			
カレイ型	尾椎														1					
真骨類種不明	右上顎骨																		1	
	左上顎骨																		1	
	腹椎							3	1	2	1						1	4*	2*	
	尾椎											1		1				1*	2*	
	椎体片									1			6							1*
	合計					1	5	4	10	34	1	1	27	7	1	1	1	5	6	1

注　＊付着物が表面に固着し，外部形態が十分観察できなかった資料．

四　同定結果の考察

以上の同定結果を基に考察を試みる。今回は、同定結果の考古学上の意味を検討するために二つの方法を用いる。一つは、過去に発表されている同種の考古学資料との対比であり、もう一つは、文献史料に記載された江戸時代の食事内容との対比である。考古学資料として、港区郵政省飯倉分館構内遺跡（麻布台一丁目遺跡調査会一九八六）、文献史料として、「加賀松雲公」に記載されている五代将軍綱吉が本郷邸を訪問した際のもてなしのための献立を用いる。

1　郵政省飯倉分館構内遺跡との比較

港区郵政省飯倉分館構内遺跡は、江戸時代においては米沢藩上杉家と臼杵藩稲葉家の江戸屋敷が置かれていたところである。一九八四年に発掘調査が行われ、良好な動物遺存体が検出された。

表4は、同遺跡において同定された主要魚種の最小個体数を示したものである（桜井一九八七）。ここから以下のような本地点との差異が考えられる。

マダイは七号館地点と同様に高い出現頻度を示すが、その出土状況が異なる。同遺跡においては、マダイは時代を通じて全ての遺構で常に最頻種の位置を占めている。また、七号館地点ではわずかに椎体しか出土しなかったカツオ・カレイと、出土が確認できなかったアラが高頻度を示している。それに対して七号館地点で大量に出土したタラ

表4　飯倉分館遺跡で同定された魚種の最小個体数（桜井1987）

		カツオ	マサバ	スズキ	アラ	クロダイ	マダイ	メバル	コチ	カレイ目	マダラ	イワシ型	サケ型	マグロ型	アジ型
15P	17c前半						4			1					
2P	17c後半～18c前半			1			5	1	2	2	2	58	2		78
95・96P	17c後半～18c前半	1	1	1			11			1	2	77	8		101
1D	17c後半～18c前半	1					1								
401P	18c前葉～中葉	1			1	1	8				1	2	1		3
402P	18c前葉～中葉						3				1				
1P	18c前葉～中葉	12	14	2	8		55		4		8	50	15		37
N35P	18c後半						1	1							
N22P	18c後半						3		2	1			2		2
N24P	18c後半						1						1		
N26P	18c後半						4		2	3			4		
300P	18c後半～19c		1	3			2	1	7	2		34		2	64
N40P	18c末～19c初頭					1		1					2	3	6
N18P	18c末～19c初頭			1		1	2							4	
N44P	18c末～19c初頭					1	2			1				7	1
N21P	19c前半	1			2		2			1				2	
N38P	19c前半				1		1								
N41P	19c前半						2							1	
N36P	19c前半			1	1		1			1				3	
N45P	19c前半	1			1	1	3			1		4		4	2
N46P	19c前半				2	1	1			1				1	

科の魚種は、十八世紀中葉以前の遺構からマダラが発見されたに留まる。マサバは、1P以外の遺構からは少量しか確認されない。

次に、この二つの遺跡の間の以上のような魚種組成の違いが何を意味するのかを検討する。

まず考慮しなければならない点として、二つの遺跡の性格の違いがあげられる。飯倉分館遺跡の動物遺存体の分析を試みた桜井準也（桜井一九八七）によれば、同遺跡は江戸時代においては下屋敷として使用されており、当時の慣習としてもっぱら宴会・儀式などが執り行われていた場所であったという。桜井は、常にマダイが最頻種である魚種組成はそのような宴会・儀式における献立の内容を反映しているという興味深い見解を発表している。

これに対して、本地点は先に述べたように加賀藩上屋敷の「御貸小屋」であり、魚骨はそこに居住していた藩士の日常における食生活を反映しているという重要な側面が考えられる。そして、このことは、両遺跡の魚骨組成に違いをもたらした一つの要因と推測される。

もう一つの考慮すべき点は居住者の食習慣の違いである。

七号館地点で大量に同定されたタラ科の魚は加賀藩のあった北陸地方では当時最も一般的に食されていた魚種の一つであり、スケトウダラはつみれや自家製の蒲鉾の材料としても多く利用されたという。また、七号館遺跡において少量ながら確認されているサバ・フグは、江戸時代の江戸市中においては下魚として扱われ、特にフグは強い毒を持つことから、毒に当たると御家断絶につながるものとして武士階級は普通食することはなかった（三田村一九七五）。しかし上方から北陸にかけての地域では、サバは〆サバ・塩サバなどに加工して寿司などの材料として用い、また、フグも笹漬けや干物などとして日常的に食されていた。サバは、加賀の国元から江戸屋敷での消費量を補うために塩ザケと共にわざわざ輸送した記録もあると言う。また、天保八年（一八三七）に能登島に流刑に処せられた加賀藩士寺島蔵人の日記には、能登島において地元民がフグの干物を作る様子が繰り返し登場しており、蔵人自身もフグの干物を作る記事も登場する（金沢近世史料研究会編一九八二）。その反面、七号館地点においては僅かに椎体四点だけが確認されたに過ぎないカツオは、当時の江戸市中においては人気の高い魚種であった。たとえば、初ガツオの時期には裕福な大商人達が大金を払ってでもその年の初物を食することが流行していたほどであった。しかし日本海側では、海流の関係から漁獲量も少なくカツオを食する習慣はなかった。

以上の点を考慮すれば、七号館地点の魚種の組成は同地点を上屋敷としていた加賀藩の国元での食習慣を、かなりの点で反映していると解釈できる。このことは、地方の人が江戸に居住した場合においても引続き自らの出身地の食習慣を守って生活していたことを窺わせることになる。

2 文献史料に現れる料理献立との比較

加賀藩に残された文献史料には、宴会・儀式の献立や藩主の日常生活での食事内容など食生活に関係するものも多く、これを通して当時の食生活の一端を窺うことができる。今回はこれらの中から、宴会に使用された献立と比較を試みる。比較に使用する献立は、「加賀松雲公」に残された元禄十五年（一七〇二）五代将軍綱吉が本郷邸を訪問した際に老中以下に出された三汁八菜の献立である。

本膳
　汁　つみれ・丸うど・焼どうふ・松たけ
　なます　たい・きす・くり・しそ・きんかん・葉せうが
　香物　細かまほこ・つからめ・生しいたけ
　いり物　すゞき・すりみ共・抜さけ

二
　汁　藍煮鯛・山しょうのめ
　杉焼　なまりめちか・わさびみそ・くしこ・川ちさ
　すし　ます・あゆ・たて
　浜焼　かけ汁・すりせうが

三
　汁　もそく・のり

指躬　かきたい・くらげ・わさび・くり・せうが・いり酒・南天の葉
向　詰　小鯛
肴　丸はべん・山しょうたまり
吸物　ひれ・品川のり

この献立を選択した理由として、これが老中以下の家臣に出されたものであるということが上げられる。当時は宴会の際身分によって出される料理の品や数も変化し、将軍と藩主、家臣では内容が異なる。七号館地点に居住していたと考えられるのは家臣とその従者であるため、比較には家臣のための献立を選択した。

この献立に登場する魚種は、タイ・キス・スズキ・マス・アユなどである。この中で最も多く使用される魚種はタイである。タイは本膳のなます、二の膳の汁、三の膳の指躬、向詰と、全ての膳に使用されている。しかし、残りの魚種についてはタイのように一回の宴会で何度も登場することはない。この例からも判明する通り、宴会の献立に使用される魚種はタイが中心であると言える。

このような宴会における組成は、七号館地点における組成とは異なっている。七号館地点においてもタイは出土量の多い魚種ではあるが、全魚種の中でのタイの占める割合は宴会の場合の様に飛びぬけて多いということはない。また、七号館地点で藩士が日常食していたと推定される魚種の大部分は認められない。

先に述べたように七号館地点より出土した魚骨資料が同地点における居住者であった加賀藩士の日常的な食生活を反映していると仮定するならば、この差は宴会の献立と日常の食生活の差を示すものであると解釈できる。

文献史料に登場する食生活は、宴会・儀式などの非日常的な事象に関係するものや江戸や大坂などの大都市で作成された料理書など、特定の状況のみを示しているものが多い。江戸時代の食生活の研究に際して、文献史料から多くの情報が入手できることは言うまでもない。加えてさらに、考古学的な資料は記録に現れない部分の食生活、しかも江戸市中に存在した固有の生活文化を復元する際欠かすことができないことが解る。

五　まとめ

以上、東京大学本郷構内理学部七号館地点出土の魚骨資料に基づいて江戸在住の加賀藩士の食生活の一端を検討した。

この結果を要約すると以下のようになる。

（1）七号館地点の魚種組成は、ここに居住していた加賀藩士の日常的な食事内容を反映していると考えられる。

（2）これにより復元される食事内容には、彼等の出身地である加賀の食習慣が強く現れているようである。

（3）考古学資料は、記録に現れない部分を補うことができる。しかも江戸時代人の日常的、一般的食生活は、考古学資料を利用することによってより具体的に再現されるものである。

近世についての我々の知識は、その大部分を文献や記録に現れる記載に依存している。しかし近年の近世遺跡の調査の増加に伴い、我々は出土遺物を分析することによってかつて文献からは与えられなかった様々な情報を得られるようになった。これらの情報は近世史を考える上で新たな視点を与えていくものであると思われる。近世遺跡から出土した考古学資料によって当時の生活を探る試みはまだ開始されたばかりである。今後も考古学資料を用いることによって、さらに多くの事実を明らかにしていきたい。

最後に、この文を作成するに当たって魚骨の同定及び資料作成の大半は千葉県立博物館の小宮孟氏に依った。また、赤沢威先生、寺島孝一先生（東京大学）、長谷川孝徳氏（石川県立歴史博物館）、細川義氏（暁星学園）に多大な御指導、御助言をいただいた。記して感謝する次第である。

〈参考文献〉

秋元智也子・小宮孟　一九八八年「東京大学理学部七号館遺跡出土の魚骨について――加賀藩上屋敷「御貸小屋」における食生活の一端について――」『江戸遺跡研究会第一回大会発表要旨』江戸遺跡研究会。
秋元智也子・小宮孟　一九八九年「動物遺存体」『東京大学遺跡調査室発掘調査報告書――東京大学本郷構内の遺跡理学部七号館地点』東京大学遺跡調査室。
金沢近世史料研究会編・若林喜三郎監修　一九八二年『島もの語り――寺島蔵人能登島流刑日記――』北国出版社。
近藤磐雄　一九〇八年『加賀松雲公』上巻。
桜井準也　一九八七年「近世大名屋敷における食生活――港区郵政省飯倉分館構内遺跡出土の動物遺存体を中心に――」『史学』57―1。
原田信男　一九八三年「『石城日記』にみる幕末下級武士の食生活」『歴史公論』9―4。
堀田秀之　一九六一年『日本産硬骨魚類の中軸骨格の比較研究』日本魚学振興会。
松下幸子　一九八三年「料理書にみる江戸時代の魚鳥野菜」『歴史公論』9―4。
三田村鳶魚　一九七五年『江戸の食生活』三田村鳶魚全集　10、中央公論社。
港区麻布台一丁目遺跡調査会　一九八六年『麻布台一丁目郵政省飯倉分館構内遺跡』。
宮腰松子　一九八四年「加賀藩の食事規定」『飲食史林』5。
吉田伸之　一九八八年「近世の城下町・江戸から金沢へ」『週刊朝日百科　日本の歴史別冊　歴史の読み方　2　都市と景観の読み方』。

遺跡出土の動物遺体からみた大名屋敷の食生活
——動物遺体分析の成果と問題点——

桜井準也

はじめに

近年の都区内の近世遺跡の調査の増加によって、多量の遺物とともに動物遺体の出土例も増え、遺跡の性格を考慮した考察もなされるようになってきた。本稿では、近世遺跡の中でも大名屋敷における食生活に絞り、従来から行われている自然遺物を分類・同定・集計するという基礎的な作業とは別に、出土した動物遺体から大名屋敷での食生活を復元するために考えられるいくつかの視点を示すとともに、それにともなう若干の問題点を指摘してゆきたい。具体的には、都区内の屋敷跡から出土した動物遺体の概略を述べた後、筆者が調査した港区郵政省飯倉分館構内遺跡を中心に、魚骨にみられる切断痕などから推定される調理法や大名屋敷の食生活を復元するにあたって考えられるいくつかの分析方法について検討し、最後に、考古資料の性格上避けられない問題として、サンプリング・エラーなど動物遺体が廃棄されてから考古資料となるまでの過程で生じるいくつかの問題点について取り上げる。

一　大名屋敷跡から出土した動物遺体

まず、すでに報告がなされている江戸市中の大名屋敷および武家屋敷内から動物遺体がまとまって出土している遺跡について、簡単にまとめてみたい。

文京区動坂遺跡（金子・秋山一九七七）

宝永三年（一七〇六）に榊原式部大輔の屋敷となったが、享保三年（一七一八）から鷹匠同心屋敷として用いられている。近世の遺構二六カ所から動物遺体が出土している。出土した動物遺体は貝類一六種類、魚類八種類、鳥類一〇種類、哺乳類二種類である。出土量が多い動物遺体として貝類ではハマグリ・シジミ・アサリが多く、サザエ・アカガイ・アワビなどが続く。魚類ではマグロ類が目立ち、フグも出土している。爬虫類ではイシガメ、鳥類ではスズメとハト類が多く、次いでキジ類・サギ類・ガンカモ類が続く。哺乳類ではイノシシ・シカが出土している。

文京区白山四丁目遺跡（植木一九八一）

元禄十一年（一六九八）に屋敷地となってから幕末まで旗本屋敷としてもちいられている。動物遺体は土壙や井戸跡や地下室で出土している。検出された動物遺体は貝類一三種類のほか、一号地下室でイヌらしき獣骨が出土しているのみである。貝類の中ではアサリ・ハマグリの出土量が多い。

港区郵政省飯倉分館構内遺跡（桜井・山口一九八六）

出羽米沢藩上杉家中屋敷と豊後臼杵藩稲葉家下屋敷跡にあたり、上杉家は寛永十四年（一六三七）、稲葉家は寛永元年（一六二四）から屋敷として用いている。遺物の大部分は稲葉家の屋敷側の土壙や地下室から出土している。出土した動物遺体は、貝類三六種類、魚類二六種類、両棲類一種類、爬虫類二種類、鳥類九種類、哺乳類九種類である。これらの中で、貝類ではハマグリをはじめアワビ・サザエ・アカガイなどの高級な貝類の出土量が多く、魚類ではマダイが圧倒的に多く、カツオ・マグロ・ブリ・マダラ・ヒラメ・カレイ・サバ・アジ・イワシなども出土量が多い。爬虫類としてスッポンが数カ所の遺構から出土し、鳥類ではニワトリが最も多く、次いでマガモ・マガン類が多い。哺乳類では、イヌ・ネコが多いが食用にされたと考えられるものとして、イノシシ・シカ・ウサギが出土している。

文京区真砂遺跡（野苅家一九八七）

宝永元年（一七〇四）以降、肥前唐津藩小笠原氏の中屋敷として用いられ、安政四年（一八五七）からは信濃上田藩松平氏の屋敷となった。出土した動物遺体は、貝類一二種類、魚類一二種類、両棲類一種類、爬虫類一種類、鳥類六種類、哺乳類八種類である。貝類ではハマグリ・シジミ・アサリが主体である。魚類ではマダイがやや多い。爬虫類ではスッポンが出土し、鳥類ではマガモ属やキジ属（ニワトリ？）がやや多い。哺乳類ではウサギ・ウマ・シカ・イノシシ・タヌキ・イヌ・ネコが若干出土している。

以上の各遺跡にみられるように、一般的に大名屋敷跡や武家屋敷跡から出土する動物遺体の中で、食用と考えられるもので目立つものは、貝類ではハマグリ・シジミ・アサリ、魚類ではマダイ、鳥類ではニワトリやカモ類などである。しかし、このように出土した動物遺体の種名のリストをあげただけでは各遺跡の特徴は現れてこない。やはり、出土した動物遺体を数量的に比較してゆく必要がある。例えば、動坂遺跡ではこの遺跡が鷹匠同心屋敷跡であるということから、スズメやハト類の出土量が多いのはそれらが鷹の餌として用いられ、サギ・ガンカモ類は鷹狩りの獲物であると指摘されている（金子一九七五）。また、郵政省飯倉分館構内遺跡の場合は、祝い事に用いられるハマグリやマダイの占める割合が高いことや賁方や御壹所と書かれた陶器が動物遺体と共伴することから、出土した動物遺体の多くが本殿での宴会などに供されたのち、廃棄されたものであると考えた（桜井一九八七）。このうち動坂遺跡の例は屋敷自体が特別な機能を持っており、それが出土した動物遺体の出土傾向に反映したと考えられるが、一般の屋敷跡の調査ではそれほどの明白な特徴はみられない。その理由は、一般的には広大な屋敷の一部を調査する場合が多いためであると考えられ、遺跡全体の動物遺体の組成をひとまとめにして議論することは危険である。動物遺体が出土した遺構の年代や性格を把握し、動物遺体が屋敷の本殿から出されたものか、長屋から出されたものかなどを明確にする必要がある。このように、屋敷内での動物遺体の出土傾向にみられる差異を明らかにし、その後に遺跡間の比較を行うのが手順であろう。

それでは、遺跡ごとに動物遺体の出土傾向を比較する以外に出土した動物遺体から当時の大名屋敷での食生活を復元するためにどのような分析方法が考えられ、どのような問題点がともなうであろうか。以下の各章で検討してみたい。

二　出土動物遺体と調理法

ここでは、出土した動物遺体からその調理法を推定する手がかりとして、ハマグリの殻長分布と魚骨の切断痕による分析方法をとりあげる。

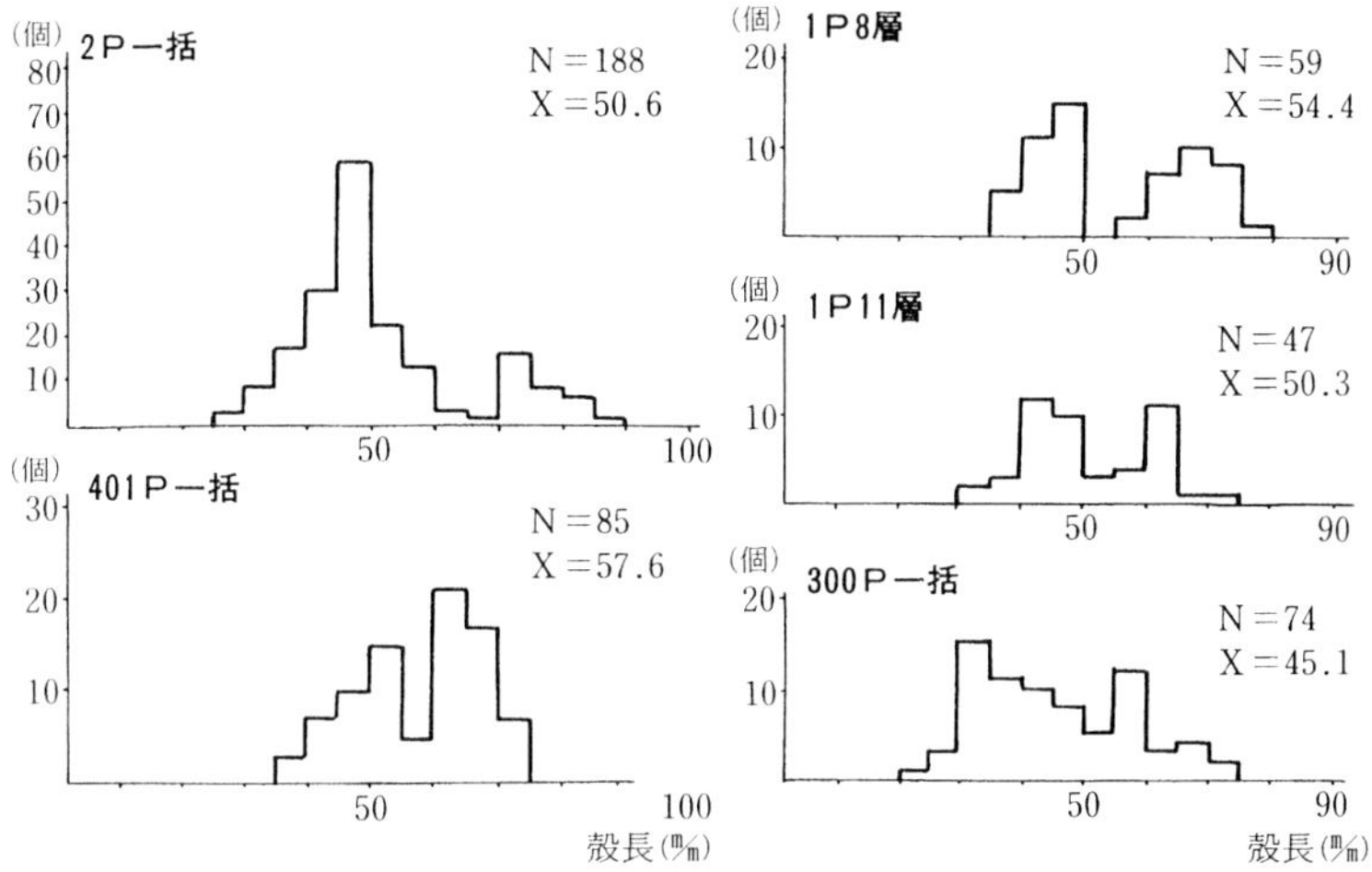

図1　ハマグリの殻長分布（郵政省飯倉分館構内遺跡）

(1)　ハマグリの殻長分布と調理法

食品を調理する場合、同じ材料を用いて異なった調理法で調理されることがあり、これが動物遺体の分析により明らかになることがある。図1は郵政省飯倉分館構内遺跡の例で、遺構ごとのハマグリの殻長の大きさの分布を示した。それによると、ハマグリは他の貝類とは異なり、分布幅（バラツキ）が広く、分布形も単峰形ではなく、双峰形になることがわかる。また、双峰形にならない場合でもかなり大きさのバラツキが大きいグラフが得られている。この傾向は他の遺跡でも一般的にみられるとともに他の貝種ではみられない傾向でもある。この特徴的な分布に対する説明として、ハマグリが吸い物用（小型）と焼きハマグリ用（大型）に選別され、別々に扱われていたためであるという説明が可能であり、実際に郵政省飯倉分館構内遺跡の大型のハマグリの中に火を受けていると思われる資料が数点存在している。

(2)　魚骨の切断痕と調理法

遺跡から出土した骨の切断痕の分析によって、当時の調理法の復元に役立てることができる。郵政省飯倉分館構内遺跡では、マダイの頭骨の切断痕の分析を行った（桜井・山口一九八六）。その結果を図2に示したが、それによると、前額骨の切断痕は、全体の八〇・六㌫にみられ、先端部に切断痕のあるものはⅡ類・Ⅱa′類・Ⅱb′類・Ⅱc′類・Ⅱd類・1P8層一括・1P10層の五七例（三二・二㌫）、縦方向に切断痕のあるものはⅡa類・Ⅱb類・Ⅱc類・Ⅱa′類・Ⅱb′類・Ⅱc′類・1P8層一括・1P10層・402Pの一三四例（七四・四㌫）、双方ともみられるものはⅡa′類・Ⅱb′類・Ⅱc′類・1P10層の四七例（二六・一㌫）であり、縦方向に切断されているものが多いとともに、縦に切断されているもののうち八〇㌫以上が先端部にも切断痕があることも興味深い。

その他に特殊な例として、マダイの頭をそぐ方向に切断されているものも三例（1P層一括・1P10層・1P8層）あった。また、縦方向の切断痕に関しては、Ⅱb類・Ⅱb′類が少なく、逆にⅡa類・Ⅱa′類・Ⅱc類・Ⅱc′類が多く、そのうち中央部が残存するものが多い。このような傾向から類推して、タイの頭は三枚おろしよりも二枚おろしにされていたようである。これらの分析結果から、郵政省飯倉分館構内遺跡では、ほとんどのマダイは刺身や塩焼きに供されたのち、その頭骨は出刃でおろされ、荒炊きにされたと考えることができる。

同様に港区芝公園一丁目遺跡では、魚骨の椎体の切断痕の分析も行っている（山口一九八八）。芝公園一丁目遺跡は芝増上寺の子院、光学院・貞松院跡で、動物遺体の多くは井戸の周囲で出土している。出土した動物遺体は、貝類三〇種類、魚類一六種類、両棲類一種類、爬虫類二種類、鳥類三種類、哺乳類五種類で、魚類ではカサゴ属が目立ち、マダラやマダイやカツオやブリなどが続いている。ここではマダイ型に関し、郵政省飯倉分館構内遺跡の例を付け加え、比較してみた。それによると、まず椎体の切断痕が存在する比率（出現率）はマダイ型とカツオ型がそれぞれ全体の二〇㌫前後、マダラ型が四〇㌫近くもある。次に、椎体にみられる切断痕の分類を行った。その分類は、Ⅰ類（魚を輪切りにした場合の切断痕）、Ⅱ類（背骨に沿って魚の縦方向に包丁をいれた場合の切断痕）、Ⅲ類（背骨に沿って魚の横方向に包丁を

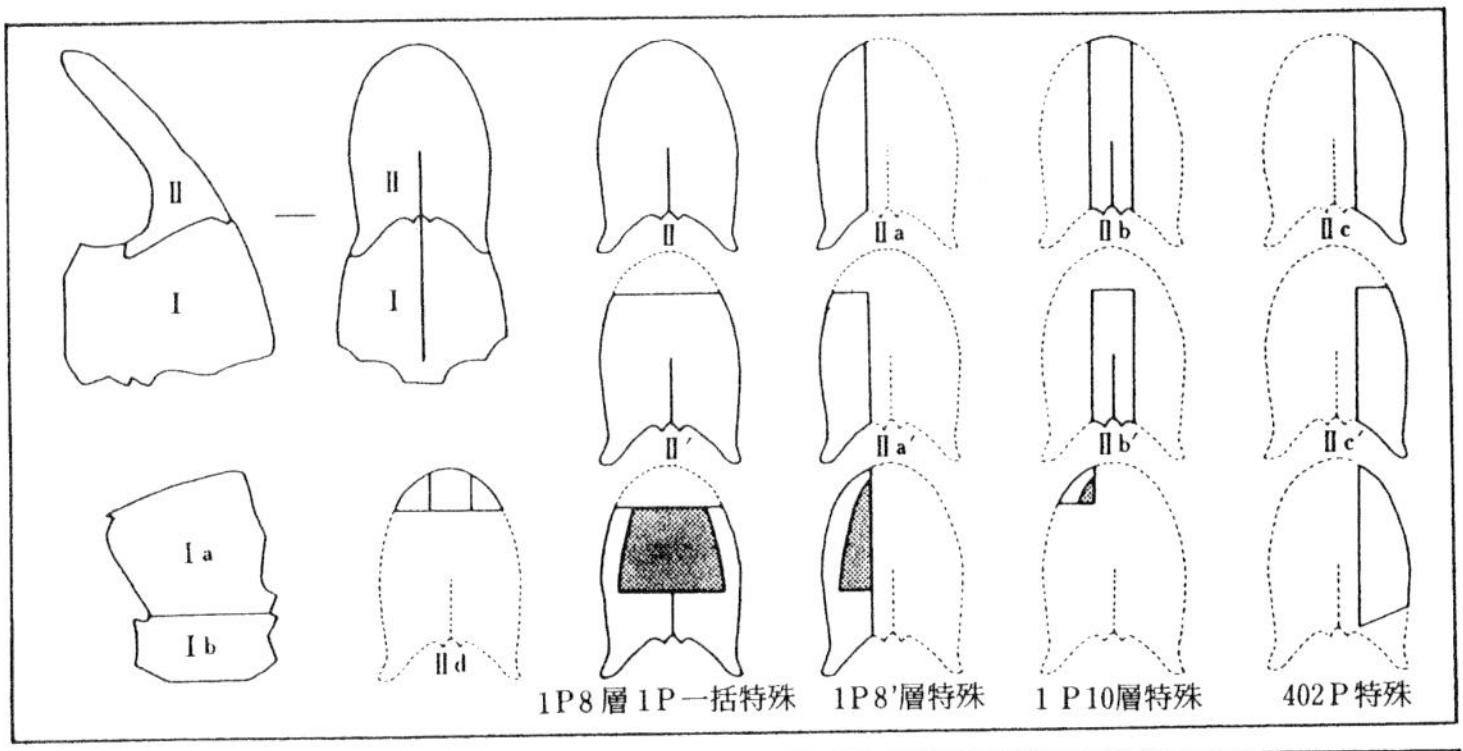

II	IIa	IIb	IIc	IId	II'	IIa'	IIb'	IIc'	その他
35 19.7%	38 21.3%	5 2.8%	42 23.6%	3 1.7%	6 2.4%	31 17.4%	1 0.6%	14 7.9%	3 1.7%

図2　マダイ頭骨の切断痕

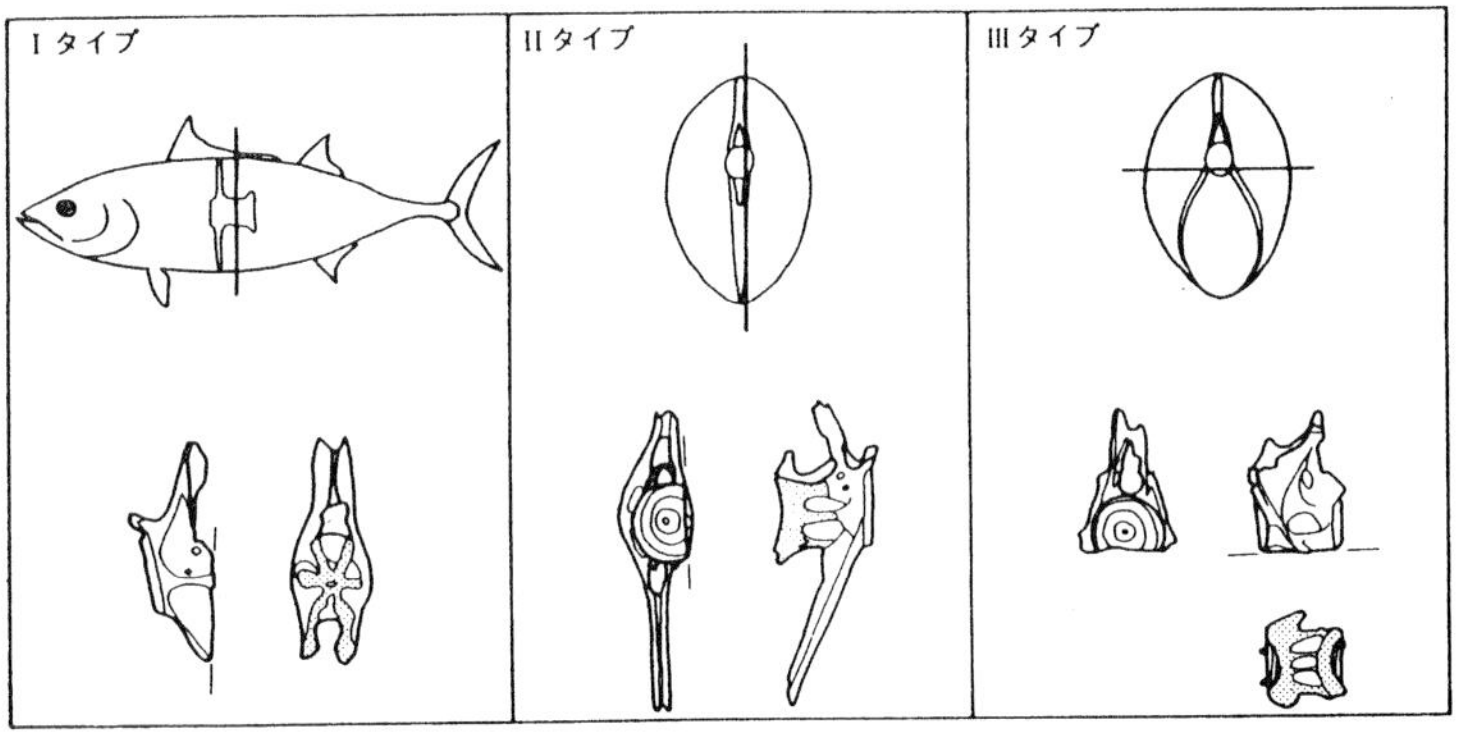

	切断率	I	II	III	IV				計
					I＋II	I＋III	II＋II	II＋III	
マダイ型★	16.1%	36 24.5%	74 50.3%	4 2.7%	4 2.7%		29 19.7%		147 99.9%
マダイ型	20.0%	18 75.0%	3 12.5%	2 8.3%		1 4.2%			24 100%
カツオ型	26.0%	23 88.5%	3 11.5%						26 100%
マダラ型	39.4%	11 26.8%	20 48.8%	3 7.3%	3 7.3%		3 7.3%	1 2.4%	41 99.9%

★郵政省飯倉分館構内遺跡，その他は芝公園一丁目遺跡

図3　魚類椎体の切断痕

いれた場合の切断痕）の三つで、複数のタイプが重複する場合をさらにⅣ類とし、その頻度を集計した。その結果、芝公園一丁目遺跡のマダイ型・カツオ型の椎体はⅠ類が優勢で、それぞれ七五・〇㌫、八八・五㌫を占めるのに対し、郵政省飯倉分館構内遺跡のマダイ型の椎体はⅡ類が五〇・三㌫と最も多く、Ⅳ類（Ⅱ類＋Ⅱ類）も一九・七㌫で他に比べかなり多い。また、芝公園一丁目遺跡のマダラ型の椎体もⅡ類が四八・八㌫を占めているが、Ⅳ類（Ⅱ類＋Ⅱ類）はそれほど多くない。これらの差異が生じた原因を考えると、まず、郵政省飯倉分館構内遺跡のマダイ型の椎体の傾向については、遺跡が大名屋敷跡であるという性格上、宴会などにマダイを二枚あるいは三枚におろして刺身として料理されることが多かったためであると考えられる。このことは、同遺跡の魚骨に占めるマダイの出土量が非常に高いこと、大型のマダイが多いことなどもその裏付けとなる。また、芝公園一丁目遺跡のマダラ型にⅡ類が多い点については、明確な説明はできないが、マダラを輪切りにした断面がマダイやカツオと異なり、ずんぐりした形をしているため、まな板に寝かすよりも立てたほうがさばきやすいためであると考えることができる。

このように、魚骨に残された切断痕の分析により、魚の調理法や料理の種類を特定する手がかりとすることができる。

三　大名屋敷の食生活復元にむけて

動物遺体の分析を通じて大名屋敷の食生活を復元してゆく場合にさまざまな視点が考えられるが、ここではその一部について検討してみたい。

(1)　食物の価値観と嗜好の変化

現在では、高級魚としてマダイやフグ・マグロ・ハマチなどをあげる人が多いが、現在の高級魚が必ずしも当時の高級魚であるとは限らない。松下幸子氏によると、当時下魚とされていたものには、イシモチ・イワシ・イナダ・イボセ・ワラサ・ワカナゴ・カド（ニシン）・ガザミ・タナゴ・ムツ・ウシノシタ・クジラ・マグロ・フグ・コノシロ・コハダ・小ムツ・コシタメ（イサキ）・サバ・シシコ（カタクチイワシ）・スハシリがあり（『古今料理集』）、サンマも下品な魚として考えられていたという（松下一九八三）。この点を当時の魚の値段の面から検討するため、『柏崎日記』（小野一九八三）の例にあげ、近世遺跡でよく出土する魚種についての記述を拾ってみる。

アラ

一尺余の鯛一枚、二尺余のアラ（阿羅スズキに近い魚）一本、同じく一尺ほどのアラ一本、全部で代価六百文（天保十一年、六月二十二日）。

アラ　一本　三百文（弘化四年、十月十六日）。

イワシ

今日は珍しく小鰯（三寸ほど）取れ売りに来り、一箱四百尾ばかりあり、価百七十文、焼干に致し置く（天保十年、十一月四日）。

この節、魚沢山に相成り、さし網鰯も、十尾で三十文くらいなり（大きく、油がのっている）（天保十一年、三月二十七日）。

大型（八寸ばかり）鰯、油、はなはだ強し、三つ食べれば沢山、十尾で八、九文なり（天保十一年、四月十六日）。

小鰯、半籠七十文（天保十一年、十月七日）。

差網鰯、十尾で十二文（天保十二年、三月二十二日）。
いわし一籠（二、三寸もの）百五十文（天保十二年、十月九日）。
鰯大きなもの、十尾で十文（弘化元年、四月十一日）。
小鰯、一箱半ばかり二百三十文ほど（弘化元年、十月二十四日）。
大鰯十尾で十二、三文（弘化四年、四月四日）。
大鰯十五尾で十文（弘化四年、十月十三日）。
カレイ
小さなかれい（鰈）二枚で二十八文（天保十二年、十二月十八日）。
サケ
生鮭一本、一貫六、七百文の由（天保十二年、十月二十八日）。
サバ
さば（鯖）一尺五寸ばかり、一本三、四十文なり（天保十一年、五月七日）。
タラ
たら（鱈）たいぶとれ、一かけ三十文にて買う（天保十一年、二月七日）。
鱈一尺五寸もの、一尾三文、一掛け六文（天保十二年、二月二十七日）。
鱈大漁、一かけ（二尾）で八文（天保十三年、二月十一日）。
ヒラメ
大漁。二尺五寸の大平目、一枚五百五十文（弘化二年、三月二十二日）。

マグロ

しび（鮪の成魚）一尺ばかりのもの、一本、七十五文（天保十一年、八月二十八日）。

マダイ

鯛（一尺五寸ばかり）一枚（尾）百五十文（天保十一年、四月二十八日）。

鯛（目の下一尺ばかり）一枚で八十文位（天保十二年、四月十日）。

一尺ばかりの鯛一尾九十文（弘化元年、四月二十九日）。

大鯛（二尺余）二枚、中鯛一枚、〆三枚にて一貫三百文（弘化四年、十月十三日）。

大鯛一枚と中鯛二枚、計一貫五十文（弘化四年、十月十六日）。

ブリ

ぶりの子ふくらげと申すは七八寸くらいなり。一本三十文づつ、十本買い、五本づつ……へ遣わす（天保十年、八月十日）。

今は魚大分安し、一尺ほどのいなだ一本五十文（天保十年、十月十日）。

一尺ばかりのぶり（鰤）の子三十五文くらいなり（天保十年、十一月七日）。

ふくらげという鰤の子、大きさ六寸ばかりのもの、一尾三百文（弘化元年、八月十八日）。

大鰤一本、六百五十文（弘化四年、十月十三日）。

中鰤、二本　四百五十文（弘化四年、十月十六日）。

このような当時の魚の値段をみると、魚の大きさにもよるが、一尾一貫以上するサケ、二、三百文のアラ、一尺もので百文前後のマダイやヒラメなどは高級な魚としてあげられるのに対し、値段の安い魚としては、大振りのものでも一尾が一文程度のイワシ、一尾二、三文のタラがあげられ、マグロ・ブリ・サバ・カレイがその中間にくる。時期差、地域差を考慮しなければならないが、この傾向はさきの下魚の種類と大筋では一致している。

このような傾向を郵政省飯倉分館構内遺跡にあてはめると、マダイの出土量が非常に多く、しかも大型のものが多いこと、また、サケやアラも出土していることから高級魚がかなり大きな割合を占めている。イワシなどの小型の魚の出土量についてはサンプリングの問題があるため比較はできないが、高級魚の出土傾向から類推する限り、当時の魚の価値という側面においても郵政省飯倉分館構内遺跡から出土した動物遺体の多くが、日常の食事ではなく宴会などに供されたものであるという結論と一致する。

このように、出土した動物遺体の当時の価値観を知ることは、屋敷の性格や消費した人々の階層や嗜好を推定する上で参考となる。

次に、時代によって民衆の食物嗜好が変化し、その傾向が出土した動物遺体の出土傾向に反映されることも考慮される必要がある。郵政省飯倉分館構内遺跡でのマグロの出土傾向は、その一例である（桜井一九八七）。同遺跡では、陶磁器によって年代が判明した多数の土壙から動物遺体が出土したため、年代による動物遺体の量的・質的変化を追うことができた（表1）。この中で年代による変化が最も明瞭にとらえられたものがマグロの出土傾向である。それによると、マグロの椎体はいずれも十八世紀末から十九世紀初頭、十九世紀前半の土壙から出土しており、それ以前の土壙からは一点も出土していない。このような傾向は文献と比較することにより説明できる。つまり、マグロは延享年間（一七四四～四八）には「鮪や甘藷、南瓜などは甚下品な食物にして町人も表店住の者は、食する事を恥じる体也」（『江府風俗誌』）という存在であったが、文化年間（一八〇四～一八）には、庶民の食卓にのぼるようになり、「昔はまぐろを食たるを、人に物語りするにも、耳に寄って、窃に咄たるに、今は歴々の御料理に出るもおかし」（『飛鳥川』）と言

表1　郵政省飯倉分館構内遺跡の魚類出土状況

出土区	マダイ		カツオ		ソウダガツオ	マダラ		カレイ目		クロダイ		マグロ	土壙年代
	pm	d	pm	d	ce	pm	d	pm	d	pm	d	ce	
15P	2	4							1				17世紀前半
2P	2	5				2		2					17世紀後半～18世紀前半
95・96P	2	11	1				2	1	1				17世紀後半～18世紀前半
1D	1	1	1	1									17世紀後半～18世紀前半
401P	4	8			1	1				1			18世紀前半～中葉
402P	3	3			1		1						18世紀前半～中葉
1P	55	40	11	12	31	8	8						18世紀前半～中葉
N16P		2	1								1		18世紀後半以前？
N35P		1		1									18世紀後半
N22P	3	1						1	1				18世紀後半
N24P	1	1											18世紀後半
N26P	4	4						3	1				18世紀後半
300P												2	18世紀後半～19世紀
N40P											1	3	18世紀末～19世紀初頭
N18P	2	1								1	1	4	18世紀末～19世紀初頭
N44P	2	2							1	1		7	18世紀末～19世紀初頭
N21P	2	1	1									2	19世紀前半
N38P		1											19世紀前半
N41P	1	2										1	19世紀前半
N36P		1		1				1				3	19世紀前半
N45P	2	3	1	1					1	1		4	19世紀前半
N46P	1	1							1	1		1	19世紀前半

注　pm－前上顎骨　d－歯骨　ce－椎体

われている。このような食物嗜好の変化にはさまざまな理由が考えられる。マグロについては、文化年間に南関東一帯でマグロが大漁となったことがしばしばであったという。ただし、この大漁は単に潮流の変化によるものではなく、その裏には江戸での魚介類の需要の増加、漁業資本の拡大、マグロやブリを捕獲する大網の使用など新規漁法の導入などが要因として考えられる。このように、遺跡から発掘される動物遺体の分析結果と文献との一致は興味深い。

(2)　大名屋敷での特徴的な消費活動としての贈答品の問題

大名屋敷から出土する動物遺体を考える場合、フグやコノシロのように武士は食べなかったとされる魚があることはよく言われることであり、大名屋敷内では他の近世遺跡とは異なる消費活動が展開されたことを考慮する必要がある。

まず、将軍から諸大名に下賜されたり、鷹狩りの獲物として将軍に献上されたツルは、近世大名屋敷跡から出土する動物遺存体の中でも最も象徴的なものである。当時将軍からツルを拝領されるのは御三家や松平家など一部の大名のみであり、一般の大名が拝領するのはこの上ない栄誉であったという。ツルの遺体は現在のところ文京区真砂遺跡で右大腿骨と右第二指骨が出土し、そのうちの一点には切断痕がみられるという（野苅家一九八八）。今後、大名屋敷での発掘例が増えるにつれ、ツルの出土例も増加すると思われ、この特徴的な出土傾向がより明確になると思われる。

次に、大名間の贈答品の問題はさらに大きな問題である。表2は郵政省飯倉分館構内遺跡の一角を占めていた出羽米沢藩上杉家が受け取った贈答品の一覧である。なお、ツルとヒバリは将軍から下賜されたものである。この表をみると、遺跡で実際に出土しているものとして、タイ・サケ・シジミ・ガンがある。細かな数量は不明であるが、当時は将軍や諸大名への贈答品が各藩の財政に大きな負担となっていたことから、このような相当量の贈答品が屋敷内に持ち込まれ、消費されていた可能性がある。

食物ではないが、郵政省飯倉分館構内遺跡のN44号土壙（稲葉家側）で出土したイヌの問題は興味深い。このイヌは比較的大型のイヌで、西洋種ではないかという疑いが持たれており、他の大名からの贈答品である可能性がある。それは、『稲葉家譜・巻二十九』に宝暦十年（一七六〇）に大村純保が泰通（九代藩主）にオランダ犬を贈ったという記述があるためである。N44号土壙は出土遺物から十八世紀末から十九世紀初頭という年代が与えられており、若干の年代差があるが、これらが一致するならば、贈答品として屋敷に持ち込まれた確実な例となる。

このように、屋敷内で出土する贈答品の問題は、大名屋敷を特徴づけるものとして十分考慮する必要がある。

表2　上杉家が受けた贈答品リスト

品　目	年　月　日
御　肴	承応4年(1655)4月6日★,延宝8年(1680)8月21日,元禄8年(1695)6月15日・6月21日
鮮　鯛	元禄6年(1693)3月7日,元禄8年(1695)5月2日,元禄10年(1697)2月4日
干　鯛	延宝4年(1676)3月31日★,元禄13年(1700)2月21日,元禄14年(1701)1月28日,享保3年(1718)4月21日,延享2年(1745)12月12日,延享4年(1747)12月23日,寛延2年(1749)12月23日,寛延3年(1750)12月23日
鯛	享保2年(1717)4月9日
鮭	元禄12年(1699)12月22日
魣	延宝4年(1676)2月16日★
鯞	貞享2年(1685)5月29日★
煎海鼠	宝永2年(1705)7月27日
しじみ貝	延宝6年(1678)11月31日★
昆　布	貞享2年(1685)4月24日★
鶴	天和2年(1682)10月16日，貞享元年(1684)10月21日，元禄元年(1688)12月15日，元禄3年(1690)12月11日，元禄5年(1692)12月12日，元文5年(1740)12月14日，延享4年(1747)12月28日
白　鳥	延宝4年(1676)2月16日★，天和3年(1683)9月22日，元禄元年(1688)2月2日
雁	延宝4年(1676)2月16日★，享保5年(1720)12月3日，享保8年(1723)11月3日，享保9年(1724)12月29日，享保10年(1725)11月1日，享保12年(1727)11月5日，享保14年(1729)10月26日，享保16年(1731)11月13日，享保18年(1733)11月19日，享保19年(1734)11月27日，享保20年(1735)11月21日，元文2年(1737)11月1日，元文4年(1739)11月26日，寛保元年(1741)11月19日，寛保3年(1743)11月12日・11月23日，延享2年(1745)12月3日，延享3年(1746)10月25日・11月4日，寛延元年(1748)10月27日，寛延2年(1749)11月4日，寛延3年(1750)11月1日，宝暦2年(1752)11月26日・12月16日，宝暦3年(1753)11月19日
雲　雀	享保5年(1720)7月16日，享保16年(1731)7月23日，享保18年(1733)7月26日，享保20年(1735)7月5日，元文2年(1737)8月2日，元文4年(1739)7月23日，寛保3年(1743)7月13日，延享2年(1745)8月5日，寛延元年(1748)8月4日，寛延3年(1750)7月26日，宝暦2年(1752)7月22日
生　栗	寛永10年(1633)7月11日★
かち栗	貞享2年(1685)4月24日★
菓　子	享保18年(1733)6月16日

注　★印は神泉文庫『国宝考完』による．その他は『上杉家御年譜』による．

(3)　大名屋敷に居住する人々の食事献立と栄養価

大名屋敷には、大名から足軽・奉公人にいたるまで、さまざまな人々が暮らしていた。これらの人々が日常的にどのような食生活を送っていたのか検討しておく必要がある。筆者は郵政省飯倉分館構内遺跡に居住していた人々の食生活復元の参考とするため、幕末の仙台藩主の日常の献立（宮腰一九六八・六九）と下級武士の献立（原田一九八三）の比較を行ったことがある（桜井一九八七）。それによると、藩主の日常食に使われる材料の特徴として、一食の使われる食品の数が少ないこと（平均すると朝食二種類、昼・夜食一・五種類）や季節的には冬季に動物性食品が多く、秋季に野菜類が多いことなどがあげられる。また、献立の特徴として、料理に変化がなく、庶民で流行っている献立（天ぷら・握り鮨・田楽など）は用いられず、式法にのっとった料理でまとめられ、安定した食物摂取を行っていることがあげられる。これに対し、下級武士の日常の食事は質素で、豆腐や目刺し、茶漬・汁物で済ますことが多いのに対し、他家や料理屋では高級魚介類の刺身や鮨、鍋物や煮物など豪華な食事をとっており、いわば「ハレ」と「ケ」の食事の繰り返しによりなんとか栄養状態を保っていたといえる。

また、この両者の食事の栄養価を求めてみても同様の結果が得られた。それによると、藩主の食事はエネルギー・タンパク質とも多く摂取され、その栄養量は現代人の摂取栄養量と比較しても、安定し、かつバランスのとれた食事であるのに対し、下級武士の栄養価は質素な日と豪華な日が非常に対照的で、普段は極端な栄養不足の状態であるのに対し、宴会の日にタンパク質や脂質を補給している。

このように、当時の食事の献立を検討することにより、個人の嗜好や栄養状態、生活状態まで明らかにすることができる。出土した動物遺体を分析する場合、献立の検討は屋敷の住人の食生活にモデルを提供するという点で参考とはなるが、郵政省飯倉分館構内遺跡の場合、動物遺体の多くが宴会等で消費されたものである可能性が高く、直接的にこのような献立をあてはめることはできなかったが、屋敷に住んでいた住人の構成や人数、出土した動物遺体が消費された場所（本殿の台所、足軽長屋など）などが判明している近世遺跡ではこのような献立の分析も参考となるであろう。

四　遺物生成過程における諸問題

発掘資料から当時の大名屋敷の食生活を復元する場合、問題となるのは、献立にみられるような大名屋敷で消費された食品の残骸がそのまま動物遺体として発掘されないことである。これは考古資料の一つの宿命であるが、遺物は廃棄された後、さまざまな過程を経て考古資料となるわけであるから、その道筋を明確にするとともに、諸分析結果にあたえる影響の大きさについて検討することも必要である。

(1)　献立と動物遺体

近世になると食生活は多様化し、料理に使われる材料も多くなるが、実際に遺跡で発掘される資料は鳥獣類や魚介類などに限られる。この点を慶応二年の仙台藩伊達家藩主の日常の献立から検討してみたい。宮腰松子（宮腰一九六八・六九）の集計によると、献立にあらわれる食品は通年で魚介類が車えび・まぐろなど四〇種三六二回、鳥類がしゃもなど三種三一回、卵が一八〇回、植物性食品がだいこん・ごぼうなどが三四種六二一回、乾物加工品がとうふ・あげなど二二種七二〇回もちいられている。これらは全部で一〇〇種一九一四回となるが、これらの中で通常の状態でその残骸が動物遺体として残存し、発掘により回収される可能性が高いものは、魚介類や鳥類など三八種二七六回で、種全体の三八㌫、食事の回数全体の一四・四㌫にすぎない。この数字は、考古資料のみによって食生活を復元することのむずかしさを示していると同時に、関連分野との提携の必要性を示すものでもある。

(2)　堆積後の攪乱作用

遺跡から出土する遺物が廃棄されてからまったく攪乱を受けずに保存されることはまれである。近世遺跡での攪乱作用を示す例として、まず、ハマグリの貝合せの結果から攪乱の程度について検討したい。

ハマグリの殻は左右同じ貝でないとうまく嚙みあわない貝であり、その一致率の度合いによって土層の攪乱の程度を知ることができる（小池一九七五）。ここでは、郵政省飯倉分館構内遺跡の1号土壙のハマグリの貝合せの例をあげる（桜井・山口一九八六）。1号土壙は遺跡の中で最も多くの動物遺体が出土した土壙で、遺物はすべて層位ごとに採集されている。この土壙の8層～14層についてハマグリの貝合せを行った結果、同一層内のハマグリの貝合せの一致率は最高六三・四㌫、最低三七・二㌫、平均四八・五㌫で、異層間で一致するものも全体の一〇・一㌫存在した。これらの一致率は縄文時代の一致率よりもかなり高い数字であるが、それでも半数程度である。また、異層間で一致する個体が一割程度含まれていることからも、各層がある程度攪乱を受けていることが容易に想像できる。

次に、同じく郵政省飯倉分館構内遺跡の1号土壙の魚骨の層位ごとの出土数から主な魚種・部位（前上顎骨・歯骨の最小個体数と椎体数）間の積率相関係数を求めたのが表3である。それによると、とくに相関の高い組み合わせは、①タイ型の椎体とカレイ型の椎体、②マダイの前上顎骨・歯骨の最小個体数とカツオの椎体、③マダイの前上顎骨・歯骨の最小個体数とタイ型の椎体、④タイ型の椎体とカツオ型の椎体などであり、同一魚種の部位の組み合わせである

③以外は同一魚種の部位の組み合わせでなく、消費された季節などによって相関が高いことを説明することもできない。また、同一魚種の異なる部位間の相関については、カツオ・マサバの前上顎骨・歯骨の最小個体数と椎体の相関はそれぞれ〇・四七二、〇・四五二でやや低い相関を示しており、むしろ他の魚種との相関のほうが高い。このように層ごとの魚種・部位別の相関分析の結果を説明することが難しい理由として、データ数が少ないことやサンプリングが一様でないか、不十分であること、魚種の同定作業に問題があることなども考えられるが、層序の切り合い関係等によって考古学的に把握できない程度の小規模の掘り返し（攪乱）が幾度も繰り返され、土層が形成されているためこのような結果が生じた可能性が十分考えられる。

以上の分析結果は層位ごとにとりあげた遺物が、廃棄されてからある程度の攪乱を受けて現在に至っていることを示唆するものである。このような土層攪乱についての分析を比較的現在に近い近世の遺跡で詳細に検討することによって、縄文時代などの先史考古学に貢献することもできる。また、土層攪乱と関連することとして土層堆積期間や季節性の問題がある。この問

表3　魚種・部位別相関行列

郵政省飯倉分館構内遺跡
1P8層〜32層
★★危険率1％で有意
★危険率5％で有意

		1	2	3	4	5	6	7	8
1．マダイ	pm. d.								
2．タイ型	ce.	★★ 0.797							
3．カツオ	pm. d.	0.375	★ 0.616						
4．カツオ型	ce.	★★ 0.822	★★ 0.771	0.472					
5．マサバ	pm. d.	0.270	0.210	0.376	0.265				
6．サバ型	ce.	★★ 0.689	★★ 0.701	0.537	★ 0.664	0.452			
7．ブリ型	ce.	0.359	★ 0.581	0.100	0.190	−0.120	0.169		
8．カレイ型	ce.	★ 0.563	★★ 0.860	0.704	★ 0.621	0.177	0.545	0.328	
		1	2	3	4	5	6	7	8

題については魚種にみられる季節性やハマグリなどの貝類の成長線の分析による貝類の採集・消費の季節の推定（小池一九八三）や特定の季節を示す人工遺物との共伴関係などによって検討することができる。

(3)　サンプリング・エラー

発掘調査の際生じるサンプリング・エラーの重要性は、近世の遺跡調査に限定するべき問題ではないが、遺物組成比などの数量的データを扱う場合は、サンプリング・エラーは無視できない存在である。ここではその影響の大きさを明らかにするため、先土器時代の剝片の回収率を近世遺跡での魚骨の回収率にあてはめる作業を行ってみたい。図4は東久留米市多聞寺前遺跡のⅣ上aブロック（先土器時代）の剝片の長さと手掘りによる回収率（手掘りによる回収数／水洗選別と発掘による回収数の合計×一〇〇）との関係を示したものである。詳細については稿を改めたいが、この回収率は一定の割合で増加するのではなく、最初は増加の速度が次第に増加し、後に減少し極限値に達するという〝ロジスティック曲線〟に近似することがわかっている。この曲線を検討すると、多聞寺前遺跡のⅣ上aブロックの場合の回収率は、剝片の長さ三㍉で一〇㌫しかなく、一㌢でも五〇㌫の回収率しかない。つまり、かなり細心な注意をはらった先土器時代の調査でもこの程度の回収率しか期待できないわけである。この図にいくつかの魚類の平均的な椎体の大きさ（横径）を示すと、ブリ型以上の大きさの椎体はほぼ回収できるが、アジ型では一〇㌫程度、イワシ型では一〇㌫以下の回収率しか期待できず、魚種によって回収率に大きな差がみられることがわかる。このように、魚種によって回収率が異なるという例として芝公園一丁目遺跡のフルイの大きさによる魚種組成の違いをみてみたい。図5は同遺跡で出土した魚類の椎体の組成を一〇㍉のフルイで回収した場合と四㍉のフルイで回収した場合を比較したものである。それによると、一〇㍉では比較的大きな椎体がほとんどを占め、アジ型やイワシ型の椎体は一点も回収さ

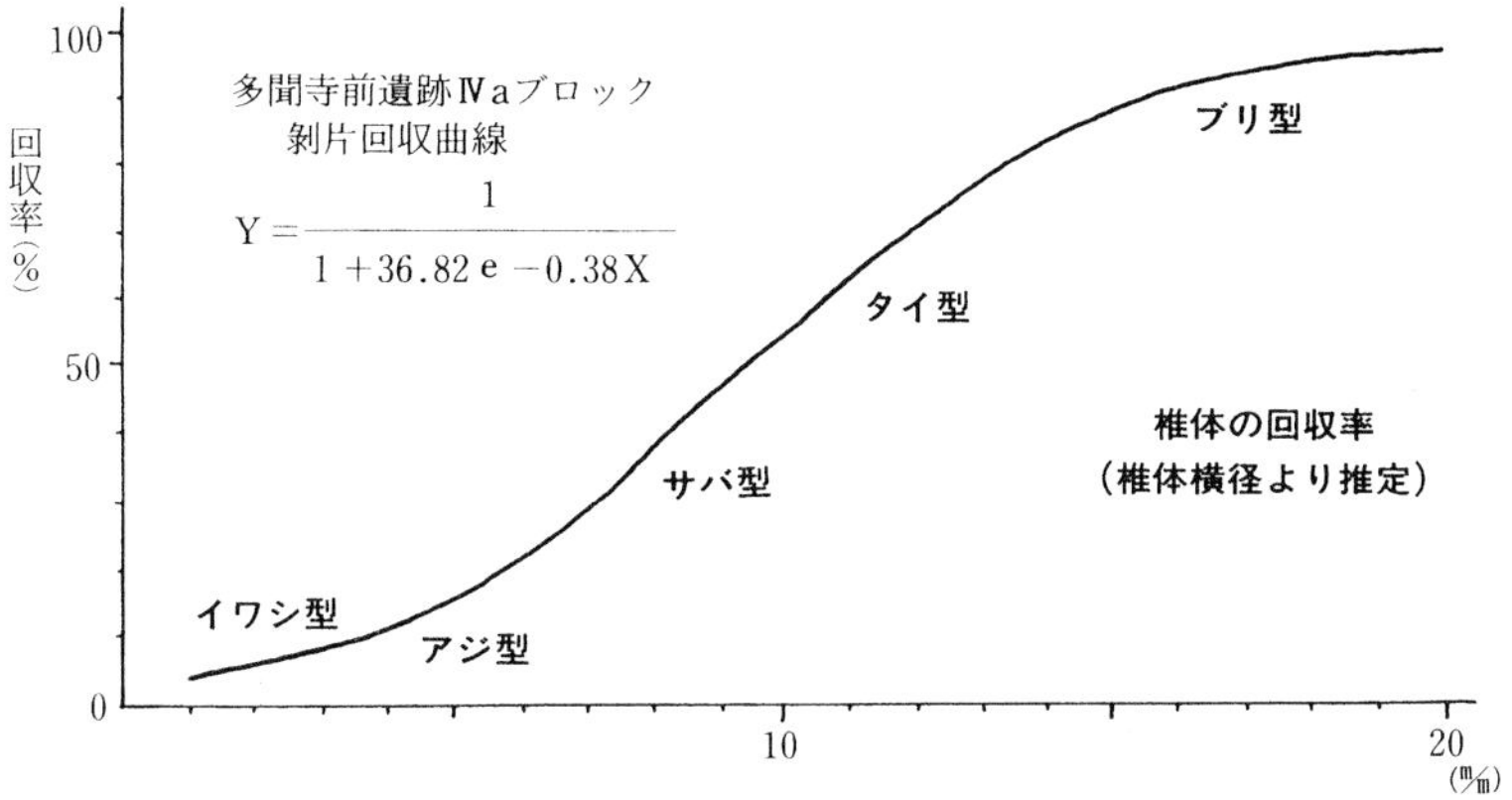

図4　手掘による魚骨椎体の推定回収率

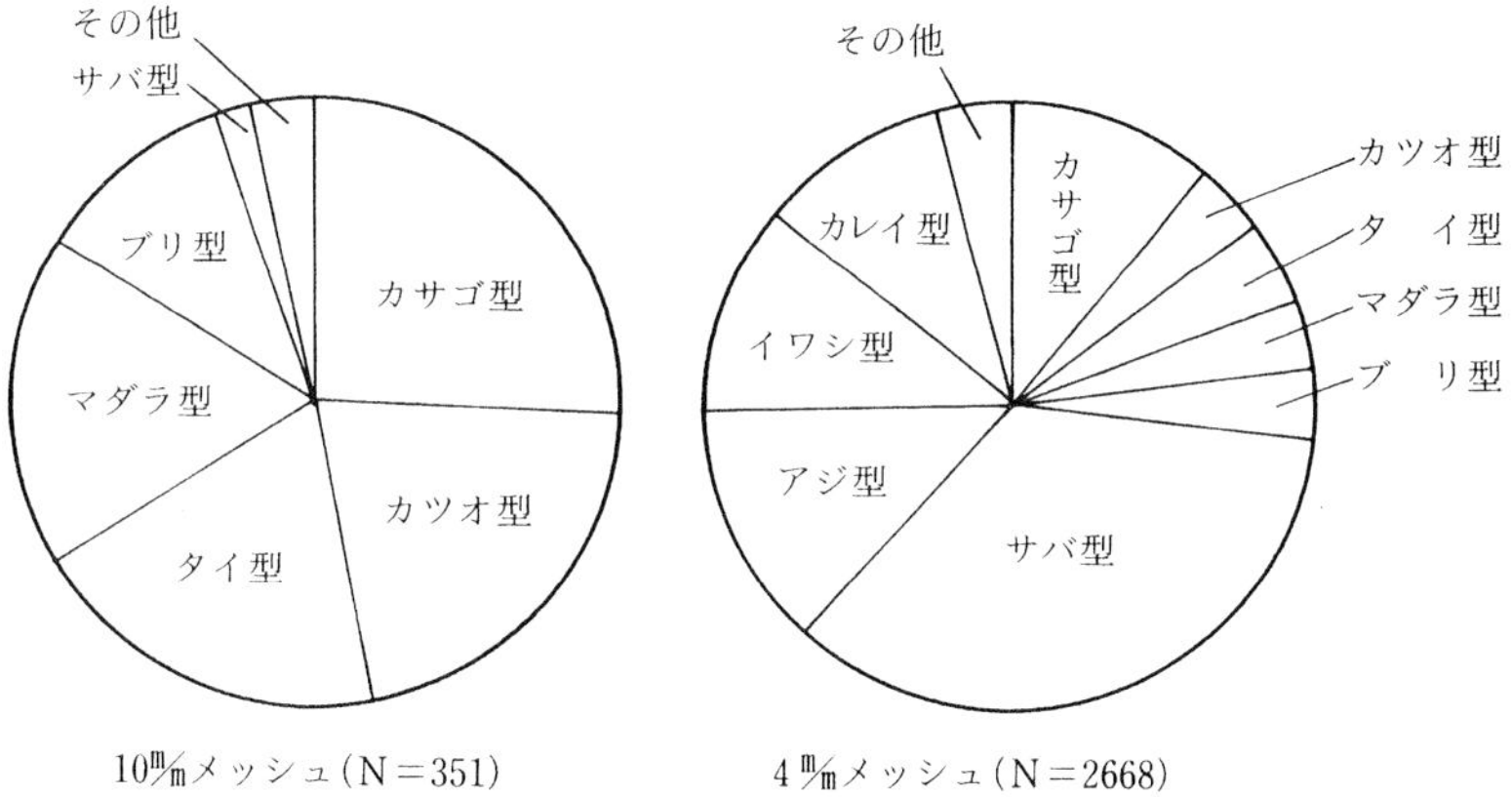

図5　フルイの大きさによる魚種組成の差異

れなかったのに対し、四ミリではサバ型・アジ型・イワシ型・カレイ型など小型の椎体が過半数を占めるようになる。また、この結果からフルイの大きさが二ミリ・一ミリと細かくなってゆくにつれてイワシ型の椎体が増加することが容易に想像できる。逆にいえば、発掘方法によってはイワシは食べなかったという誤った解釈を生むこととなる。

このように、動物遺体に限らず数量比を検討する必要のある遺物や微細遺物を多く含む遺物に関しては、サンプリング・エラーの影響がいかに大きいかを認識すべきである。また、この問題に対する対応策としては、小まめに土壌サンプルを採集し、フルイをかけることや調査時の遺物の取り上げの方法を明示することが考えられる。

おわりに

以上のように、動物遺体の分析によって、大名屋敷での食生活に関するいくつかの成果が得られた。また、同時に遺跡から出土した動物遺体から当時の食生活を復元するためには、さまざまな角度から遺物を分析してゆくことが必要であることも示した。しかしながら、当時の食生活復元にむけての近世遺跡の動物遺体の分析方法自体がまだ模索の状況である。これが確立されてゆくためには、近世考古学独自の方法の他に先史学的な方法を用いることも必要であり、それに対応した発掘調査の方法や分析方法も検討されなければならない。また、近世考古学の性格上、徹底した文献調査および関連分野との提携が必要であるが、それは他の分野の要求に考古学側が合わせるという意味ではない。むしろ、近世考古学の方法論的枠組みを確立した上で議論してゆくことが重要であろう。今後の近世遺跡の発掘調査においてさまざまな面でより高い問題意識を持った調査がなされることを期待したい。（一九八八・十二・三十）

〈参考文献〉

植木　弘「貝類」『白山四丁目遺跡』白山四丁目遺跡調査会、一九八一年。

小野武雄『江戸物価事典』展望社、一九八三年。

金子浩昌・秋山祐理子「動物遺体（江戸時代以降）」『動坂』動坂貝塚調査会、一九七七年。

金子浩昌「江戸・鎌倉の街から出土した動物遺体」『季刊考古学』十一号、一九八五年。

金子浩昌「一橋高校地点出土の脊椎動物遺体」『江戸』、一九八七年。

小池裕子「ハマグリの貝合わせ——堆積状態の復原と個体数推定のひとつの方法として——」『船橋考古』六号、一九七五年。

小池裕子「貝類分析」『縄文文化の研究　2生業』雄山閣出版、一九八三年。

小池裕子「一橋高校地点出土貝類とその採集季節について」『江戸』、一九八七年。

古泉　弘『江戸の考古学』ニュー・サイエンス社、一九八七年。

桜井準也・山口　徹「自然遺物」『麻布台一丁目郵政省飯倉分館構内遺跡』麻布台一丁目遺跡調査会、一九八六年。

桜井準也「近世大名屋敷における食生活——郵政省飯倉分館構内遺跡出土の動物遺存体を中心に——」『史学』五十七巻一号、一九八七年。

鈴木公雄「魚骨の研究」『考古学ジャーナル』二二七号、一九八四年。

鈴木公雄他「東京都港区内の江戸時代遺跡」『季刊考古学』十三号、一九八五年。

多聞寺前遺跡調査会『多聞寺前遺跡Ⅱ』、一九八三年。

羽原又吉『日本漁業経済史　中巻二』岩波書店、一九五四年。

原田信男「『石城日記』にみる幕末下級武士の食生活」『歴史公論』九巻四号、一九八三年。

野苅家　宏「動物遺体」『真砂遺跡』真砂遺跡調査会、一九八七年。

松下幸子「料理書にみる江戸時代の魚鳥野菜」『歴史公論』九巻四号、一九八三年。

宮腰松子「江戸後期の武家の食事について」『神戸女学院大学論集』十四巻三号・十五巻一号、一九六八・六九年。

山口　徹「自然遺物」『芝公園一丁目　増上寺子院群　光学院・貞松院跡　源興院跡』港区教育委員会、一九八八年。

〔追記〕本稿は昭和六十三年一月三十日に江戸遺跡研究会で行われた大会『江戸の食文化』における発表要旨をもとにしたものであるが、一部構成を変え、発表では触れなかった内容も追加していることをお断りしておく。

「江戸遺跡研究会」第一回大会 全体討議記録

（一九八八年一月三一日、於・東京都豊島区勤労福祉会館）

司会

寺島 孝一（東京大学）　谷口 榮（東京都葛飾区教育委員会）

発言者（五十音順）

石川 悦子（武蔵野女子大学）　太田 泰弘（味の素株式会社）

小川 望（小平市教育委員会）　梶原 勝（たましん歴史美術館）

金子 浩昌（早稲田大学）　古泉 弘（東京都教育委員会）

小林 克（江戸東京博物館）　阪口 宏司（元東京大学）

佐々木達夫（金沢大学）　島崎とみ子（女子栄養大学）

杉森 哲也（東京大学）　鈴木 重治（同志社大学）

須藤 護（放送教育開発センター）　長瀬 衛（調布市郷土博物館）

仲野 泰裕（愛知県陶磁資料館）　西田 泰民（㈶古代學協会会員）

原田 信男（札幌大学女子短期大学部）　松田 訓（愛知県埋蔵文化財センター）

吉岡 康暢（国立歴史民俗博物館）

司会　それでは引き続きまして、昨日から、質問時間を区切ってまことに申し訳なかったのですけれども、今までの質問、あるいは今までの発表された方に対するご意見等を、いろいろ言って頂ければと思います。

ただしいろいろなテーマで発表して頂きましたので、話の都合上こちらの方で、簡単に交通整理をさせてもらいたいと思います。これまで昨日今日と、——今日冒頭の原田先生は別として——、だいたい陶磁器から始まって木製品、そして自然遺物といいますか、動物関係のもの、という順序できているわけですけれども、今回、一応その逆ということで、ただ今の金子先生の話と昨日の秋本・桜井・小宮さんの話、そのあたりのことから、ご質問なり、ご意見なりを伺えたらと思います。いかがでございましょうか。

原田さんに伺いたいと思いますが、金子先生のお話にもあったのですけれども、犬とか猫を切ってある、そういうのをどう解釈するか、なかなか難しいのでしょうけれども、文献の方から何かヒントらしいものがあるのかどうか、そのへんのところをちょっとお伺いしたいと思うのですが、いかがでしょうか。

原田　犬猫の問題というのは難しいと思うのです。たしかに犬の問題でいえば、先程の金子先生のお話にあったように、中世では鎌倉時代くらいまでは広く食べられていたのが、近世の初頭になって、かなり減少してくるという一般的な傾向はあると思うのですけれども、それが近世の、特に大名屋敷あたりで、どう食べられていたかというのはちょっと難しい問題だと思います。たしかにこれは、塚本学先生が紹介されたように、会津藩の下級武士が食べているとか、そういった程度の資料はあります。また、その他随筆等々にもそういう話は出てくるわけですけれども、一般的にみてどうなるのかというと、なかなか難しいと思います。それと猫をどう考えたらよいのか、食犬の風習というのは、当然東アジア一体にかなり広まっておりますし、韓国などでも、犬は食べるけれども猫はやはり食べないという問題があります。これは猫の骨の切痕をどう考えるかという問題とやはりペアにして考えていくべきだと思うのですけれども、ただ食料ということだけで考えてしまう必要もないと思います。さっき猫の話を聞いてふっと浮かんだのは、何年か前に千葉県流山市の野々下というところを歩いていたら、三味線を作っているところがあって、猫の皮を三味線の材料にするために干しているんですね。そういうむしろ食料以外の用途も考える必要があるのではないかということがございます。

それと、金子先生にお聞きしたかったし、考えていただきたいと思う問題は、猪とか鹿の問題であります。前に私がちょっと書いたことがあるのですが、日本人が肉食しないといっているけれども肉食の否定の対象となったのは、牛・馬・猿・犬等の類であって、鹿と猪とが禁令から外れているという問題が重要だと思います。狩猟民の獲るものがほとんど猪と鹿であるということに注目すべきでしょう。そういった伝統は、食生活の問題としても紅葉鍋とかボタン鍋とかという形で近世に承けつがれてきているわけです。また中世の鎌倉からもかなり猪と鹿に関しましては出てきているということですので、その辺のところを、考古学の方に教えていただきたいと思っています。今後、近世遺跡からの出土遺物、出土遺体等が、遺跡の編年などからうまく説明されていって、江戸時代を通して、鹿と猪の問題がどうなってくるのかというのは、逆にこちらから知りたいことで、モノを基本とする近世考古学をやられている方々に対する希望ということになるわけです。ちょっと雑駁ですがこんなところです。

古泉　今の犬の問題に関連いたしまして、たしかに『落穂集』などには、江戸の初期ではよく肉が食べられていたとかいわれておりますし、安易に文献を使うと原田先生に怒られそうですが、『料理物語』などには犬の食べ方も書いてあります。

一橋高校地点などでは、第Ⅲ層の年代の幅が広いものですから、江戸の初期からいつ頃まで犬が出ていたかということに問題があると思いますが。考え方としては、まず犬が食べられなくなるというのは、綱吉の生類憐みの例などが転機になるかもしれないかな、と。安易に思ってしまうのですが、実はそうではないかもしれない。

しかし、たとえば『鸚鵡籠中記』などのように、江戸ではかなり厳しい動物殺傷に対する規制が出ていた時期に、名古屋、あるいはその他の地方へ行くと、かなり緩やかだったという見方もあるようなので、その辺のところは、いま清洲城下などでも発掘が進んでいるようですので、今日は名古屋の方からも、みえている方がいらっしゃいますので、小澤さんか、松田さんあたりに、もし動物に関する情報がございましたら、何かお知らせ願いたいと思うのですが。

松田　小澤が帰ってしまいましたので、私がマイクをいただきましたが、私は城下町を全く担当しておりませんで。愛知県の教育委員会の方で、名古屋城の三の丸も調査しておりますが、そういった話は、あまり聞いたことがございいません。清洲の城下町につきましては、ちょっと申し訳ないんですけれども、把握しておりません。

司会　どうもありがとうございました。そうしましたら、今の古泉・原田先生の話に関連してどなたかございませんでしょうか。

石川　ちょっと金子先生に質問なのですが。たべられた犬と申しますのは何犬なのでしょうか。犬の中でも赤犬でしたらば、現在でもソーセージの中に使わなくもないわけですね。ですから、赤犬というように限定すれば、かなり食べていたのではないか。それからずっと食肉禁制の時代でも、いろんな地方の文献をみますと、いろんな逃れ方が出ておりますね。例えば、呼び名をかえるとか。それから、兎を一羽、二羽と数えるような。猪を山クジラだとか。鹿をもみじだとかという呼び分けをして食べていた地方の庶民の食生活。江戸で出てきたということに関しましては、私今日初めて聞いてびっくりしているのですけれども。そういうことで、肉――野性の動物を食べていたということは、私はずっとあったのだと考えております。

金子　赤犬かどうかということは、骨になってしまいますと、ちょっとどうかわかりません。ま、おおきさからいきますと、ああいう処から出てくるのは、立派な犬なんですね。中型犬ぐらいの犬です。普通食べるのは中型犬より、ちょっと小型の犬を使うのですが、なかなか大きな骨に傷がついていることがあります。ですから赤犬というのは、ちょっと限定できないかと思います。それに近いような犬もいた可能性もあるかもしれません。

でも犬を食べるということは、やはり野性の獣を食べるという嗜好があって、そういう習慣につながることもありうると思います。江戸時代の場合には、山クジラのお店というのがかなり繁盛していたらしいし、先程お話しましたように、肉の供給量というのはかなりの量になると思います。ですから相当肉を食べていたとすると、犬なんかも食べる可能性はあるかなというふうに思われます。

また野性獣と犬とは別なんだ。私たちがあまり犬を食べるという風習をもっていないというのは、近世からそういう風習をもっていなかった。だから今私たちももっていない、犬を食べるのは、特殊な状況の場合だけである。あるいは、塚本さんがおっしゃっているのも、何か粋がった男たちの食物であって、みんなが普通に好んで食べるといったものとは違うようですね。いろいろな観点から見ていかなくてはならないのでは、と思います。

司会　どうもありがとうございました。その他、それに関連してでもそれ以外でも、何かご意見がございましたらお願いいたします。

阪口　木材のことをやっております阪口と申します。箸に関連してなのですが、昨日のお話でも箸の種類がたくさん出てきたのですが、一つの種類として割り箸というのがあります。昨日の話もそうなのですが、白木の箸というのはだいたい捨てるという形で、まとまって出てくる例が非常に多いわけです。割り箸というのはまさに使い捨ての典型として、最近とみに評判の悪いものなのですが、この割り箸がだいたい江戸の末期から出てきます。今の話で出てきた、食肉といいますか、要するにああいうものを食べるときに使う専用の箸と割り箸とがどこかで関係するのではないかという気がしておりまして、そのことがあってこの研究会にも顔を出してきたようなわけです。

それと原田先生のお話にございましたかじきめんですね。諏訪でかじきめんという免罪符を売るわけなのですが、この免罪符というのが、実は箸なのですね。箸を使って食べれば、肉食してもかまわないと。そういうことになっております。これは杉の箸なのですが、何かそういったことが関係があるのではないかと思っているわけですが、その情報がないのです。

明治になりまして、いわゆる牛肉屋が繁盛するのですが、夏場になりますと、箸屋さんの売り上げが少なくなってしまうのですね。箸屋さんというのは、塗り箸ではなくて白木の箸ですね。杉箸が非常によく売れる。これは要するに冬になると、すき焼き屋が繁盛して、夏になるとあまり繁盛しないということとも関連がどうもあるらしい、というようなところが割に有力な情報としてあるぐらいなのです。

先程の金子先生のお話にありますように、獣骨が沢山まとまって出てくるというのは、かなり大きな産業といいますか、商業というか、肉というものを取り扱う非常に大きなまとまった仕事としてあったような気がします。特に新宿の三栄町とおっしゃいましたが、どの辺かよくわかりませんが、私はかつて、青梅街道筋に住んでおりまして、都電で通っていたのですが、新宿の西口の都電の停留所のすぐ脇にももんじ屋さんがずいぶん遅くまでありまして、猪がぶらさがっていたりしておりました。西の方の山からもってきたので、内藤新宿のあたりにももんじ屋がわりと多かったのではないのでしょうか。

肉食というものに対する禁制が、仏教的なものなのか、あるいは時の政府の政策的なものなのか。いずれにせよあの時期、タブーになってくる。中世の武士というものは、そのようなことはいっておれなくて、どんどん食べて栄養をつけるというのが武士の習慣としておそらくあったのだろうと思うのですが……。

江戸という一つの町人文化のなかで、肉食というのが非常に特殊なものになってくる。その中で、今おっしゃっておられましたようにそれを免れるということが、一つの食器としての箸のところに出てくると思われます。しかも箸を捨てるというのは、非常に昔から、これはまあ平城京の頃から――、箸は、ある特定の場所からまとまって出土する傾向があるわけです。

それから中世、能登半島の穴水などにありますけれど、祭祀遺跡などでも、祭祀と関連して箸を捨てるというか、祭祀のある特定の場所を覆い尽くすといったようなかたちで、箸が出てくるわけです。そのへん今の肉食と箸との問題で、考古学の方からはっきりしてこないものだろうか、ということを期待しておりますので、いろいろそのような情報がございましたら、またぜひお教えください。

司会　箸の問題もでましたので、動物遺体についての応答を一応終わりまして、次に木製品関係と関連させまして、昨日今日の発表の、須藤先生や、あるいは中井さやかさん・萩尾さんですね、このあたりの話で質問をし損なった方、また意見のある方、また今日いろいろご意見のある方がいらっしゃいましたら、ご発言願いたいと思いますが、いかがでございましょうか。

西田　須藤先生にお尋ねしたいのですが、椀と、椀の中でも陶磁器類と漆器類が、若干競合するような形になっているのですが、食器の規定についていくつか例がありまして、例えば宮中で六位以上は茶碗を使えと。それ以外無位無冠は椀を使えとか。あるいは加賀藩ですと、御徒以下は、新町椀と古式を使えというようなことがありまして、値段の点で陶磁器類と、椀類はどの程度違っているのかということに興味を持っているのですが、漆器について、値段について何かわかっていることがあったら教えていただきたいのですが。

須藤　一番わからない部分なのですね。さきほど話しましたのは普及の話をほとんどしておらないのですけれども、いわゆるハレの日に使う漆器の話でありまして、日常使う物が、どこで生産されて、使っていたのかというのがほとんどわからない現状なのです。それで、ハレの日に使う、いわゆる冠婚葬祭に使う四ツ揃えの椀ですね。それにかいしきをつけて膳にのっかる漆器なのですけれども、それに関しては、一般の豪商といわれる人たちで、商人の中でも比較的お金を持っている人たち。農家でも土地を持っている人たちの手元に入っていくのが化政期以降の年代になりまして、そしてその他の一般の人達の手に渡るのが、幕末から明治に入ってからと、どうもそのあたりなのです。

そうしますと、磁器のお茶碗の普及と、冠婚葬祭用のお椀類の普及というのが、一般庶民の中では、どうも重なってくる部分があります。といいますのは、明治以降の鉄道の普及と、陶磁器が各地へ入っていくのとが、非常に大きな力なのです。その段階でお茶碗を一般の人達が使うようになる。けれども、お茶碗の以前、いわゆる塗り物の椀を使っていたらしいことはわかるのですけれども、日常用の、それも個人所有というのが、自分の茶碗は自分で持つ、お膳も自分のものである、ということで、どうもお葬式といいますか、亡くなった時にそれが承けつがれていかないわけです。お墓の中に納められるか、あるいは、割ってしまうかですね。そういう形で、どうも日常使っていた椀が残らないのです。たまたま蔵の中からでてきたということで、これはお爺ちゃんが使っていた椀だというので見せてもらうと、それは柿渋を塗っただけのもの。あるいは、白木のままのものという程度のものなのですね。ですから、いわゆる武家社会のなかでは陶磁器というのは普及していたかもわかりませんけれども、一般民衆の社会の中では陶磁器類の普及というものはあまり考えられませんし、そうしますと、いわゆる漆器の下地を塗る一歩手前ぐらいのものを使っておって、汚れたらどんどん替えていく。そしてその人が亡くなったら割ってしまう。あるいは、お墓に埋めるということで消滅していったのだろうと思われるわけです。ですから値段についてはよくわからない。どういうものを使っていたかということすら、日常の場合はよくわからない、というのが現状です。

太田　昨日からのお話でですね、たぶんごく限られたところで掘られた廃棄物の話だと思うのですが、江戸の三百年の間に、江戸の市民というか、住人が捨てたものは、たぶん大量のものだと思うのですが、それがどういうルートでどこに捨てられたかというのがわかると、もう少し、昨日今日の話が江戸全体のことに広がってくると思うのですが。江戸の住民が使ったものがどう廃棄されたかということを、だれかお考えか、どなたか実証された方がおられるのでしょうか。

司会　どうでしょうか。古泉さん。

古泉　私も以前江戸の発掘をしていたことがあるのですが、最近では現場から遠ざかっていまして、その辺の事情をちょっと述べにくいのですが、例えば、これは私の意見ではないのですが、そういうことに関しまして、伊藤好一先生が『江戸のまちかど』ですか、そういった本でお書きになっています。会所地の問題。それからごみための問題ですね。さらに二次、三次的なごみ処理の問題。そういうことが文献の方からは研究されておりますけれども、私どもの大名屋敷ですとか、町屋とかの調査では、ゴミ穴が調査されると、そこからいろいろなものが出てくるということはわかっているのですけれども、ではそのごみがどういうルートで廃棄されるかということにつきましては、まずその第一次的な廃棄の場所しかおそらく解っていないのではないかと思います。それをどこか、いわゆる「江戸の夢の島」に捨てるものもあるでしょうが、しかしそこの調査はまだされていませんので、その辺はちょっとわかりません。それから、江戸の町の話ではないのですけれども、私どもが現在整理中の北区の中里遺跡は、江戸時代では近郊農村というところなのですが、古地図でみますと小さな集落がございまして、そのまん中に古い用水路があります。その中から非常に多量の陶磁器類をはじめとする遺物が出ております。なぜそういう用水路のようなところに捨ててしまうのか。そういう問題点はいくつかもっているのですが、むしろ今東京大学の構内などで、地下室、あるいは地下式土坑と呼んでおりますが、そういう中の一部に、遺物が沢山捨てられた状態で入っているような遺構もありますので、そちらの方のお話もちょっとうかがってみたいと思うのですが。

司会　そうしましたら、東大の病院地区の方が一番よろしいかと思うのですが、どなたかご発言を願えませんでしょうか。

小川　東京大学の病院地区の小川です。地下式土坑に対しましてどのような廃棄がされているかということなのですが、大きく分けて二種類あると思うのです。正しい意味でのゴミになるかどうかわからないのですが、火災の際の焼けた土ですね、これは壁土とか、その他のものですが、そうしたものが一気に捨てられたというような形で、地下式土坑と呼んでいいかどうかわからないのですが、縦にストンと落ちた形の遺構にはいっているケースが一つあります。

それからもうひとつは、地下式土坑の天井が崩れたりするような形で廃棄されるというような所が、ゴミ穴として使われたようです。これはゴミそのものが出てきたわけではないのですが、独特な灰とか貝殻、炭、あるいは陶磁器類。そういったものが何回にもわたって捨てられたような形で出てきます。それらは灰などを含んでいるせいで、独特の土を覆土としてもっているために、これはゴミ穴だというような形でとらえることが多いわけです。一応推定なのですがそのような形でゴミ穴として地下式土坑が転用されていたのではないかというケースがあります。

それから、最初から別な遺構ではなくて、ゴミ穴として作られたのではないかと想定されるような遺構もあります。その場合は、壁面などが整形されてなくて、穴を掘ったばかりのようなでこぼこがある。鋤とか鍬を使って掘った跡があって、非常に不整形である。それに対して、捨てられて、さらにそれがまた掘られて、拡張されたり、あるいはその中のものが一度そっくり外に出されたのかどうかわからないのですが——平面的な実測図を見る限りにおいては、いくつかの遺構の切り合いに見えるのですが一断面においては、切り合い関係を示していない。つまり底面にかなり段差があったり、明らかに三つ四つの切り合いに見えるような、つまり不整形な正方形がいくつか連なったような形でありながら、土層を見るとあたかも一つの遺構であったかのような廃棄がされている。そのような形で使い直されたゴミ穴というような出方をしているものもありました。大きく分けて、その三つがあげられるのではないかと思います。

小林　真砂遺跡を調査しました小林と申します。今のご質問に関してなのですが、古泉さんがおっしゃったように、伊藤好一先生の仕事というものがありまして、私もそれを参考にさせていただいているのですが、それによりますと、江戸時代の中期以降ゴミの廃棄のシステムがある程度確立していて、埋め立てということでどんどん海中の方に運んでいったということです。そのようなシステムが、金銭の出費を伴って確立されていたわけなのですが、真砂遺跡の場合は、――真砂遺跡というのは大名屋敷の裏の部分、約六分の一を掘ったのですが、そうしましたところ、ゴミ穴といっているものが、多数出てきまして、そこから多数の陶磁器類と貝殻などが廃棄された形で出てきたわけなのです。

全ての遺物のドットマップを記録しておりませんので、はっきりしたことはいえないのですが、それでも四〇㍍、五〇㍍はなれた所のゴミ穴から出土している遺物が、接合している例が十点近くございまして、それがどういった意味かと考えますと、中屋敷ということで、ある程度下級武士や中層的な武士などが、長屋などに住んでいたと思うのですが、彼らがゴミがすぐ出たからといって、「すぐに遺跡である」、中屋敷の裏の部分にゴミを捨てるための穴を掘ったとしたならば、つまり、茶碗が破損しまして、それをすぐに生ごみなどと一緒に埋めるというようなことをしたならば、かなり離れた距離の遺構間接合はちょっと成り立たないのではないかと思います。

そこで私が考えたのは、ワンクッションおきまして、ごみ溜めのようなものがあって、そこにごみを集積しまして、ある程度そこがいっぱいになった段階で、屋敷の裏の方にゴミ捨て穴を掘って捨てたと。その時にある一時期においては、ゴミ捨て穴が、例えば屋敷の一番奥の部分、これは発掘区の一番奥になりますが、そこと四〇㍍手前の、地下室が壊れかけたところをゴミ穴として使用している部分、そういった所にどんどん捨てていくことによって、――それは二カ所、三カ所あったかも知れませんが、そういった離れた地点に埋めていくことによって、離れた所の遺構間接合が説明できるのではないかと考えているのですが。

司会　そうしましたらその問題は一応おしまいにしまして、先程のことで、前の方でご質問があるそうですので。

梶原　宇津木台遺跡の梶原と申します。須藤先生に質問なのですが、漆の椀ではなくて、漆塗りの箱膳はいつからでてくるのかということなのですが。宇津木台遺跡の整理をしていまして非常に疑問に思ったことは、陶磁器はあまり出回ってなかったのではないか、ということだったのです。

宇津木台というところは、八王子の山間部といいますか、丘陵地帯にある農村なんです。あまり水田もないような所なのですが、そういうような所に於いても、十七世紀から肥前の陶磁器がかなり入ってきているんです。

肥前だけではなくて、瀬戸美濃の皿などもかなり沢山入ってきております。それと同じように東京近郊の農村部では、水田のあるところでは、清瀬市の下宿内山遺跡というところからも、やはり同じように、十七世紀ぐらいから、大量に入ってきております。

そのようなことで、整理をしてきてちょっと疑問に思ったのは、磁器の碗でも陶器の碗でも、高台を非常に綺麗に作っているものと、そうでないものの二種類ありまして、十七世紀の段階からそれが見られるようなんです。十七世紀の段階の、高台無釉の椀の中に上ぐすりが高台のところにぐちゃぐちゃくっついていて汚いものと、その上ぐすりを削って綺麗に仕上げたようなものが出てきているので、もしそれが、漆塗りの箱膳の上に乗せたときに、傷がつかないようにするものなのかどうなのかということなのですが。ちょっとお聞きしたいと思います。

それからもうひとつ付け加えておきますけれども、仲野先生が論文で書いておられる、おむろ椀とか、そういったようなもののなかにも、いわゆる京焼風のものですが、きわめて高台が綺麗に作ってあるものがあるので、そういったものがどういった関係になっているのかちょっと、箱膳の方との関係で聞きたいと思います。

須藤　箱膳がいつ頃からでてきたかというお話だと思うのですが、絵巻物の中に——たしかあれは『慕帰絵詞』か、いわゆる室町期か、そのあたりだったと思いますが、その絵巻物の中に個人用の、箱膳ということではないのですが、いわゆるお盆みたいな四角いものなのですね。それに、お碗をのせてご飯を食べている風景があるんです。それの説明などを見ておりますと、個人用の食事の形態がこの頃から出来上がってきているのではないか。あれは『餓鬼草紙』でしたでしょうか。『餓鬼草紙』だとすると平安末ぐらいに、さかのぼれるとおもうのですが。とにかく個人用のお膳というのが、でてきておりますので、そこから先どの位さかのぼるのかちょっとよく判りません。

それから、それは箱膳ではないのですが、箱膳とお膳というのはちょっと区別しなければならないだろうと思います。いわゆるお膳、四つ足膳とか、猫足膳とかというう、いわゆる冠婚葬祭に使うお膳というのは、ちゃんと漆を塗ったものでありまして、その上に漆塗りの椀、いわゆる親椀と汁椀と壺と、平と、それからかいしきが乗る。そういう形で一点だけ陶磁器を使うこともあるのですが、だいたい漆器のことが多いように思います。それから箱膳というのは、日常に使うお膳でありまして、かならずしも漆塗りとは限らないわけで、ただ透明のすき漆で、簡単にさっと拭いた漆塗りの箱膳なにかもあるのですが、私が見たかぎりでは、柿渋を使ったものが大変多いように思います。

それから、高台のお話がでましたけれども、この高台というのを私も大変疑問に思っておりまして、いわゆる木製品の椀類の高台が早いのか。それとも焼き物の高台の方が早いのか、といった問題になるかと思うのですが、木製品の方、ろくろを使う場合ですね、高台が出てくる必然性というのはあるわけです。それはロクロの爪をとるという作業が、先程はちょっとお話はしなかったのですが、必然性はあるのです。ところが、焼き物に高台を付ける必然性というのは、あまり私は感じないのですけれども。陶磁器と木器との関係で中世あたりの、方々の報告なにか見ておりますと、焼き物と木器、いわゆる漆器の形態の変化が、どうもどっちかがどっちかを真似しているような形で、移行しているような感じを受けるわけです。

それからもう一つ、これは皆さん方考古学の専門家の方にご批判なり、意見をうかがいたいと思うのですが、いつ頃から日常用の木器を使い始めたかという問題がありまして、これは私がだいぶ教えを受けました、宮本常一氏の意見なのですが、時代が新しくなってくるにつれて、焼き物類の出土量が少なくなってくると。例えば、縄文・弥生・古墳から奈良・平安と続いていきますが、どうも焼き物の出土量が少なくなってくると。すると常識的に考えて、人口が増えている。と考えた場合、焼き物の代わりになにを使っていたのか、ということをみていくと木器という問題がでざるをえない。そうしますと、それ以前に使っている、これも僕は、ちゃんと確かめた訳ではないのですが、焼き物の類に高台があるのかどうかという問題になってくると思うのですが、少なくとも高台のあるものは、私はあまり見かけないように思います。

そうしますとその空白時代にロクロを使った木器が出てきて、その木器をどこでどう固定するかというと、爪で高台の部分を固定する訳です。その固定した部分に、爪に刺していきますから、穴が開くわけで、その穴を取ると必然的に高台の形になるわけです。それと、それ以降に出てくる焼き物と高台がかなり目立つようになってくると思うのですけれども。そのあたりを実際発掘されている方々がどのように考えておるか。ということが私自身は興味があるわけです。

先程のご質問の中で、箱膳と高台の関係ですか、箱膳を使っている段階では、少なくとも地方に於いては、あまり焼き物は使っておらなかったというのが、私の見た限りでの意見なんです。ちょっとついでになって申し訳ないのですが、木器の高台と焼き物の高台との関係で、何か教えていただければ、と思います。

司会　そろそろ六時になります。会場自体の制限はあまりないのですが、昨日、今日とみなさんお疲れでしょうから、六時十分か十五分頃にはなんとか終わりに持っていく方向でお願いしたいと思います。

原田　ちょっと、今の話からはずれるつもりはないのですが、今須藤先生がおっしゃられたように、木製品と焼き物の関係については、かなり難しい問題があるのではないかと思います。特に出土遺物の問題で言うと、やはり残存比率を考えてみた場合、やはり焼き物に比して木製品の方がかなり低くなると思われます。もっとさかのぼって古い時代の考古学の場合は、うまく捉えきれないのではないか、というような感じがあります。やはり先程の十七世紀ぐらいで茶碗が出てくるという話でいきますと、群馬県のあの浅間山噴火で埋まった鎌原遺跡です。そこからもかなりの量の陶磁器などが出ております。また近世の文献をみていても、もちろん木の椀の文字も用いているのですが、茶碗の場合ですと、かなり石偏の方の文字が書き分けられておりますので、そういう意味では須藤先生がおっしゃるよりも、もう少し一般的な形で茶碗の普及ということが行なわれていたのではないかという印象を持っております。

もう一つ、膳の問題ですが、膳は確かに『慕帰絵詞』とか、『餓鬼草紙』についてはちょっと忘れましたけれども、個人のものということでいえば、これはかなり古くから用いられています。日本の場合には、むしろ途中で中国から台盤料理みたいなものが一度入ってくるのですが、儀式としてしか形を残さず、結局は日本の食生活の中に根ざさなかったということがあります。また個人所有の食器という点では、墨書銘のある土器などが、かなり古くから出ておりますので、そういう意味ではそういう個人の食器の伝統というのはかなり古くからあったのではないかという風に考えております。それと先程の須藤先生のお話もそうですし、昨日の話もそうなんですけれども、折敷と膳と三方の区別なのですが、やはり膳と折敷は違うと思いますし、ですから昨日のも足付きの折敷というのは、やはりおかしいので、足付きの膳と表現しなければならないというふうに考えております。むしろ逆に、足付きの折敷と出てきた史料用語があればお教え願いたいと思います。

むしろ一般的に私の印象では、折敷というのは普通の生活の場で用いられていると理解しています。それが儀式になりますと身分の高い連中は、三方を使うわけです。儀式用の場合でも、身分の高い室町将軍などは三方を用いるのですが、大名クラスになった場合には、膳にしなくてはいかん、というようなことが、永禄年間頃に問題になり、真剣に議論されているわけです。儀式用のものとして、膳と三方が用いられていたということはまず間違いのないことだと思います。それが箱膳の問題になりますと、これはだいぶ時代が下ってくるのではないかと思います。高台の整形のうんぬんということでは、私も幾つか箱膳を見て歩いたことがあるのですが、さほど漆のきちんとしたものというよりは、ほとんどが柿の渋などをさっと塗ったようなものばかりですので、そうした関係はちょっと考えられないのではないかと思っています。

それともう一点、最後の高台の件なのですが、やはり確かにロクロの方からいきますと、どうしても必要だということは判るのですが、少し疑問に思います。全く一つの素人考えとして聞き流していただいて構わないのですが、やはり一つには、台を用いているということ、つまり安定性の問題でいうと、平面よりはああいう円形の中が空いているほうが、安全性としてはいいわけなんですね。ですからその辺の問題もあるし、高台の台という字から考えていくと、もともとは例えば甑とか、ああいう尖頭状のものを置くものにしても、台的なものとして用いていたということがあります。また土器にしてもわりと朝鮮系の土器などの場合に、高台というよりももうちょっと高いような形のものがかなりあります。僕はやはり高台の台というイメージ、それから朝鮮系の土器とか、甑や蒸器の安定器のようなものを考えてみても、むしろやはり陶磁器系統の発想の方が強いのではないかという気がします。ただこれは先にも申しましたように、まったく素人的な考えですので、むしろ考古の方々とかそれ以外の方々からご意見をお聞きしたいと思っております。

長瀬　発掘していますと陶磁器が沢山出てきて、それを器種なり用途なりを分類した考古学的手続きを踏んで、遺構なり、遺跡なりの性格づけをするのですが、その時に、レジュメにあるような器種の分類方法について仲野さんにちょっとお聞きしたいのですが。

我々が陶磁器を整理したりする場合に、名称とその器種、あるいは用途とかという問題に必ずぶつかるわけです。江戸時代の食器ということで、それがずっと食器の名称として、現在も使っているようなものがあるのか、あるいは現在使われているように、例えば内耳鍋と焙烙が混同されているというような面も含めて、その時代にその名称が使われたという文献的な裏付けがあれば一番いいわけなんですけれども。例えば蕎ちょこというのが、はたしてちゃんとした、正式な器種の分類になっているのかどうか、その辺をちょっとお伺いします。

仲野　非常に難しいご指摘なので、返答に困る訳なのですが、レジュメのほうでも少し触れましたとおり、こういう用途的な性格から推して分類する場合、わりと消費遺跡で行なわれる場合が多いわけです。我々は比較的形状的な特徴を優先させて窯の資料などを分類することが多いわけなのですが、今いわれるように、碗類という形でいけば、やはり天目的なもの、あるいは、全体的に筒型の物とか、口縁部の変化の端反的なものとか、それから広東碗だけ使うのはちょっと問題があるので、あまりおもわしい傾向ではないのですが、一応こういったように、すでにある程度定着してしまっていますので、使われているわけです。そういったような形で、わりと形状の特徴を中心に使っております。

本日スライドでお見せしましたような形で、ある程度文書などに、形状とそれから名称を合わせて表記されている場合、窯の調査、あるいは消費遺跡などの調査で、それと対比し得るものも幾つか出てきてはいるのですが。そういったものにつきましても、現在まで名前が通っているというものはまずございませんので、解るものだけ使うというものも、問題を感じますので、説明的な分野では使うことを最近、よくしておりますが、こういった分類的な所で使うということは、あまりしておりません。

ただ、向付というような、これも形をおしていきますと、鉢状のものとか、皿状のものとか、両極に入るようなものを、所謂懐石膳の一種の器種として捉えられているわけで、これらは特殊な形で、一つの分類として挙げることもございますが、ある程度文献に出るようなもので、現在も使っているというのは、向付ぐらいのところです。

長瀬　先程、名称に関して、例えば折敷と膳との区別が問題となりました。そういう点で近世考古学を、考古学的な手続きに即して進めていくということになりますと、例えば茶器、あるいは美術的な用語と混同しているような、しかもそれが我々素人にはわかりづらいというような部分が、多分陶磁器をやっているとそこに引っ掛かってくる場合が多いと思います。例えば今言いましたように、名称としてずっと生きているものがあるのかどうかということと、もう一つ、それが生産地と消費地で変わっていくのか、そうでないのか、ということですね。

仲野　ある程度わかるものについては、説明的に使うことはいいと思うのですが、例えばこれはおむろ椀である。黒錆碗であるといったような形で、分類にいれていくのはちょっと問題があるのではないかと思っております。それで先程の蕎ちょこですが、蕎ちょこといえば、ある程度形が特定できるのかも知れませんが、ちょこということになりますと、いわゆる深向付のような形態、あるいは、小碗状のもの、こういったものをちょこというように、いろいろな本に出ておりまして、これもやはり分類上ではちょっと使いづらい名称ではないかと思います。

それから先程、碗の高台の話が少し出てまいりましたので、思いつくままに申し上げますと、やはり日本の焼き物は、基本的に、中国・朝鮮の模倣というような形で生産が続いておりまして、実際に高台一つ取りましても、本当の意味でのオリジナルという形では捉えられないと思います。そういったようなことから考えていきますと、形態的にある程度確定した段階での、用途的な必要性から、高台が付けられるようになったのではないかと、一応考えております。ただ、それが、いわゆる高杯状のものとか台状のものとか、そういったものとどういったふうにかかわってくるのかということは、ちょっと難しい問題で、ひとことではいえないのではないかと思います。

司会　かなり時間が切迫してまいりましたので、陶磁器について、佐々木さんが見えておられると思いますので、最後に一言お願いできたらと思います。

佐々木　今の高台の話ですと、中国では南北朝くらいまでは高台がないのが一般的でした。で、唐の時代に入って高台を作りはじめて、それがあちこちに輸出され初めて、日本で寺島さんのなさっている緑釉陶器とか、八世紀九世紀からは高台がつきますでしょうか——。イスラム社会などでは八世紀ないし九世紀から中国の陶磁器の影響を受けて、高台をつけています。アジア全体そのくらいから高台をつけるわけです。ま、中国がちょっと早かったわけですけれども——。

それからどなたか先程、化政期くらいから漆器が一般的に広がっていく、陶磁器も同じくらいから広がっていくのではないか、というお話がありました。それと、もう一つ鉄道が広がっていったので、各地に陶磁器が広がったというお話をなさっていました。確かにそのとおりなのですけれども、それは大生産地のものが広がったのであって、地方の小さな生産地のものは、その前からあったわけでして、大きな生産地と、小さな生産地との、生産の競合の問題として捉えるわけで、陶磁器の広がりの問題ではもう少し前から、皆使っていたわけです。

それでどこの田舎の遺跡を掘りましても、陶磁器の出る遺跡は必ずあります。——江戸時代の初めからありますす。出ない処もあります。田舎でも沢山出る処があるから、皆が使っていなかったかというと、たしかに、使っていたところもあるけれども、使っていない遺跡もかなり多くて、地域差もかなりあります。都市の近郊の場合と、それから本当の田舎——例えば東北地方の場合などでは、非常に少ないとか、北海道にいけば開拓時代もしくは明治からあととか、大正時代からあととか、だいぶ時代が変わってきたり、地域差もかなりあります。

それから、都市の中と、都市の近郊とでは、だいぶ違うということで、一般的にいえば陶磁器は広がっていたけれども、細かくみると広がっていないところと、広がっているところとがあります。磁器と陶器との問題もありますし、細かくいうと、先程矢部先生がいっていたように、あまり大きく捉えることも大ごとだけれども、細かくやることも、まだ考古学の分野で残されているように思いました。

司会　ご質問、まだまだあろうかと思いますけれども、そろそろ終了に向かいたいと思います。最後に、この二日間をつうじての感想なり、ご批評なりを、何人かの先生にちょっと伺いたいと思います。

最初に吉岡先生、簡単にちょっとお話願えますでしょうか。

吉岡　大分皆さんお疲れと思います。私は江戸の現場体験というのがありませんので、あまり的確なまとめはできないと思うのですが、二点ばかり自分なりに考えて参加させてもらったわけです。

ひとつは、ややオーバーな言い方になるかも知れませんが、近世文献学を中心にした、非常に長い間の膨大な政治・社会・経済、あるいは、文化史的な蓄積、というものがあるわけですね、それに近世考古学がどういう形で立ちむかおうとしているのか、——どういう方法で、あるいはどういう守備範囲で、というような形で、問題意識を絞るというようなことをも含めてですが——、そういう点では、結論的に言って今度の会は大変勇気づけられたと申しますか、なんとか考古学の主体的な部門というのを、かなり極限された場ではあるかもしれないけれども、取り組んで深化させることによって、展望が開けてくるのではないか、という気がいたしました。それはやはり、この会を設定、参加して頂いた一つの大きな意味になるだろうと思います。

それからもう一つは、多分に個人的な関心ですが、ちょっと最近中世をかじっておりますと、中世から近世への移行、さきほどの断絶という話もありましたけれども、それはしばらくおくといたしましても、やはり同じような延長線上にある問題ということがあるのではないか、先程、漆器、あるいは木器を含めて、焼き物との色々な意味での相互関係、というものが時代的に、あるいは器種構成的な関係でどういうふうに変遷してきたのかというふうなことに、だんだん話が向かって、いろいろな問題を派生していたように思うのです。中世の方で申しますと、例えば、供膳形態では、カワラケというものがありまして、最近、草戸あたりもそうですし、関東の一部もそうですが、これは非日常的ないわゆるハレの場でのみ、専用的に使われた、一時的な使い捨て品である、というような見解もあるようですが——まだ活字にはなっていないようですが——、"池"の一括資料をひとつデータにいたしまして、ここ江戸の場合カワラケというものが、どの程度そういういわばハレのうつわとして、普遍的に存在し得たのか、あるいはそうでないのか、というふうな、共通的な問題もあります。

それから例えば、煮沸形態について申しますと、中世——だいたい十一世紀の中ごろくらいにおおきなエポックがありますが、東国から日本海側、山陰を包み込んだような形で、ご存じのように土製の煮沸器というものが空白なところがあるわけです。ところが、それではそれを、鉄鍋にすぐ置き換えられるのか、置き換えるべきではないか、という意見も最近の網野善彦さんなどの話からも——これも活字にはなっておりませんが——積極的に出てくるわけなのです。しかしいっぽうでは、昨日ご発表があったように、たとえば焙烙はちょっと性格が違いますけれども、十五世紀の中か後半くらいだと思うのですが、内耳鍋というものが、かなり普及してくる、というか、一種の復活現象のような形で、東の方を覆う形で出てまいります。私のおりました北陸などでも、越後あたりまでは、今までまったくなかったのが、十五世紀代の中ごろになると、急に内耳鍋というものが使われだすのです。いったいこんな現象はどんなふうに理解していったらよいのか、こうなりますと、もう器種構成論ではありませんで、やはり、生産流通論という、文献の方では見通せない、いわば底辺部分の処の骨格をひとつ、近世考古学というものが打ち出していけるだろう、というような気もいたしました。

　関連してちょっと個別的に申しますと、長佐古さんが非常に綿密に編年と流通の方まで話をのばすかたちで話された徳利、――今までは趣味の世界の中に眠ってまいりましたけれども――、徳利の画期が、寛政あたりになるのか、宝暦から天明あたりまでさかのぼるのか、その辺の処をもうちょっと細かい詰めが必要になってくるかと思うのですが、とにかくいずれにしても、いわゆる爛熟の化政といわれるような文化へ繫がるような、前の動きとして、非常に大きな意味を持っています。

　ただ事実関係として、仲野さんのお話を伺いますと、勇右衛門というのは私もちょっと見せてもらっただけなのですが、徳利は三㌢台から五㌢台ということで、あの窯に即していうとそう伸びてはおらない窯のようです。もう尾呂ぐらいの段階でけっこう焼いていますから。これはおそらく、またそちらの方の窯で出してもらえば、その辺もはっきり出てくるかと思うのですが。とにかくあそこでの増え方というのが、例えば中世の擂鉢というのは粉食なんていうのはかなり前からあったはずなのに、中世になると擂鉢時代と呼んでいいぐらいものすごい量産を企画的に行なっています。このような現象と照らし合わせてみますと、どうもこの徳利の増え方の理解は、長佐古さんがおっしゃったように、酒だけではなく用途が多様化しているというような理解の仕方があるのではないでしょうか。ちょっと小出しにして使うというか、もう完全に一種の普及のし方がちがってくるわけです。

　こういったような観点から、私ももう一度中世というものを、よく見なおしてみなくてはいかんな、と思っております。いっぽうグローバルな見方とミクロな見方という点では、今回は当然ミクロな見方が非常に細かく出てまいりましたけれども、江戸の大きな画期というのが幾つか文献学で提示されておりますので、それに迎合する必要ないのですが、それをも消化しながら、それにつなげて、あるいはそれの肉づけを豊にしていく、というような方向づけというものを考えていく必要があるだろうと思います。ただ私も正直いって、中世と近世とではどういう大きな問題なり方法というものを、考古学の方で提示できるのか、ということについてはまだ自信がありません。なにかいろいろ感じましたのですけれども、あまり一人で喋っていてもいけませんのでこれくらいにしておきます。

司会　そうしましたら京都からおいで頂いた鈴木先生一言お願いいたしたいと思います。

鈴木　昨日から今日、多くの方々がそれぞれの専門の立場、また広範な研究成果を含めてお話いただきまして、正直申しまして京都からまいりました意味が、おつりが来る程あったと思っております。これはやはり近世考古学を中心とした江戸に対する研究の成果の一つを明確に示して頂いたという点で、私は高く評価したい、という意味で関係者の方々にまずお礼を述べたいと思います。さてその上で二、三考えたことを指摘させて頂いて、その後に個別にお教え頂きたいということにも触れておきたいと思います。

一つは、江戸の食文化という大会のテーマです。この江戸ということなのですが、私どもは江戸時代という時代を、頭の中に描くことも出来るわけですし、一つのエリアを描くこともできる。ということです。同時に時代なりエリアを対象にして整理していく場合でも当然モノですから、モノを扱うということで、——もちろんモノだけではなくて、モノを作って行く心の問題も当然ある訳でしょうけれども、——たまたま手掛りはモノになっている。考古学の場合やはりモノが最終的な研究の対象ではないわけでして、研究の最初の単位というのは、やはり遺跡だと私どもは理解しているわけです。遺跡を構成している遺構、遺物という点から、遺物の位置を確認した上で、やはり作業をして行く必要があるだろうと思います。その中で、近世考古学の課題というのでしょうか。私自身、こういう形で整理していく必要がある、そういう意味で多くの方々に教えていただきたいと思っておりますのは、やはりさまざまなモノがあるわけでしょうけれども、例えば縄文時代以来の焼き物——あえて焼き物と申します——つまり陶磁器という表現の中で、焼き塩壺を陶磁器の中に入れていいのかどうか。これは陶器なのか磁器なのか、ということで話をされてしまいますと、具合が悪うございますので、そういう点でやはり“OTHER”,“OR”の類も焼き物でいいわけでしょうから、そういう点で焼き物の歴史という形で、食文化とかかわって行く点で整理しようとすれば、やはり生産と流通、器種構成等の変遷ということで、時代の問題はやはり整理していく必要があるわけでしょう。

それから地域性の問題についても、実は一昨日、私、白鳳高等学校の調査の際に出土した資料を拝見させて頂きました。かつて江戸で調査された何ヵ所かの資料を拝見させていただきますと、例えば浜離宮の資料もそうですし、一橋の資料もそうですし、白山四丁目の資料もそうですし、道坂の資料もそうですが、他に幾つかの遺跡があるわけですが、そういう所を通じて若干知り得ている資料からすると、京都という地域、または大坂という地域、ああいう地域と対比して、やはり江戸は江戸なりの地域性があるなということを、私ども強く感じているわけでございます。昨日もどなたかが指摘されておりましたように、近世に入った焼き物でも出土資料に関するかぎり、西なり東といったものを、明確に出土資料でもって説明してくれるわけです。これらを整理していく中で、もういっぺん江戸に戻って、後でお教え頂きたいと思っているのは、江戸を含めた関東の、地域の焼き物、土着の焼き物が近世でどういう実態をもっているのか。生産遺跡を含めて整理していただく必要があるだろう。というふうに私どもは思っています。併せて東北地域ではですね、近世の焼き物がかつて芹沢先生などによって掘られたことがございますし、かなりの資料もそれぞれの地域でもって東北地方だけに限っても明らかになってきているわけですから、それが江戸にどうもちこまれたのかということも含めて、先程も指摘しました生産と流通の問題に関して整理していただけるとありがたいな、という思いがございます。

いずれにしましても焼き物ということで、平たく考えれば出土資料について見ると、日本だけの焼き物ではなくて、朝鮮半島で生産されたもの、中国大陸で生産されたもの、さらに南のベトナムとかタイあたりで生産されたものが、現実に出土しておるわけです。江戸の場合、それがどうだったのか。さらにその際に焼き物ということになるとどうやら最近の陶芸作家等のご意見を伺っていますと、やはり共通して言えることは、焼き物をランクづけすると、こういうことになるのだといわれています。四畳半物の焼き物はどうか、床の間、または装飾を狙いとした焼き物はどうか。そういう形で分けた上で、さらに住まいの中で日常生活をしている場、とりわけ台所に関わるものという点でですね、陶芸の方々は指摘されているように思います。それを参考にして整理するとすれば、やはりもう一度考古学の世界に戻って器種構成という点から、江戸の焼き物がさらに追求されるということになれば、京都なり大坂なり、また西の各地のものと、関東地方のものとを比較する必要があります。その中での江戸というものを考えてもなお、江戸の中でもかなりの地域があるわけです。

実は数日前に、私ども京都の南座で、前進座の「赤髭」を見たわけです。赤髭つまり小石川の養生所。この近くにあるわけですけれど、養生所に来て赤髭に看護されている人達が使っているものと、赤髭が大名の所に行って使われているもの。つまり場所と階層によってはっきり違うのだけれども、使われているものそれ自体は、どうやら時代、少なくとも事実に即したものが使われていない。前進座というのは大好きなのですが、実際に目の前に登場してくる時代考証の中で、まだまだ他の焼き物以上に、江戸の焼き物というのは我々の暮らしの目の前に登場してこない。つまり江戸の焼き物がもっともっと明らかになっていく中で、もちろん木器との関係を無視するわけではないわけですけれども、さらに明らかになってくることが、あるのではないでしょうか。

さまざまな日常生活のなかで、テレビに登場する時代もののなかでも使われているものというのはむちゃくちゃだと私ども理解することが多いわけですね。したがって考古学の世界で、近世の遺跡を掘る中で明らかになってくることを、もっと多くの方にご理解して頂けるようにする取り組みが必要ではないか。という意味でこれからの課題もまだ多いな。という風に、考えております。

昨日から今日まで色々と教えて頂きまして、ありがとうございました。

司会　それではあまり時間もございませんので、今回の大会で考古学以外の、様々な分野の専門家の方々に参加していただいたのですが、その方々の中から代表して、島崎様に感想なりなんなりを、ちょっと一言いただければと思います。

島崎　私は普段は大学で調理をしておりまして、考古学とはまったく関係のないことをしております。ただ何年か前から、江戸時代に出された料理書、それから料理本を少しひもといているといいますか、ちょっと覗いております。

いろんなお料理が出てきますし、またいろんな接待料理を見ておりますと、解らないことばかりなのです。実体といいますか、ものにはなにも接したことがないので、何かいい方法がないかしらと、奈良国立文化財センターの佐原先生にご相談しておりましたら、この会のことを伺いまして、今回の会があることも先生から教えて頂いたのです。本当に大変な収穫で、二日間でお教え頂いたことが多くて、非常に感謝しております。

それから皆様が発掘なさったものなにかがでてきていて。また機会があったら、料理書でわからない、絵だけのものなどと比較できますと、想像ができて、これはこういう用途に使ったのではないかといったようなことがわかることもあるような気もします。これから、助け合えるチャンスがあったら、もちろん私達は教えていただくことの方が多いかと思いますが、どうぞよろしくおねがいします。こういう企画をたてて頂いて大変ご苦労だったと思いますが、どうもありがとうございました。

司会　それでは最後に、世話人の古泉のほうから閉会のご挨拶をしたいと思います。

古泉　主催者側を代表して、僭越ですけれども一言述べさせて頂いて、閉会の挨拶とさせていただきます。私どもは、前々から江戸の遺跡の研究に携わる、色々な人達と交流をもちながら、大会の準備をしてまいりました。今回たまたま、「江戸の食文化」というテーマを選んだ訳ですけれども、これは考古学だけではなくて、民俗学、文献史学、料理史などのさまざまな分野の方々からお教えをいただきながら、出土遺物を素材として「江戸の食文化」を考えてみよう、というのが企画の主旨でありました。

ここで特に結論めいたものを出そうという意図はありませんで、再出発して日も浅く、わからないことだらけの近世考古学にとって、研究への展望の一端が開かれれば、という思いがございました。そういった中で、昨日からいろいろな発表をしていただきまして、それに対する問題も沢山あり、なおかつまだ納得されない点も多々あろうかと思いますが、こういう問題点があるのだということで、今後の研究に結びつけていきたいという主旨はかなり満足できた点も多いのではないかというふうに思っております。

今回の大会で、江戸の遺跡を掘ったから何が出たとか、面白かったという時代はもう終わったのだ、ということを実感として感じました。私たちもまだまだこれから一生懸命勉強しないと、皆さんについていけないというような新しい段階に入ったという、――大袈裟にいえば参加された皆様方によって、新しい画期が開かれた、とそれぐらいのことがいえるかもしれません。

皆様には昨日から二日間にわたり、ご苦労様でしたと申し上げますが、わざわざ関西の方からいらっしゃった方もございます。私どもの方でいたらない点も多々あったと思いますが、なんらかの収穫があれば、それに過ぎることはないと思います。講師の方々は、私どもの、とにかくお願いしますという図々しい要請に、皆さん快く引き受けてくださいました。遠方からおみえになった先生もいらっしゃいます。どうもありがとうございました。

それからここの場所をお借りしたのですが、この上にあります豊島区立郷土資料館の方々には準備その他でいろいろとご迷惑をかけております。それも御礼申し上げたいと思います。また裏方をやっていただいた、各遺跡調査会や学生の皆さん、本当にありがとうございました。また来年の大会の企画を、進めたいと思っております。

幾つか案はございますけれども、もしこういったことがよろしいのではないかという案がございましたら、世話人の方なりにご連絡頂けたらと思います。それでは皆さんどうも長い間ありがとうございました。

あとがき

今日まで、江戸――江戸時代の食文化研究は、家政学や風俗史学的立場から推し進められ、その主要な操作は、文献を中心に行われてきた。もちろん現在でもその潮流は変わらず、この方面の研究はますます進展が著しい。これに対し、今回私たちが企画した、考古学的資料に基づく江戸の食文化研究へのアプローチは、学史的な蓄積をほとんどもっていない。

しかし、この企画がまがりなりにも実現した背景には、二つの要因があると考えられる。第一は、近年の江戸遺跡における発掘調査の進展によって、考古学資料が増加しつつあり、その中に食文化に関する資料が少なからず含まれている、という現状に根ざしている。第二は「食文化」というテーマが、じつは日本考古学にとって基本的な課題となっており、ことに原始・古代においては、豊富な研究実績が積み上げられてきている点にある。この二点が経糸緯糸となって、今回の「江戸の食文化」の開催にいたったのである。

考古資料としての食文化関係資料は、江戸遺跡から出土する膨大な量の遺物の一角から形成されている。そこには調理、保存、食器にかかわるさまざまな品物が顔を出し、また、多くの食物残滓がリストに上っている。ただし考古資料という性格上、これらのリストははなはだ不完全である。考古資料の操作は、こうした不完全さをつねに念頭におきながら、進めてゆく宿命を負っている。今回も当然のことながら、比較的出土頻度が高く、江戸の食文化研究に有効と考えられる項目を選定して、計画を練りあげた。したがって、取り上げたいと考えたものの、資料的な制約からはずさざるをえなかった項目も少なくなかった。とりわけ台所そのものや、竈、囲炉裏といった加熱装置などの「遺構」については、まったく欠落することになった。

しかし、これが考古資料の限界を示しているわけでは決してない。現在でも江戸遺跡から出土する遺物は加速度的に増加しているし、ことに食物残滓としての動植物遺体は、考古学的資料として以外には、きわめて求めにくい性格をもっている。つまり考古学的手法を用いた江戸遺跡の調査は、無限に近い研究資料を産出する可能性をもっているといえる。

いっぽう、考古学的手法に基づく食文化研究は、食料獲得から可食化、あるいは保存技術にいたるまで、人類の進化あるいは文化の発達と深いかかわりをもっており、作業の対象が原始・古代でも、あるいは近世・近代でも、基本的には異なるものではない。しかしながら、前述したように江戸の食文化については、文献を基礎とした研究がはるかに先行しており、それら既存の成果に拘泥されて、考古学独自の方法を放棄してしまうことの危険性には、つねに注意を払って行く必要がある。反面、既存の成果を土台として出発できることは、何といっても有利な点であり、私たちはおおいに多方面の先学に学びながら、進んで行きたいと考えている。

本書は、近世考古学が蓄積されつつある資料を駆使して、考古学の独自性を発揮しつつ、江戸の食文化の一端に迫ることができるかどうかの試行の記録であり、私たちとしては目的の一端は果たしえたものと考えている。それは個々の問題について具体的な成果がえられたということよりも、考古学的方法に基づく江戸の食文化研究に、展望を拓いたという意味に、一層の比重がおかれよう。このことはとりもなおさず、近世考古学そのものの可能性に直結するからである。
事実、江戸遺跡をめぐるその後の研究情勢は大きく進展し、さまざまな成果が世に問われることになった。食文化の面においても同様である。企画から刊行にいたるまでほぼ三年を費やしてしまった本書の内容も、日進月歩の世界におられる執筆者の方々には、大変ご不満であるに違いない。このことは、あくまでも報告の時点での内容ということでご理解いただいているものの、ご迷惑をおかけしたことに変わりはない。不手際の責任のある世話人としてお詫びしたい。

一九九一年九月

江戸遺跡研究会
世話人　古泉　弘

執筆者紹介（生年・現職／論文掲載順）

原田信男（はらだ　のぶお）　一九四九年生れ　札幌大学女子短期大学部教授
矢部良明（やべ　よしあき）　一九四三年生れ　東京国立博物館陶磁室長
仲野泰裕（なかの　やすひろ）　一九五〇年生れ　愛知県陶磁資料館学芸課主任学芸員
西田泰民（にしだ　やすたみ）　一九五九年生れ　奈良大学講師
長佐古真也（ながさこ　しんや）　一九六〇年生れ　東京都埋蔵文化財センター調査研究員
辻　真人（つじ　まさと）　一九六三年生れ　三島市教育委員会社会教育課文化係
渡辺　誠（わたなべ　まこと）　一九三八年生れ　名古屋大学文学部教授
小川　望（おがわ　のぞむ）　一九五七年生れ　小平市教育委員会社会教育課
須藤　護（すどう　まもる）　一九四五年生れ　龍谷大学国際文化学部教授
中井さやか（なかい　さやか）　一九五九年生れ　豊島区遺跡調査会調査員
萩尾昌枝（はぎお　まさえ）　一九六二年生れ　江戸遺跡研究会会員
金子浩昌（かねこ　ひろまさ）　一九三一年生れ　早稲田大学講師
秋元智也子（あきもと　ちやこ）　一九六二年生れ　江戸遺跡研究会会員
桜井準也（さくらい　じゅんや）　一九五八年生れ　慶應義塾大学文学部講師
寺島孝一（てらしま　こういち）　一九四六年生れ　東京大学助教授
古泉　弘（こいずみ　ひろし）　一九四七年生れ　東京都教育委員会学芸員

江戸の食文化

平成四年一月十日　第一刷発行
平成八年十一月一日　第三刷発行

編者　江戸遺跡研究会

発行者　吉川圭三

発行所　株式会社　吉川弘文館
郵便番号一一三
東京都文京区本郷七丁目二番八号
電話〇三―三八一三―九一五一〈代〉
振替口座〇〇一〇〇―五―二四四

印刷＝東洋印刷・製本＝誠製本

江戸の食文化（オンデマンド版）

Digital Publishing

2017年10月1日　発行

編　者　江戸遺跡研究会

発行者　吉川道郎

発行所　株式会社 吉川弘文館
〒113-0033　東京都文京区本郷7丁目2番8号
TEL　03(3813)9151(代表)
URL　http://www.yoshikawa-k.co.jp/

印刷・製本　株式会社 デジタルパブリッシングサービス
URL　http://www.d-pub.co.jp/

ISBN978-4-642-73305-2　Printed in Japan